ANTONIO SOMMESE
MICHAEL BRÜCKNER

ALLE REDEN VOM CRASH

— Bleiben Sie cool! —

Wie Sie auch in Krisenzeiten Rendite erwirtschaften und sich vor falschen Prophezeiungen schützen

FBV

Bibliografische Information der Deutschen Nationalbibliothek
Die Deutsche Nationalbibliothek verzeichnet diese Publikation in der Deutschen Nationalbibliografie. Detaillierte bibliografische Daten sind im Internet über http://dnb.d-nb.de abrufbar.

Für Fragen und Anregungen
info@finanzbuchverlag.de

1. Auflage 2021

Türkenstraße 89
80799 München
Tel.: 089 651285-0
Fax: 089 652096

Bildnachweis:
S. 27 Edvard Munch Der Schrei: classicpaintings, Lizenznehmer: Redaktionsbüro Michael Brückner
S. 10 Bulle und Bär sowie S. 183 Buy and sell: Panthermedia, izakowski und sergeyP, Lizenznehmer: Redaktionsbüro Michael Brückner, S. 225 Joseph Schumpeter: Volkswirtschaftliches Institut, Universität Freiburg
Factsheets ab S. 139:
Alle Fondsdaten beruhen auf der Datebank von FWW GmbH, hier gilt: Alle Angaben ohne Gewähr. Quelle: © FWW GmbH // www.fww.de/disclaimer

Redaktion: Ulrich Wille
Lektorat: Silvia Kinkel
Umschlaggestaltung: Marc-Torben Fischer
Umschlagabbildung: Hintergrund: nattha99/shutterstock.com,
Smileys: turgaygundogdu/shutterstock.com
Satz: Daniel Förster, Belgern
Druck: CPI books GmbH, Leck
Printed in Germany

ISBN Print 978-3-95972-362-6
ISBN E-Book (PDF) 978-3-96092-667-2
ISBN E-Book (EPUB, Mobi) 978-3-96092-668-9

Inhalt

Teil 3 Was sagt die Branche zu den Crasrophezeiungen? . . . 201

Vorwort I

Seit vielen Jahren habe ich beruflich immer wieder mit sogenannten Börsengurus zu tun, welche den finanziellen Untergang prophezeien. Auch ich habe mich schon dabei erwischt, an den großen Knall zu glauben und diesen vorhersagen zu wollen. So hatte mich das *Handelsblatt* im Jahre 2012 um ein Statement zur aktuellen Börse gebeten, und nach stark steigenden Kursen dachte ich: »Die Rallye wird in sich zusammenfallen«, denn es gibt eine festzementierte Weisheit, wonach die Kurse nie linear, sondern immer in schwankenden Kurven nach oben steigen. Deshalb dachte ich bei meiner Aussage nicht an den ultimativen Crash, sondern an eine starke Kursdelle mit anschließendem Aufstieg.

Viele Privatanleger hoffen auf solche Kursdellen und wollen diese dann zum Einstieg nutzen, hierzu mehr auf den folgenden Seiten. Aber die Motivation, dieses Buch zu schreiben, geht tiefer. Viele Menschen (und auch ich) sind durchaus empfänglich für schlechte Nachrichten und glauben somit auch an schwierige Zeiten. Einige Medien überschütten uns mit unzähligen negativen Meldungen, nach dem Motto: »*Bad news are good news*«. Somit gewinnt man den Eindruck: O Gott, wie schlimm ist das alles – und zum Glück ist mir nichts passiert.

Um mich persönlich vor dieser negativen Nachrichtenspirale zu schützen, habe ich meinen TV-Nachrichtenkonsum eingeschränkt, denn in diesen Sendungen werden gewöhnlich in 10 bis 20 Sekunden schreckliche Ereignisse aufgezeigt. *Fast News* für die *Fast-Food*-Community, sozusagen. Ich gestehe, in mancher Hinsicht noch ein bisschen *old-fashioned* zu sein. So halte ich zum Beispiel gute Tageszeitungen wie *Die Welt*, die *FAZ*, die *Neue Zürcher* oder die *Süddeutsche* für wesentlich wertvoller, insbesondere hinsichtlich der Bewertung von Finanzereignissen beziehungsweise Wirtschaftsnachrichten. Der Leser kann hier selbst entscheiden, was ihm wichtig ist, und erlangt durch ausführliche Beiträge die vertieften Hintergrundinformationen, welche durchaus ein anderes Bild ergeben können als ein kurzer Nachrichtenspot.

Kommen wir zurück zu den Crash-Propheten und lassen Sie sich eine Geschichte von mir aus dem Jahr 2008 erzählen. Die Finanzkrise hatte die Aktienkurse damals massiv abstürzen lassen. In dieser Zeit kam ein Mandant von mir zur Beratung und fragte, ob er nicht in Ackerland investieren solle, er überlege, in der Nähe von Mainz ein Stück Land zu kaufen – da wir bald ein großes Chaos erleben würden. Nach kurzem Nachdenken stellte ich folgende Frage: »Was, glauben Sie, passiert, wenn 200 000 Mainzer hungern – weil die Geschäfte nicht öffnen? Die werden die Ernteerträge Ihres Grundstücks in Minuten ›verspeisen‹. Und niemand kann dagegen etwas unternehmen.«

An dieser Stelle möchte ich Ihnen auch sagen: Ich verdiene mit diesem Buch Geld – und ja, ich berate Mandanten bei ihren Anlageentscheidungen. Viele der Crash-Propheten stellen sich als Gutmenschen dar, obwohl sie Bücher, T-Shirts, Tassen und einige sogar Finanzprodukte wie Fonds oder Börsenbriefe verkaufen.

Im zweiten Teil des Buches werde ich die Renditen von einigen Crash-Propheten mit meinen eigenen und auch passiven Anlageformen wie ETFs aufzeigen. Lassen Sie sich also nicht irritieren und legen Sie sich Ihren persönlichen Plan für vermeintlich schwierige Zeiten zurecht. Vor allem: Bleiben Sie cool! Bewahren Sie einen kühlen Kopf, wenn andere kalte Füße bekommen.

Ihr Antonio Sommese

Vorwort II

Der US-amerikanische Jurist und Politiker Earl Warren (1891–1974) brachte es goldrichtig auf den Punkt: »Ich lese den Sportteil der Zeitung immer zuerst, denn er verzeichnet menschliche Leistungen. Auf den ersten Seiten stehen nur die Fehlleistungen.« Inzwischen hat sich die Medienlandschaft revolutioniert, immer weniger Menschen lesen Zeitung (was der Autor dieser Zeilen sehr bedauert), immer mehr saugen sich Infohäppchen aus den digitalen Medien. Aber an den Präferenzen der Mediennutzer hat sich kaum etwas geändert: Die meisten Menschen interessieren sich zunächst einmal dafür, was in ihrem regionalen Umfeld passiert, sie rufen aktuelle Sportereignisse ab, und viele lesen alle Themen rund um die Gesundheit. Vor allem aber – und das kann ich nach über 40-jähriger journalistischer Tätigkeit bestätigen: Nichts interessiert Menschen so sehr wie andere Menschen.

Auf den hinteren Plätzen finden wir dann Politik, Wirtschaft und Finanzen. Schade eigentlich, denn Wirtschaft ist meist ausgesprochen spannend. Aber natürlich kann man das oft nur schwach ausgeprägte Interesse der Menschen an Wirtschaft und Finanzen forcieren, indem man diese Themen mit Angst und Schrecken auflädt. Sobald es den Menschen ans Portemonnaie gehen könnte, werden sie hellhörig. Das ist absolut verständlich, denn wer möchte schon gern Geld verlieren? Wenn Autoren plötzlich vom unmittelbar bevorstehenden »Systemcrash« oder vom »größten Crash aller Zeiten« schreiben, dann gewinnen Wirtschafts- und Finanzthemen unversehens an Relevanz.

Und hängen die Menschen erst einmal an den Lippen der Crash-Gurus, dann wird wirklich aufgedreht. Ein besonders bizarres Beispiel möchte ich Ihnen nicht vorenthalten, liebe Leserin, lieber Leser: Ein

Kollege von mir wollte auch mit Crash-Publikationen Geld verdienen und hatte – wie er sich auszudrücken beliebte – eine »geile Idee«. Er wollte ein Gebetbuch gegen den Crash herausbringen. Jeden Tag ein Gebet, auf dass der Herr das Vermögen seines Schäfchens bewahren möge. Diese Blasphemie zeigt, wie weit der Crash-Wahnsinn schon gediehen ist. Das Buch wurde nicht geschrieben, weil der potenzielle Autor noch rechtzeitig erkannte, welche Schnapsidee er da ausgebrütet hatte.

Natürlich kommt es immer wieder zu Crashs. Oder, um es mit den Worten des ehemaligen US-Astronauten Frank Borman auszudrücken: »Eine Börse ohne Krise ist wie ein Christentum ohne Hölle.« Deshalb müssen eine vorausschauende Anlagestrategie und eine entsprechende Portfoliostruktur so ausgerichtet sein, dass der Anleger erstens niemals in existenzielle Nöte gerät (daher nie, wirklich nie Aktien auf Kredit kaufen) und zweitens Verluste, wenn sie denn vorübergehend nicht zu vermeiden sind, so gering wie möglich ausfallen. In diesem Buch stellen wir Ihnen daher ein »Allwetter-Depot« vor. Eine Strategie, die Ihre Resilienz als Anleger stärken soll.

Ich wünsche Ihnen eine glückliche Hand bei Ihrer Geldanlage. Glauben Sie nicht an vermeintliche Gurus, glauben Sie an sich.

Ihr Michael Brückner
Mainz/Ingelheim im Oktober 2020

Bär & Bulle: Mal gewinnt der eine, mal der andere. Crash-Propheten sehen freilich meist nur Bären.

GASTBEITRAG

Über Krisen

Von Dr. Hendrik Leber

Der Untergang der Welt stand schon immer kurz bevor. Und mit der Jugend der Welt geht es schon seit Sokrates und Seneca bergab. Wider Erwarten geht es der Menschheit dennoch ganz gut und sogar zunehmend besser, wie es Hans Rosling in seinem Buch *Factfulness* klar zeigte. Der Weltuntergang ist nicht eingetreten. Ich habe schon viele Krisen bewusst erlebt. 1972 kam der Club of Rome mit seinem Buch *Die Grenzen des Wachstums*. Wir Schüler am Gymnasium waren tief verstört. Noch 30 Jahre, so hieß es, und alle Rohstoffe auf der Welt sind erschöpft. Wir kritisierten unsere Lehrer, weil sie so großmotorige Autos fuhren.

Meine nächste große Weltuntergangskrise war die Ölkrise 1973 (und später noch mal 1979). Die OPEC drehte der Welt den Ölhahn zu, und wir konnten wegen der Fahrverbote sonntags auf der Autobahn mit dem Hund spazieren gehen. Für immer würden wir jetzt die Straßenbeleuchtung abstellen müssen, die Schaufenster würden für immer dunkel bleiben. 1979 kam eine Wiederholung. Mit Schlangen an den Tankstellen. Das Ende des Ölzeitalters wurde angesagt, aber es kommt und kommt einfach nicht.

Mein Studium in Syracuse, USA – Reaktorschmelze in Three Mile Island. Und ich wohnte nur 350 Kilometer Luftlinie entfernt. Die Wolke bewegte sich auf meinen Studienort zu. Irgendwie habe ich es überlebt. In dieser Zeit beschäftigte ich mich ein wenig mit Katastrophentheorie – wenn kontinuierliche Entwicklungen plötzlich abreißen. 1985 – Waldsterben in Deutschland. Kahle Berggipfel. Saurer Regen. Die Welt ging wieder unter, denn der Wald ist in Deutschland ja fast ein Nationalheiligtum. Mit guter Regulierung konnte der Schwefel aus der Luft verbannt werden, und der Schwarzwald blieb uns erhalten. Kaum zu glauben, dass ich nach all dem noch Lebensmut hatte.

Ich beschloss, aus Gefahren Chancen zu machen. Und so spekulierte ich seit 1985 auf einem Gemeinschaftsoptionskonto für Freunde auf fallende Aktienkurse. Im Oktober 1987 kam meine Belohnung – mit dem Crash ver-x-fachte sich mein Einsatz. Ich konnte nicht glauben, dass die Optionspreise, die ich in der Zeitung las, zu meinem Konto gehörten. Mit dem satten Erlös gönnte sich unser Freundeskreis eine herrliche Luxussafari in Kenia. Ich lernte: Krisen können profitabel sein, wenn man die Seite richtig wählt. Meine Lust am Risiko erhöhte sich. Auch beim Einmarsch der Iraker in Kuwait 1990/91 war ich erfolgreich mit Put-Optionen dabei. Der 11. September 2001. Ich erinnere mich, an dem Tag im Taxi sitzend ein Interview gegeben zu haben, darüber dass die Amerikaner nach einer solchen Katastrophe enger zusammenhalten würden als je zuvor. Zumindest kurzfristig erholten sich die Kurse wieder. Dann mein großer Coup 2006 bis 2008. Die Subprime Krise war seit Ende 2006 sichtbar im Anrollen. Mit einer von Merrill Lynch im Auftrag designten Varianz-Note, die die Furcht der Börsen abbildete, gewannen wir bis Ende 2008 zusätzliche 12 Prozentpunkte Performance. Wieder eine Krise, aus der wir einen Vorteil ziehen konnten.

Und nun der März 2020. Eine Überschlagsrechnung zeigt, dass der Rückgang des Weltbruttosozialprodukts wohl etwa 5 Prozent beträgt, die Börse aber 30 Prozent fällt. Eine hervorragende Kaufgelegenheit. Meine Lust an der Krise, ihrer Analyse und am kalkulierten Risiko ist offensichtlich.

Es gibt so viele Prediger des Weltuntergangs, von denen ich profitieren kann. Bei Krisen unterscheide ich verschiedene Typen:

1. Die punktuelle Krise. Eine meiner schönsten Krisen dieser Art war ein Silberhandelsskandal bei der Schweizerischen Volksbank, etwa 1980. Ein Händler hatte mit Silber spekulierend Geld für die Bank verzockt. Meine erste Frage: Ist dies ein isoliertes Ereignis oder zieht sich das Problem durch die ganze Bank? Meine Analyse wies auf ein isoliertes Ereignis hin. Ich kaufte die Aktie und profitierte von der schnellen Kurserholung. Punktuelle Krisen verschwinden schnell wieder.

2. Die systemische Krise. Es gibt den schönen Satz: »*Beauty is only skin deep, but ugliness goes all the way through*«. In manchen Firmen gibt es eine Kultur, die Fehlverhalten fördert. Wenn dann ein Problem auftritt, ist es häufig ein allererstes Anzeichen für ein sehr viel größeres Problem, das sich ganz tief durch ein Unternehmen zieht. Beispiele sind aktuell die zahlreichen Nachlässigkeiten in der Fertigung von Boeing oder die kameradschaftliche Betrugskultur im deutschen PKW-Motorenbau. In solchen Fällen kann man nur sagen: Finger weg von diesen Situationen oder Firmen. Es dauert meistens sehr viele Jahre, bis Schwachstellen gefunden wurden, bis sich die Kultur ändert und schließlich der Neuanfang wieder Erfolge zeigt.

3. Die schleichende Krise. Es gibt Firmen und Situationen, die ohne großes Zutun ein allmähliches Abrutschen fördern, dem niemand entgegenarbeitet. Das allmähliche Abrutschen der deutschen Photoindustrie ist dafür ein Beispiel. Erst kamen die billigen japanischen Wettbewerber, und dann wurden die Wettbewerber immer besser. Ähnlich in der Autoindustrie. Erst kamen die billigen Japaner, dann die billigen Koreaner, und inzwischen spielen alle auf Augenhöhe. Konsequenz: Nicht auf eine Erholung setzen. Die kommt nämlich nicht.

4. Die Zeitlupenkrise, die jeder sehen kann, aber niemand ernst nimmt, bis sie sich plötzlich exponentiell beschleunigt. Exponentielle Krisen sind schlimm, weil die Reaktionen erst kommen, wenn die Tatsachen bereits geschaffen sind. Das Thema Klimawandel gehört in diese Kategorie. Der Mensch ist nicht dazu geschaffen, präventiv zu handeln, denn er reagiert lieber auf unmittelbare Gefahren.

5. Die Krise, vor der jedes Jahr gewarnt wird, die aber keiner ernst nimmt. Dazu gehören Erdbebenwarnungen oder Warnungen vor Epidemien. Es bleibt ja immer noch viel Zeit, zu reagieren, darum gibt es keine Dringlichkeit – bis das Ereignis schließlich eintritt. Handlungsanweisung: Auch niedrige Eintrittswahrscheinlichkeiten mit hohen Kosten ernst nehmen. Man sieht lange wie ein Angsthase aus, bis schließlich der Punkt kommt, an dem man recht behält.

Mit den meisten Krisen – an der Börse, in der Wirtschaft, in der Politik, in der öffentlichen Gesundheit – kommen wir Menschen eigentlich gut klar. Es gibt Brüche, Anpassungen, es gibt Verlierer, aber immer auch Gewinner.

Zwei Krisen nur machen mir aktuell wirklich Sorgen: Zum einen der Klimawandel, weil er sich so langsam entwickelt, nur halbherzig und inkonsequent bekämpft wird und weil seine Folgen gravierend und sehr teuer werden. Zum anderen der zu sorglose Umgang mit billigem Geld und Schulden, der in ferner Zukunft in einem harten Konflikt zwischen den Inhabern von Forderungen und deren Schuldnern enden wird. Diese Krise wird wahrscheinlich in Inflation und einem Zusammenbruch von Altersvorsorgesystemen enden. Der Einzelne kann dafür vorsorgen, aber die Gesellschaft als Ganzes wird es erschüttern.

Wer Krisen in diese Schemata einsortieren kann, ist aber gut gesichert und kann sogar profitieren.

ÜBER DEN AUTOR DES GASTBEITRAGES

Herr Dr. Hendrik Leber ist Geschäftsführender Gesellschafter der ACATIS Investment Kapitalverwaltungsgesellschaft mbH, Frankfurt a. M. und Walzenhausen, Schweiz.

Dr. Hendrik Leber ist seit mehr als zwei Jahrzehnten im Investmentgeschäft tätig. Nach seinem Studium der Betriebswirtschaft arbeitete er von 1984–89 für die Unternehmensberatung McKinsey und von 1989–1994 für das Bankhaus Metzler. 1994 gründete er in Frankfurt die ACATIS Investment GmbH.

Die ACATIS Investment GmbH ist ein bankunabhängiger, selbstständiger Vermögensverwalter, dessen Kernkompetenz das »Value Investing« nach Benjamin Graham und Warren Buffett ist. Dr. Hendrik Leber und sein Team der ACATIS Investment GmbH zählen zu den bekanntesten wertorientierten Vermögensverwaltern in Deutschland und betreuen heute Publikums- und Spezialfonds mit einem Volumen von mehr als 4,6 Mrd. Euro.

Für seine Leistungen als Fondsmanager wurde Dr. Leber mehrfach von der Fachpresse ausgezeichnet. Im Sauren Fondsmanager-Rating erhält er aktuell zwei Goldmedaillen für »ausgezeichnetes Fondsmanagement«. Der renommierte Finanzen Verlag verlieh Dr. Hendrik Leber den Goldenen Bullen und kürte ihn zum »Fondsmanager des Jahres 2017«.

TEIL 1

DIE BASICS

1.0

Die bizarre Angstlust und der Crash

Im März des Jahres 2020 war es so weit: Rund um den Globus kollabierten die Aktienkurse, die Börsenindizes gingen in die Knie und Anleger verloren in wenigen Stunden Milliardensummen, wenngleich nur auf dem Papier. Der Crash, schon seit Jahren herbeigeredet und geschrieben, wurde Wirklichkeit. Und die Gilde der Crash-Propheten konnte sich endlich bestätigt fühlen. Immer und immer wieder hatte sie vor einem tiefen Einbruch an den Finanzmärkten und möglicherweise sogar vor einem Super-GAU des weltweiten Finanzsystems gewarnt. Mal war es der Euro, dann die in der Tat sehr hohen Staatsschulden, schließlich die ultralockere Geldpolitik der führenden Notenbanken, verbunden mit einer »Zombifizierung der Wirtschaft«, die als Ursachen eines drohenden Megacrashs ins Feld geführt wurden. »Scheintote« Unternehmen und Staaten, so hieß es, würden mit billigem Geld künstlich am Leben erhalten, las man in den einschlägigen Büchern und in manchen Blogs. Da überkam viele ein wohliger Schauer, verbunden mit dem Gefühl, einmal mehr anders als der arglose Mainstream zur Informations-Elite zu gehören. Mögen sich die Menschen da draußen über ständig steigende Aktienkurse freuen, die Jünger der Crash-Propheten lebten in der Gewissheit, es besser zu wissen: Das Ende war nahe.

Aber der Crash wollte sich partout nicht einstellen. Gewiss, es gab die eine oder andere Korrektur, doch diese Kursrückgänge wurden anschließend nicht nur schnell wieder ausgeglichen, vielmehr schwangen sich die führenden Aktienindizes zu ständig neuen Allzeithöchstständen auf. Sieht man von Markus Krall (unter anderem Autor des Buches *Der Draghi-Crash*), der einen Megacrash für Herbst 2020 vorausgesagt hatte, einmal ab, blieben die Crash-Propheten doch lieber im sicheren Ungefähren. Ja, der Crash sei nahe. Wie nahe, da wollten sich die meisten nicht so recht festlegen.

Eine geschickte Strategie, denn zu der Erkenntnis, dass es an den Finanzmärkten immer mal wieder zu deutlichen Korrekturen und auch zu Crashs kommt, braucht es keine prophetische Gabe. »Eine Börse ohne Krise ist wie ein Christentum ohne Hölle«, sagte einmal der US-amerikanische Astronaut und spätere Airline-CEO Frank Borman. Die Aussage: »Der Crash kommt« ist deshalb von ebenso banaler Unverbindlichkeit wie: »Wir werden alle sterben.« Ja, das stimmt. Hoffentlich dauert es noch lange, aber irgendwann wird es so weit sein.

Zurück ins Frühjahr 2020: Es war nicht die EZB, es waren auch nicht die Griechen, der Euro, Trump, die Negativzinsen oder die Schuldenlawine, sondern der berühmt-berüchtigte »Schwarze Schwan«, der die Börsenkurse von Asien über Europa bis zur Wall Street dramatisch einbrechen ließ. »Ein globalisiertes Blutbad« kommentierte damals ein Händler an der australischen Börse ziemlich martialisch. Im Jahr 2008 hieß dieser »Schwarze Schwan« Lehman Brothers, der einen Crash an den Börsen auslöste. Im Jahr 2020 war der »Schwarze Schwan« ein unheimliches Virus, das Tausende von Menschen – vor allem in China und Europa sowie in den USA und Südamerika – das Leben kostete. Ein furchterregendes Halblebewesen mit der so harmlos klingenden Bezeichnung »SARS-CoV-2«. Keiner der führenden Crash-Propheten hatte eine solche noch nie dagewesene Pandemie auf dem Schirm, als sie jahrelang vom baldigen Ende des Finanzsystems schwadronierten. Dass es zum Crash kam, war – zumindest was den Auslöser angeht – dem Zufall geschuldet. Wäre der Menschheit die Corona-Krise erspart geblieben, hätten die Crash-Propheten ihre Jünger eben noch ein paar Jährchen vertröstet und sie mit der finsteren Prognose zum Durchhalten motiviert, dass es am Ende umso schlimmer kommen müsse, je länger der Crash noch verhindert werde.

1.1 Was Crash-Prognosen so sexy macht

Das wollen wir absolut anerkennen: Mit ihren Crash-Büchern erzielen die Gurus sehr hohe Auflagen. Ganz offenkundig gibt es einen breiten Markt für Untergangsliteratur im Allgemeinen und Crash-Bücher im Besonderen. Und nicht nur das. In einem persönlichen Gespräch berichtete uns ein Wirtschaftsredakteur der renommierten *Neuen Zürcher Zeitung*, dass im Online-Angebot des Verlags vor allem Artikel angeklickt würden, in deren Überschrift das Wort »Crash« auftaucht.

Wir fragen uns erstaunt: Warum ist das so? Warum sind Crash-Prognosen so sexy? Wenn es um Wirtschaft und Finanzen geht, verhalten sich viele von uns ganz anders als im »normalen« Leben. Stellen Sie sich vor, Sie stehen vor einem Bücherregal und haben die Wahl zwischen zwei Titeln. Der eine lautet: »*Nur eines im Leben ist wirklich alternativlos – Ihr Tod*«. Der andere Titel lautet: »*Wie Sie fit und gesund ein hohes Alter erreichen*«. Welches der beiden Bücher würden Sie lesen? Wenn Sie nicht gerade von heftigen Depressionen gepeinigt werden, dürften Sie sich mit hoher Wahrscheinlichkeit für den letztgenannten Titel entscheiden.

Warum faszinieren uns Crash-Prophezeiungen auf besondere Weise? Mag sein, dass in dem einen oder anderen Fall der Faktor Neid eine Rolle spielt. Bei einem Crash verlieren »die Reichen« viel Geld. Das mag manchem eine gewisse Befriedigung verschaffen – auch wenn sich »die Reichen« gegen Crashs zum Beispiel mit Hedging-Strategien gut abgesichert haben und zu den eigentlichen Leidtragenden viele kleine und mittlere Anleger zählen, die bei einem Crash um ihre Altersversorgung fürchten. Insgesamt erklärt der Neidfaktor die bizarre Lust vieler

Menschen an Crashprophezeiungen allerdings nicht hinreichend. Hier kommt vielmehr die Angstlust ins Spiel, wie es die Psychologen nennen. Es handelt sich, wie der Begriff schon zum Ausdruck bringt, um eine Mischung aus Lust und Angst, mithin um eine Ambivalenz der Gefühle. Da ist auf der einen Seite der angsterregende Reiz und auf der anderen Seite das Bauchgefühl, dass einem nichts passieren wird. Bekannter als der Begriff »Angstlust« ist das englische Wort »Thrill«. Man könnte dieses Phänomen auch als »Geisterbahn-Syndrom« bezeichnen. Wir geben Geld dafür aus, uns ängstigen zu lassen. Und manches Kind kommt mit geschlossenen Augen aus der Geisterbahn, weil es sich ängstigte, obwohl es doch weiß, dass die kurze Horrorfahrt nicht real ist. Aber in dem Augenblick, in dem das Kind mit dem Schrecken konfrontiert wird, empfindet es ihn als real. Vielen Erwachsenen ergeht es ebenso. Das hängt ganz einfach mit der Tatsache zusammen, dass es uns unmöglich ist, zeitgleich Positives und Negatives zu erleben.

Wer in den Büchern bekannter Crash-Gurus stöbert, erfährt, dass angeblich der ultimative Zusammenbruch des Finanzsystems und vielleicht sogar der Dritte Weltkrieg bevorsteht, erlebt also zunächst einmal so etwas wie Thrill. Zumal vieles, was da veröffentlicht wird, durchaus logisch und überzeugend klingt. In der Regel lässt die individuelle Angst dann allerdings schnell wieder nach, weil

- man entweder ohnehin über kein größeres Vermögen verfügt
- und/oder man überzeugt ist, sein Geld krisenfest angelegt zu haben; man kann also den »Bankstern« und all jenen da draußen, denen man ohnehin kein Vertrauen schenkt, gleichsam eine lange Nase drehen.

Wenn man dann allerdings nachfragt, in welche Anlageklassen der oder die Betreffende investiert hat, kommt man oft sehr schnell zu der Erkenntnis, dass von einem krisenfesten Depot keine Rede sein kann. Da findet man dann zum Beispiel eine extreme Übergewichtung von Gold (in Einzelfällen 50 Prozent und mehr) und anderen Edelmetallen, halsbrecherisch finanzierte Schrottimmobilien oder aber exotische Investments wie Oldtimer, Diamanten und Whisky, die eigentlich nur für absolute Kenner auf diesem Gebiet geeignet sind. In einer Art »Anlagenotstand« investieren aber auch solche Anleger in diese schwierigen alternativen Sachwerte, die von der Materie wenig verstehen. Dann sind Verluste programmiert. Die Anbieter solch spezieller Formen der Geldanlage profitieren hingegen von der Panikstimmung. »Die Panik ist ein gutes Geschäft«, wusste schon der legendäre Investor André Kostolany.

So unterschiedlich die Crash-Gurus auch sein mögen, die meisten von ihnen weisen jedoch gemeinsame Merkmale auf. Ali Masarwah, Finanzmarktexperte bei Morningstar nennt fünf Übereinstimmungen im Geschäftsmodell der Crash-Propheten:

- Ihre Argumente sind simpel, gleichwohl aber auf den ersten Blick logisch.
- Ihre Prophezeiungen sind Teil ihres Geschäftsmodells.
- In Fachkreisen werden die meisten von ihnen nicht ernst genommen.
- Sie sind Medienstars.
- Ihre Lösungen sind scheinbar einfach.[1]

Die *Neue Zürcher Zeitung* nennt als weiteren Erfolgsfaktor der Crash-Propheten das schlechte Gedächtnis der Leser beziehungsweise Anleger und vergleicht es mit einer Strategie beim Roulette: »Ich setze jedes Mal auf die grüne Null und verliere meistens. Wenn dann aber die Kugel auf der Null liegen bleibt, veranstalte ich ein Riesenhallo und erzähle allen von der Verfünfunddreißigfachung des Einsatzes. Zahlreiche Besucher im Kasino werden mich als erfolgreichen Spieler in Erinnerung behalten.«[2]

Und natürlich wird der Crashguru seinen (vielleicht einzigen) Volltreffer immer wieder kommunizieren. Er sei der Erste gewesen, der den Crash von … genau vorausgesagt habe. Ob dieser Volltreffer freilich tatsächlichem Hintergrundwissen oder schlicht dem Zufall geschuldet war, darüber kann der geneigte Leser nur spekulieren. Immerhin: Der Crash-Guru lag einmal richtig – und weshalb soll er das nächste Mal nicht auch richtig liegen, zumal seine Argumente ja so vernünftig zu klingen scheinen? Und so muss der Guru dann nur noch warten, bis die Roulettekugel wieder mal auf der Null liegen bleibt. Das kann schon mal Jahre dauern, sofern nicht der »Schwarze Schwan« dem Guru zu Hilfe kommt, wie Anfang 2020, als die eingangs erwähnte Coronavirus-Krise über die Welt hereinbrach.

1.2 Weshalb sind wir eigentlich ängstlich?

Es gibt bekanntlich Zeitgenossen, die behaupten von sich, sie hätten keine Angst, gingen mutig durchs Leben und könnten all die »Angsthasen« da draußen nicht verstehen. Zweifellos gibt es mutigere und ängstlichere Menschen. Dass aber ein Mensch niemals und in keiner Situation Angst empfindet, ist eher unglaubwürdig und widerspräche der Normalität. Denn Angst sei per se nichts Negatives, sagt die Psychologin und Autorin Bettina Böhm.[3] Angst stelle vielmehr einen inhärenten (also uns innewohnenden) Schutz und eine innere Vorsicht dar, »der es uns Menschen und nach Aussagen der Verhaltensforschung Tieren ebenso ermöglicht, zu überleben. Doch genau hier zeigen sich die Unterschiede im Umgang des einzelnen Menschen mit seiner wahrgenommenen Angst. Sind entsprechend Mut, Urvertrauen und gesundes Selbstbewusstsein vorhanden, stellen wir uns der Angst und gehen durch sie hindurch«, schreibt Böhm. Das lässt sich in weiten Teilen auch auf die Finanzpsychologie übertragen. Sind ausreichend Mut, Urvertrauen und gesundes Selbstbewusstsein vorhanden, überstehen Anleger sogar Crashs und längere Bärenmärkte psychologisch und wirtschaftlich in guter Verfassung.

Dass Crash-Propheten gerade in Deutschland so erfolgreich sind, hängt vermutlich mit einem Phänomen zusammen, das auch im Ausland nur zu gut bekannt ist und dort mit »German Angst« beschrieben wird. Die Autorin Sabine Bode beschreibt »*German Angst*« als »ein Grundgefühl von Mutlosigkeit, Zögerlichkeit, Zukunftsangst und Sicherheitsbedürfnis«. Sie stellt ferner fest: »Zweifelsfrei lässt sich nur sagen, dass das Schüren von Ängsten im Fernsehen und in den Massenmedien auf die Kundschaft keineswegs abschreckend wirkt, sondern Quoten und Auflagen steigen lässt«.[4] Die Autorin führt diese *German Angst* vor allem auf »Kriegsspuren« zurück. Und in der Tat: Nach neuesten Erkenntnissen der Epigenetik befinden sich in unseren Genen »ererbte Wunden«, also transgenerationale Traumata unserer Vorfahren, die durch aktuelle Geschehnisse wieder »getriggert«, also verstärkt wahrgenommen werden.[5]

Vielleicht ist dies auch der Grund, weshalb gerade in Deutschland Bücher, die eine baldige Währungsreform prophezeien, so gut ankommen. Salopp ausgedrückt stecken den Deutschen zwei Währungsreformen (1923 und 1948) »in den Knochen«. Oder sollte man angesichts der gerade erwähnten transgenerationalen Traumata eher davon sprechen, dass die beiden Währungsreformen den Deutschen »in den Genen stecken«? Deshalb sind die Deutschen traditionell auch wesentlich sensibler hinsichtlich der Inflationsentwicklung als andere Völker in Europa. Man kann diese Tatsache wissenschaftlich beschreiben, oder aber man formuliert wie der Volksmund: »Ein gebranntes Kind scheut das Feuer.«

Wie gesagt, völlig angstfreie Menschen gibt es kaum; und wenn, dann wäre auch dieses Phänomen eher bedenklich. Denn das Ausbleiben einer natürlichen Angstreaktion kann nach den Worten der Psychologin Bettina Böhm »eine starke Resignation oder Traumatisierung sein«.[6]

Angstfreie Anleger und Investoren wären absolute Hasardeure, die verantwortungslos ihr gesamtes Vermögen (und vielleicht sogar das anderer Leute) aufs Spiel setzten. Wenn wir nun aber der psychologischen Erkenntnis folgen, dass ein »gesundes Maß« an Angst so etwas wie ein uns innewohnender Schutz (auch vor finanziellen Verlusten) ist, so stellt sich die Frage, wie Anleger mit dieser Angst und ihrem Sicherheitsbedürfnis umgehen sollten. Antonio Sommese, einer der beiden Autoren des vorliegenden Buches, sprach im Jahr 2020, auf dem Höhepunkt des Corona-Crashs, mit dem in New York lebenden und arbeitenden Börsenexperten Markus Koch, vielen unserer Leser vermutlich bekannt durch seine Börsenberichte und -analysen von der Wall Street auf dem Nachrichtensender n-tv. Das Interview wurde als Podcast der Finanzstrategie Sommese auf *Deine Finanzrevolution* veröffentlicht.[7]

Markus Koch empfiehlt darin, seine Ängste zu quantifizieren und seine Psyche unter Kontrolle zu halten. Um seine Psyche zu navigieren, sollte der Anleger von vornherein seine Schmerzgrenze definieren. Denn: »Es bereitet mehr Schmerz, 1000 Dollar zu verlieren, als es Freude bereitet, 1000 Dollar zu gewinnen«, weiß Markus Koch. Die zentralen Fragen bei der Bestimmung der finanziellen Schmerzgrenzen sind vor allem:

- Wie viel Verlust kann ich mir leisten, ohne meinen Lebensstandard einschränken zu müssen?
- Kann ich auch bei einem Crash oder einem lang anhaltenden Bärenmarkt alle meine finanziellen Verpflichtungen erfüllen?
- Verfüge ich über eine ausreichende Altersversorgung – auch ohne Aktiengewinne?
- Habe ich ausreichende Reserven, um nach einem Crash Aktien zu günstigen Kursen nachzukaufen?

Die Quantifizierung der individuellen Angst führt den Anleger zu der Erkenntnis, wie hoch seine Risikobereitschaft ist. Das können 10 oder 20 Prozent des verfügbaren Kapitals sein, bei sehr wohlhabenden Menschen auch deutlich mehr. Koch wirft den Angstpropheten vor, sie instrumentalisierten die Angst der Menschen. Damit seien sie erfolgreich, weil viele Leute ihre individuelle Angst und ihre Risikobereitschaft nicht realistisch einordnen könnten.

Der Schrei von Edvard Munch ist eines der teuersten Gemälde der Welt. Der norwegische Expressionist soll darin eine eigene Angstattacke dargestellt haben. Das British Museum veröffentlichte anlässlich der Ausstellung »Edvard Munch: Love and Angst« eine andere Interpretation. Demnach soll der laute Schrei aus der Natur stammen. Mit dem erschrockenen Gesichtsausdruck reagiere die Person nur darauf.

1.3 Wann sprechen wir von einem Crash?

Kehren wir nach diesem kurzen Ausflug in die Psychologie wieder zurück an die Märkte: Wenn Sie in Ihr Aktiendepot schauen und mit Erschrecken feststellen, dass Ihre Papiere oder Fondsanteile spürbar an Wert eingebüßt haben, dann ist dies in Ihrer persönlichen Wahrnehmung schon ein Crash. In Wirklichkeit ist es vielleicht nur eine Korrektur. Aber tatsächlich nehmen sich die Begrifflichkeiten schon irritierend aus. Daher wollen wir an dieser Stelle zunächst klären, was ein Crash überhaupt ist.

Sicherlich erinnern Sie sich noch an den Börsenabsturz im März 2020 infolge der Coronapandemie und der dadurch eingeleiteten Rezession. Damals verlor der DAX in nur drei Wochen rund 30 Prozent seines Wertes. Insofern war dieser Absturz wesentlich dramatischer als der Crash während der Finanzkrise der Jahre 2007 bis 2009. Denn im Jahr 2008 gab das deutsche Börsenbarometer über zwei Quartale rund 45 Prozent nach. Der Virus-Crash verlief mithin sehr viel dynamischer, wohl nicht zuletzt weil die von ihm ausgelöste Rezession nicht nur die Finanzwirtschaft, sondern auch weite Teile der Realwirtschaft erfasste und zudem die private Nachfrage, die einen konjunkturellen Abschwung oft noch abzufedern vermochte, aufgrund von Kurzarbeit und steigender Arbeitslosigkeit ebenfalls wegbrach. Der Schock des Frühjahrs 2020 stellt ein klassisches Beispiel für einen Crash dar. Von einem solchen Ereignis spricht man nämlich, wenn der Gesamtmarkt (also nicht nur bestimmte Branchen) von einem schockartigen und heftigen Kursrückgang betroffen ist. Die steile Abwärtsbewegung geht dabei einher mit hohen Handelsumsätzen. Viele Anleger packt die Panik, sie wollen so schnell wie möglich raus aus der Aktienanlage. Nach dem Einbruch folgt in der Regel eine Phase von hoher Volatilität, also einer ausgeprägten Schwankungsintensität. Salopp ausgedrückt: Die Börsenkurse fahren Achterbahn. Wenn die Kurse deutlich gefallen sind, greifen mutige Anleger wieder zu, um sich vermeintliche oder tatsächliche Qualitätsaktien zu Ausverkaufspreisen zu sichern. In der Konsequenz steigen die Kurse. Oft kommt es zu kräftigen Gegenbewegungen, die viele Anleger veranlassen, wieder in den Aktienmarkt einzusteigen. Nicht selten tappen sie dabei allerdings in eine sogenannte Bullenfalle. Diese schnappt zu, wenn es nach einer kurzfristigen Phase der Markterholung wieder abwärts geht; meist nicht zuletzt weil manche Investoren, die zu Beginn des Crashs noch nicht verkauft haben, die Phase der vorübergehenden Markterholung nutzen, um sich nun von ihren Papieren zu trennen. Die Folge: Die Kurse fallen wieder.

Zugegeben, der Begriff »Crash« klingt dramatisch, daher wird er vor allem von den Medien gern verwendet. Es klingt irgendwie nach einem Armageddon an den Finanzmärkten. Tatsächlich aber erholen sich die Märkte nach der erwähnten Phase ausgeprägter Volatilität wieder recht schnell und erreichen vielleicht nach zwei, drei Jahren schon wieder neue Höchststände. Je nachdem, wie tief der Markt gefallen ist, kann die Erholungsphase kürzer oder länger ausfallen.

Für einen Anleger sehr viel deprimierender ist eine Baisse, bisweilen auch »Bärenmarkt« genannt. Er wird geprägt von stetig fallenden Kursen und begleitet in der Regel eine lange und tiefgreifende Rezession. Oft mündet ein Crash auch in eine Baisse. Es kann schon einmal zehn Jahre oder sogar länger dauern, bis das ursprüngliche Kursniveau wieder erreicht wird. Denn zu den bisweilen ziemlich ernüchternden Tatsachen der Mathematik gehört es nun einmal, dass ein Aktienkurs nach einem 50-prozentigen Absturz anschließend 100 Prozent zulegen muss, um sein Ausgangsniveau wieder zu erreichen.

Verglichen mit einem Crash oder einer Baisse ist die Korrektur ein relativ harmloses Phänomen. Sie folgt üblicherweise einem langen Aufwärtstrend an den Finanzmärkten und baut Überbewertungen ab. Es handelt sich also um ganz »natürliche« Gegenbewegungen, manche sprechen deshalb vom »Atmen der Börse«. Die Märkte atmen ein (die Kurse steigen). Bei einem »tiefen Einatmen« kann es zu einer Überbewertung kommen. Sprich: Die Aktien sind schlicht zu teuer. Dann folgt das Ausatmen, die Kurse gehen zurück. Bei einem Rückgang der Aktienkurse um etwa zehn Prozent spricht man von einer »Korrektur«. Geben die Kurse noch stärker nach, handelt es sich um eine »kräftige Korrektur«, die dann allerdings schon einem Crash nahekommt. Exakte Definitionen der einzelnen Begriffe gibt es indessen nicht.

Crash, Baisse oder Korrektur: Kurzdefinitionen auf einen Blick

Crash	Baisse	Korrektur
Starke Aktienkursverluste auf breiter Front. Ein Crash betrifft also nicht nur einen bestimmten Titel oder eine bestimmte Branche, sondern alle am jeweiligen Markt gehandelten Wertpapiere. Die Einbußen können bei den einzelnen Aktientiteln jedoch unterschiedlich hoch ausfallen. Ausgelöst wird ein Crash durch unerwartete, schockartige Ereignisse (Beispiel: Coronavirus 2020) oder durch das Platzen von Blasen, also volks- und finanzwirtschaftliche Ungleichgewichte (Beispiel: Platzen der Dotcom-Blase im Jahr 2000). Im günstigsten Fall folgt nach dem Crash eine schnelle Erholung, meist aber eine Phase hoher Volatilität oder eine längere Seitwärtsbewegung.	Kursverfall an der Börse über einen längeren Zeitraum. Im Gegensatz zu einem Crash kommt es in einer Baisse meist nicht zu einem schockartigen Absturz der Kurse; vielmehr gehen die Aktienkurse vergleichsweise moderat, aber über einen längeren Zeitraum nach unten. Es kann immer mal wieder zu vorübergehenden Aufwärtsbewegungen kommen, diese sind dann aber nicht nachhaltig. Eine Baisse kann jahrelang andauern (Beispiel: Japan).	Moderate und kurzzeitige Kursrückgänge im Rahmen eines langfristigen Aufwärtstrends. In der Regel erholen sich die Kurse schnell wieder, da Anleger die Chance nutzen, sich begehrte Aktien zu günstigeren Preisen ins Depot zu holen. Der langfristige Aufwärtstrend bleibt bei einer Korrektur charttechnisch meist intakt.

Aber Hand aufs Herz: Angenommen, Sie finden im Internet zwei Börsenberichte vom selben Tag. Die Kurse sind kräftig gefallen. Der eine Beitrag ist überschrieben mit: »Deutliche Korrektur an den Finanzmärkten«, der andere mit: »Anleger in Panik: Crash an den Finanzmärkten« – welchen Beitrag würden Sie anklicken? Vermutlich den zweiten. Aber auch das Angstmacherwort »Crash« lässt sich noch steigern: »Super-Crash«, »Monster-Crash«, »Blutbad an den Börsen« – und viele weitere Begriffe aus dem Wörterbuch der Hysterie. Lassen Sie sich von diesen reißerischen Begriffen nicht ins Bockshorn jagen. Denken Sie immer an den Titel des Buches, das Sie gerade lesen: Bleiben Sie cool! Mögen sich andere an ihrer apokalyptischen Rhetorik ergötzen. Wenn es Ihnen hilft, halten Sie es mit den Artikeln 1–3 des Rheinischen Grundgesetzes:

Artikel 1: Et es wie et es.
(»Es ist, wie es ist.«)
Sieh den Tatsachen ins Auge, du kannst eh nichts ändern.

Artikel 2: Et kütt wie et kütt.
(»Es kommt, wie es kommt.«)
Füge dich in das Unabwendbare; du kannst ohnehin nichts am Lauf der Dinge ändern.

Artikel 3: Et hätt noch emmer joot jejange.
(»Es ist bisher noch immer gut gegangen.«)
Das gilt natürlich nur, wenn Sie Ihr Depot wetterfest gemacht haben und längerfristig disponieren, was bei einer Aktien- oder Aktienfondsanlage ohnehin unverzichtbar ist. Auf was Sie in diesem Zusammenhang unbedingt achten sollten, erfahren Sie im zweiten Teil dieses Buches.

Resümee

Crash-Propheten prognostizieren – von wenigen Ausnahmen abgesehen – immer nur den irgendwann bevorstehenden Absturz. Was den Zeitpunkt oder zumindest den Zeitrahmen angeht, bleiben sie unverbindlich. Wenn der Crash nicht kommt – was soll's –, dann kommt er eben zwei oder drei Jahre später.

In der Tat gibt es eine seltsame Lust vieler Leser an apokalyptischer Wirtschaftsliteratur. Man könnte sogar von einer Art Finanz-Masochismus sprechen. Dahinter steckt vielfach das psychologische Phänomen der Angstlust (»Thrill«). Damit diese Angstlust aufkommt, müssen die Aussagen der Crash-Propheten zunächst logisch und überzeugend klingen. Allerdings müssen die Argumente auch simpel sein, um erstens von den Lesern/Zuhörern verstanden zu werden und zweitens medientauglich zu sein. Je dramatischer die Wortwahl, je düsterer die Prophezeiung, desto mehr Aufmerksamkeit sichert sich der Crash-Prophet in den Medien.

2.0

Kleine Crash-Historie

Kommt es an den Finanzmärkten zu einem Crash, lassen historische Vergleiche nicht lange auf sich warten. Obwohl diese Vergleiche meist hinken; auch Wirtschaftsgeschichte wiederholt sich nicht eins zu eins, gleichwohl sind aber bestimmte Verhaltensmuster immer wieder zu erkennen. Wenn etwa die Gier das Gehirn frisst, steht der nächste Crash gleichsam vor der Tür.

2.1 Die Tulpenmanie

So war es auch im 17. Jahrhundert in den Niederlanden. Dort brachten Tulpenzwiebeln die Zocker von dazumal um ihren Verstand. Seit der Botaniker Charles de l'Écluse im 16. Jahrhundert die ersten Tulpenzwiebeln nach Leiden in die Niederlande gebracht hatte, machten diese Blumen mit ihren intensiven Farben Karriere. Zuerst als Heilpflanze, später als Dekoration und noch ein paar Jahre später als Ausdruck von Prestige und Reichtum. So kann man sich ohne ausgeprägte Fantasie sehr leicht vorstellen, wie zu jener Zeit ein Wirt in Holland reagierte, als ein Gast eine Tulpenzwiebel verspeiste, die eigentlich nur als sehr kostbare Deko gedacht war. Umgerechnet auf heutige Preise soll die versehentlich verzehrte Zwiebel nicht weniger als 25 000 Euro wert gewesen sein.[8] Immer mehr reiche Anleger und risikofreudige

Spekulanten kauften Blumen – die einen, um mit ihrem Wohlstand zu prahlen, die anderen, um damit ein Vermögen zu verdienen. Umgerechnet bis zu 87 000 Euro kostete später eine Blumenzwiebel, und mancher verpfändete buchstäblich Haus und Hof, um bei dieser immer verrückter werdenden Spekulation dabei zu sein. Sie erreichte ihren Höhepunkt, als nicht mehr Tulpenzwiebeln, sondern das Recht auf Tulpenzwiebeln zu astronomisch hohen Preisen gehandelt wurden. Es handelte sich um Tulpen-Optionen – und somit um nichts anderes als um Terminkontrakte.

Im Jahr 1637 erreichte die niederländische Tulpenmanie ihren Höhepunkt. Dann jedoch platzte die Blase. In Haarlem blieb ein Händler plötzlich auf seinen gesamten Tulpen-Optionen sitzen. Es fanden sich keine Verrückten mehr, die Wahnsinnspreise für reine Bezugsrechte auf Tulpenzwiebeln zu zahlen bereit waren. Und obwohl es damals noch kein Telefon und erst recht kein Internet gab, verbreitete sich dieser Vorfall in Windeseile. Die Blase platzte, der Tulpenmarkt brach total zusammen. Die Preise für Tulpen fielen um bis zu 95 Prozent. Und viele blieben auf ihren nunmehr weitgehend wertlosen Tulpen sitzen. Der volkswirtschaftliche Schaden war erheblich. Allein in Amsterdam soll sich die Zahl der Pleiten zwischen 1635 und 1637 verdoppelt haben.

2.2 Der »Schwarze Donnerstag/Schwarze Freitag«

New York, 24. Oktober 1929, ein wolkenverhangener, windiger Morgen: Für vier wichtige US-amerikanische Banker und einflussreiche Wall-Street-Akteure begann der Tag mit einer Hiobsbotschaft. Thomas W. Lamont, Seniorpartner des Bankhauses J.P. Morgan, meldete sich telefonisch bei seinen Kollegen Charles E. Mitchell (National City Bank), Albert H. Wiggin (Chase National Bank), William C. Potter (Guaranty Trust Company) und Seward Prosser (Bankers Trust). An der Börse sei der Teufel los, informierte Lamont seine Kollegen und schlug ein Krisentreffen in seinem Büro vor. Wenig später trafen die Bankiers mit versteinerten Mienen vor dem Gebäude der Morgan-Bank in der Wall Street 23 ein, um wortlos im Hauptquartier des Geldhauses zu verschwinden. Drinnen im luxuriösen Büro von Thomas W. Lamont debattierten die Herren dann aufgeregt über eine »organisierte Unterstützung der Börse«. Panik lag in der Luft, denn allmählich dämmerte es den Bankiers: Die Börse, ja das gesamte Finanzsystem war außer Kontrolle, die jahrelange Spekulationsblase geplatzt. Jetzt standen nicht nur den USA, sondern der ganzen Welt harte Jahre bevor. Was die Herren vermutlich noch nicht ahnten: Der Börsencrash, der als »Schwarzer Donnerstag« (in Europa wegen der Zeitverschiebung »Schwarzer Freitag« genannt) in die Geschichte eingehen sollte, sorgte indirekt mit dafür, dass wenige Jahre später in Deutschland Adolf Hitler an die Macht kommen und bald der verheerende Zweite Weltkrieg ausbrechen würde.

Während die vier Banker noch über Rettungsmaßnahmen diskutierten (Ohrenzeugen sprachen später von einem »aufgeschreckten Hühnerhaufen«), trennten sich immer mehr Investoren und private Anleger von ihren Aktien. »Rette sich, wer kann!«, so lautete die Devise. Um zehn Uhr an jenem denkwürdigen 24. Oktober 1929 begann an der New Yorker Börse der panikartige Ausverkauf. Innerhalb von gerade einmal 30 Minuten wechselten 1,6 Millionen Aktien ihre Besitzer, die Kurse brachen massiv ein. Bis zum Ende des Börsentages verzeichnete der Dow-Jones-Aktienindex einen Kursrückgang von 12,8 Prozent. Dabei sollte es aber nicht bleiben. Am 29. Oktober brach der Index noch mal um 11,7 Prozent ein. Etwa ein Jahr später erwischte die Krise mit voller Wucht den Bankensektor. Weil sie dem Ansturm ihrer Kunden nicht mehr gewachsen waren (Stichwort »Bankenrun«), mussten rund 11 000 von insgesamt etwa 25 000 US-amerikanischen Banken geschlossen werden.[9]

Dabei war es nicht der berüchtigte »Schwarze Schwan«, der da am 24. Oktober 1929 um die Ecke kam. Es handelte sich vielmehr um einen Crash mit Ankündigung. Seit Anfang Oktober – also ziemlich genau drei Wochen vor dem Super-Crash – blickten vor allem die privaten Anleger, die auf Kredit an der Börse spekuliert hatten, auf die Minuszeichen auf den Kurszetteln. Am 14. Oktober war es dann zum ersten Mal deutlich in Richtung Süden gegangen. Wenige Tage später titelte die *Times* in ihrer Sonntagsausgabe: »Verkaufswelle sinkender Aktien überschwemmt den Markt«.[10] Zehn Tage später sollte die gigantische Spekulationsblase dann platzen. Und es traf alle, sogar die damals angesehensten *Blue Chips* an der Wall Street. General Electric etwa, oder auch Westinghouse. Der Crash an der US-amerikanischen Börse dauerte drei Wochen an; es folgte eine vorübergehende Beruhigung, bis sich der Kurssturz im Frühjahr 1930 fortsetzte.

Der Oktobercrash beendete jäh eine jahrelange Party: Von 1921 bis 1929 hatten die USA in einem beispiellosen Wirtschaftsboom mit steigendem Wohlstand geschwelgt. Nicht von ungefähr spricht man bis heute von den »Golden Twenties«. Henry Ford revolutionierte den Automobilbau; der fahrbare Untersatz wurde für immer mehr Menschen erschwinglich. Radiogeräte waren in immer mehr Haushalten zu finden, und Charles Lindbergh läutete mit seiner Atlantiküberquerung eine neue Ära der Luftfahrt ein. Nicht nur die Industrie, auch die Landwirtschaft wuchs deutlich. Als Reaktion auf den erst wenige Jahre zurückliegenden Ersten Weltkrieg hatten die USA den Agrarsektor gezielt ausgebaut.

Champagnerlaune herrschte aber vor allem an der Börse. Im erwähnten Zeitraum von 1921 bis 1929 verfünffachte sich der Dow-Jones-Index. Und wie immer in einem sich allmählich überhitzenden und die Menschen euphorisierenden Boom verloren die Marktteilnehmer allmählich die Bodenhaftung. Man träumte von immerwährendem Wohlstand, von Reichtum, den man ohne Arbeit, allein durch Gewinne an der Böse erwirtschaften könnte. Und wer kein Geld hatte, um in Aktien zu investieren, lieh sich welches von seiner Bank. Spekulation auf Pump – eine brandgefährliche Entwicklung.

Während die Umsätze und Gewinne der Unternehmen sanken, stiegen die Aktienkurse weiter an. Das heißt, die Aktienkurse entkoppelten sich von der Realwirtschaft. Das konnte auf Dauer nicht gut gehen. Die Folgen des Jahrhundert-Crashs waren dramatisch. Bis zum Jahr 1932 waren beinahe 90 Prozent des US-Aktienvermögens vernichtet – und rund 30 Millionen Amerikaner ohne Job. Obwohl von Globalisierung noch keine Rede sein konnte (eher im Gegenteil), leitete der »Schwarze Donnerstag/Freitag« eine Weltwirtschaftskrise ein – mit den beschriebenen furchtbaren politischen Folgen vor allem in Deutschland. Erst im Jahr 1954 erreichte der Dow-Jones-Index wieder seinen Höchststand von 1929. Mit anderen Worten: Ein Börsianer, der damals im Alter von 30 Jahren den Jahrhundert-Crash an der Wall Street erlebt hatte, war schon fast 55 Jahre, als der Dow-Jones-Index wieder sein Kursniveau von vor dem Absturz am »Schwarzen Donnerstag/Freitag« erreicht hatte.

Das alles klingt ziemlich furchtbar – und ja, diese Retrospektive ist ohne Zweifel nicht gerade dazu angetan, das Vertrauen in Aktien und Aktienfonds zu fördern. Dennoch sollten Sie zwei Fakten bedenken:

Obgleich man sicher immer wieder Parallelen zu 1929 herstellen kann, ist die Welt von heute doch eine ganz andere. Führende Ökonomen sind sich einig darin, dass zumindest das Ausmaß des Crashs von 1929 auf die defensive Haltung der noch relativ jungen amerikanischen Notenbank (Fed) zurückzuführen war. Weder in der Phase der Blasenbildung noch nach dem Platzen der Blase hatte die Fed mit angemessenen geldpolitischen Maßnahmen reagiert, um das Schlimmste zu verhindern. Heute ist das anders. Zuletzt hat die Coronavirus-Krise ab Frühjahr 2020 bewiesen, dass Notenbanken sowie die häufig (und in manchen Dingen auch zu Recht) kritisierten Regierungen willens und in der Lage sind, mit dem Einsatz von enormen Rettungsprogrammen und Schutzschirmen die Folgen eines Crashs zumindest deutlich abzumildern und die Dauer der anschließenden Baisse erheblich zu verkürzen. Hinzu kommt, dass in den 1920er Jahren viele Nationen als Folge des Ersten Weltkriegs immer noch im Freund-Feind-Denken verharrten, was ein international orchestriertes Krisenmanagement erschwerte, wenn nicht gar unmöglich machte.

Es ist ohne Frage äußert interessant und erkenntnisreich, sich die Dow-Jones-Performance seit 1896 anzuschauen. Der Dow startete am 25. Mai 1896 mit 30 Punkten. Bis zum Crash im Jahr 1929 stieg er auf 381 Zähler. Dann folgte der tiefe Absturz, und erst im Jahr 1954 hatte der Dow – wie erwähnt – sein altes Kursniveau wieder erreicht. Danach ging es rasant nach oben. Doch obgleich es immer wieder zu Rückschlägen kam, legte der Dow bis heute eine beeindruckende Performance hin und bewies darüber hinaus eine erstaunliche Resistenz gegen Wirtschaftskrisen und exogene Schocks (siehe Tabelle auf S. 39). Vor Ausbruch der Corona-Krise lag der US-Börsenindex im Februar 2020 bei über 29.500 Punkten. Zugegeben, rückblickende Betrachtungen sind immer mit Vorsicht zu genießen, weil eine in der Vergangenheit erzielte Performance keine Rückschlüsse auf die Wertentwicklung der Zukunft erlaubt. Dennoch seien an dieser Stelle zwei Tatsachen erwähnt: Angenommen, Sie hätten im Jahr 2010 in die im Dow enthaltenen Werte investiert, so hätten Sie sich 2019 über eine Wertentwicklung von 146 Prozent freuen dürfen. Und selbst bei einem Einstieg im Jahr 2015 und einem Verkauf vier Jahre später hätten Sie immer noch eine Performance von 64 Prozent erzielt. Was sagt uns das? Es sagt uns, dass wir die besten Chancen versäumen, wenn wir stets wie ein Kaninchen auf die Schlange auf die Crashs in der Vergangenheit starren und uns von fürstlich honorierten Crash-Propheten Angst einjagen lassen. Natürlich kann es an der Börse immer wieder zu Korrekturen und Crashs kommen. Deshalb sollten Sie Ihr Vermögen auch breit streuen und mit Ihren Aktien- und Aktienfonds-Anteilen im Depot mittel- bis langfristig disponieren. Erprobte Praxistipps finden Sie im zweiten Teil dieses Buches.

Schnelle Rekonvaleszenz des Dow nach dramatischen Ereignissen

Zeitraum	Ereignis	Rückgang	Performance nach nur 24 Monaten
1916–1917	Erster Weltkrieg	– 40 %	+ 59 %
1929–1932	»Schwarzer Donnerstag«	– 89 %	+ 136 %
1937–1942	Zweiter Weltkrieg	– 52 %	+ 47 %
1966–1970	Eskalation Vietnamkrieg	– 37 %	+ 54 %
1973–1974	Erste Ölkrise/Watergate-Affäre	– 45 %	+ 67 %
1987	»Schwarzer Montag«	– 36 %	+ 54 %
2000–2002	Dotcom-Crash	– 38 %	+ 38 %
2007–2009	Finanzkrise	– 54 %	+ 87 %

Quelle: boerse.de

Hinweis: Die Performance bezieht sich auf die 24 Monate, die auf den jeweiligen Tiefpunkt folgten. Deshalb kann auch ein Plus von 136 Prozent nach dem »Schwarzen Donnerstag« vorangegangene Verluste von 89 Prozent noch nicht vollständig ausgleichen.

2.3 Der »Schwarze Montag«

Der Crash am 19. Oktober 1987, der in den USA den bis dahin größten Kursrutsch innerhalb eines Tages auslöste, folgte – ähnlich wie das Debakel im Jahr 1929 – einem langen Zeitraum der Übertreibung und der Leichtfertigkeit. Seit 1982 bestimmten die Bullen das Marktgeschehen, aber das sollte sich im Herbst 1987 ändern.

Schon der Sonntag vor dem Crash war von großer Nervosität bestimmt – und viele Börsianer und Banker ahnten damals bereits, was da am Montag auf sie zukommen könnte. Und in der Tat: Von der ersten Minute an trudelte der Markt am Montag steil nach unten. Es lagen so viele Verkaufsaufträge vor, dass das Computersystem überlastet war. Wegen dieses Engpasses öffnete etwa ein Drittel der Kurse mit Verspätung. Fed-Chef Alan Greenspan, damals ganz frisch im Amt, dachte über eine Handelsunterbrechung nach, was freilich die Nervosität nur weiter steigerte.

Am Ende des »Schwarzen Montags« nahm sich die Bilanz der New York Stock Exchange (NYSE) furchtbar aus: Sie verzeichnete den größten Kurssturz ihrer Geschichte. Der Dow-Jones-Index verlor mit 508,32 Punkten fast 23 Prozent – heute wären das über 3.000 Zähler. Auch die anderen Indizes brachen ein und das Crash-Virus verbreitete sich in Windeseile rund um die Welt. Verstärkt wurde der Abwärtstrend durch den damals zunehmend automatisierten Handel an der Börse (Computerbörse), der freilich noch in den Kinderschuhen steckte.

Nach den dramatischen Kursverlusten an den anderen Weltbörsen setzte die Wall Street am »Terrible Tuesday« ihre Talfahrt zunächst fort, doch nach einer wahren Achterbahnfahrt schloss der Dow überraschenderweise im Plus. An allen führenden Finanzplätzen der Welt atmete man kräftig durch. Ein Schreckensszenario wie im Jahr 1929 schien abgewendet zu sein. Und tatsächlich erholten sich die Märkte bemerkenswert schnell von diesem Blitzcrash. Im Frühjahr 1989, 18 Monate nach dem Absturz, notierte der Dow wieder auf neuen Höchstständen. In der langfristigen Perspektive fällt dieser Crash daher kaum noch ins Gewicht. Gleichwohl hat sich dieser Schock tief in die bösen Erinnerungen der Börsianer eingegraben.

2.4 Die Dotcom-Blase

Erinnern Sie sich noch an den Neuen Markt? Falls ja, dann vermutlich mit gemischten Gefühlen. Das im Jahr 1997 nach dem Vorbild der

US-amerikanischen NASDAQ gegründete deutsche Börsensegment für Wachstumswerte war in der Euphorie rund um die New Economy anfangs auf großes Interesse gerade bei den Privatanlegern gestoßen. Dabei war dieses Börsensegment ein ausgesprochen heißes Pflaster. Tops und Flops lagen eng beieinander. Manche konnten mit den begehrten Neuemissionen (so sie denn welche zugeteilt bekamen) in der Tat viel Geld verdienen, andere erlitten Totalverluste. Die sogenannten Wachstumsunternehmen, die sich mit ihrem Börsengang Geld besorgen wollten, konnten oft nicht einmal ein wirklich konsistentes Geschäftsmodell vorweisen. Doch wenn der Unternehmensname nur mit ».com« (der Begriff »Dotcom« bezieht sich auf die Internet-Domain-Endung ».com«) endete und damit suggerierte, ein innovatives Start-up in der Internetszene zu bezeichnen, sahen manche Anleger gern über die tiefroten Zahlen in den Bilanzen hinweg und investierten. Fantasie statt Substanz lautete die Losung. Es kam schließlich zu dem geradezu perversen Zustand, dass die Schnelligkeit der Geldverbrennung *(Cash-Burn-Rate)* als positives Unternehmensmerkmal angesehen wurde. Spätestens an diesem Punkt war der baldige Crash absehbar.

Vor allem viele Privatanleger wollten von der Aufbruchstimmung im Bereich der digitalen Technologie profitieren. Es war die Zeit, als das Internet und die Mobiltelefonie massentauglich wurden und rasante Steigerungsraten verzeichneten. Sehr bald entstand eine Blase an den Technologiemärkten. So vervielfachte sich ab Mitte 1999 in nur wenigen Monaten die Börsenbewertung zahlreicher Unternehmen, die größtenteils ohne das Geld weitgehend unerfahrener Klein- und Neuanleger nicht überlebensfähig gewesen wären. Nach der Jahrtausendwende wurden dann viele Anleger unversehens gewahr, dass viele der vermeintlichen Zukunftsunternehmen auf absehbare Zeit wohl keine schwarzen Zahlen schreiben würden. Mehrere dreiste Betrugsfälle gaben dem einst hochgelobten Neuen Markt den Rest. Die Dotcom-Blase platzte – nicht nur in Deutschland. Im März 2000 brach der Dotcom-Markt komplett zusammen. Im Juni 2003 wurde der Neue Markt geschlossen.

In den langfristigen Börsencharts fällt das Platzen der Dotcom-Blase heute kaum noch ins Gewicht. Trotzdem hatten vor allem viele Kleinanleger Milliardenverluste erlitten. Mehr noch: Der deutschen Börsenkultur wurde im wahrsten Sinne des Wortes ein »Bären«-Dienst erwiesen. Aus dem Dotcom-Crash lassen sich zwei grundlegende Lehren ziehen, die zeitlos gültig sind:

1. Seien Sie auf der Hut, wenn plötzlich Euphorie an den Märkten herrscht und Ihnen unseriöse Börsenbriefe und Blogs im Internet weismachen möchten, Sie könnten an der Börse gleichsam im Handumdrehen zum Millionär werden. Fragen Sie sich immer: Was motiviert den Tippgeber, seine Leser oder Zuhörer mit angeblichem »Geheimwissen« zu versorgen? Gäbe es jemanden, der tatsächlich über das »Geheimwissen der Börse« verfügte, würde er damit sehr schnell sehr reich werden und müsste nicht mehr andere mit fragwürdigen Tipps ins Bockshorn jagen.

2. Qualität und Substanz zählen, zumal für Privatanleger. Überlassen Sie die Finanzierung von angeblich vielversprechenden Wachstumsunternehmen institutionellen Investoren, die über hinreichende Expertise und Instrumente verfügen, um die Risiken abschätzen zu können.

2.5 Die Weltfinanzkrise (»Lehman-Syndrom«)

Wissen Sie, was ein Ninja-Kredit ist? Der so kryptisch anmutende Begriff steht für »**N**o **i**ncome, **n**o **j**ob, **n**o **a**sset« (also kein Einkommen, keine Arbeitsstelle, keine Vermögenswerte). Mal ehrlich, würden Sie so jemandem einen Kredit geben? Vermutlich nicht. Im ersten Jahrzehnt des neuen Jahrtausends war dies in den USA offenbar kein Problem. Auch im Grunde nicht kreditwürdige Personen bekamen damals Geld für den Kauf von eigenen Immobilien fast schon aufgedrängt. Geld gab es gleichsam wie Sand am Meer, weil der damalige US-Notenbankchef Alan Greenspan immer wieder die Märkte mit Dollar-Milliarden flutete, sobald eine konjunkturelle Eintrübung drohte. Wer nur wollte, bekam billiges Geld zu sehr niedrigen Zinsen. Zuletzt hatte die Notenbank nach dem Platzen der erwähnten Dotcom-Blase die Märkte üppig mit Liquidität versorgt. Auch wenn die Kreditnehmer über keinen festen Job und keine Rücklagen verfügten, so war doch die erworbene Immobilie für viele Geldinstitute eine ausreichende Sicherheit. Und anfangs schien diese Rechnung in der Tat aufzugehen. Die Immobilienpreise stiegen kräftig, und auf diese Weise waren die Hauseigentümer in der Lage, mit neuen Krediten ihre alten Hypotheken abzubezahlen. Viele hatten jedoch eine vermeintliche Kleinigkeit übersehen: In den Darlehensverträgen war ein flexibler Zinssatz vereinbart. Als die Leitzinsen wieder stiegen, erhöhten sich auch die Belastungen der Immobilieneigentümer. Schon Ende 2006 konnten viele Amerikaner ihre Raten nicht mehr bezahlen. Ihre Häuser wurden zwangsversteigert. Dadurch fielen die Immobilienpreise, was den Markt zusätzlich unter Druck setzte.

Natürlich darf man sich die Frage stellen, weshalb die US-Banken solche absehbaren Risiken eingingen. Der Grund ist einfach: Sie glaubten, die Risiken trickreich aus ihren Büchern entfernen und möglichst breit streuen zu können. So übertrugen die Kreditinstitute Hypotheken von guter, mittlerer und schlechter Bonität an sogenannte Zweckgesellschaften. Diese machten daraus *Mortgage-Backed Securities*, also handelbare und durch Hypotheken gesicherte Wertpapiere. Diese wiederum wurden in Fonds zu *Collateralized Debt Obligations* gebündelt. Anschließend teilte man diese Finanzprodukte wieder auf und schnürte neue Wertpapierpakete, die weltweit Banken angeboten wurden. Die griffen gern zu, schließlich bekamen diese strukturierten Finanzprodukte von den Ratingagenturen Bestnoten. Die Institute wussten größtenteils gar nicht, welche gefährlichen Zeitbomben sie da in ihren Büchern hatten. Das wurde ihnen erst bewusst, als es infolge der fallenden Immobilienpreise reihenweise zu Abschreibungen in Milliardenhöhe kam. Für zusätzlichen Zündstoff sorgte die Spekulation mit Kreditderivaten. In den Medien tauchte immer häufiger das Wort »Subprime-Krise« auf. »Subprime« steht für eine Kreditvergabe trotz schlechter Bonität.

Unter den Banken wuchs ab Sommer 2007 das Misstrauen. Die Institute liehen sich gegenseitig kaum noch Geld, was trotz der Hilfe durch die Zentralbanken zu einer Art Liquiditätsinfarkt führte. Wer die Wirtschaftsnachrichten verfolgte, ahnte schon damals auch in Europa, wo Immobilien in der Regel erheblich solider finanziert sind als seinerzeit in den USA, dass sich da etwas zusammenbraute, was sich in einem Crash entladen könnte.

Die Initialzündung für die nun folgende Weltfinanzkrise war die Insolvenz der Investmentbank Lehman Brothers am 15. September 2008. Nie zuvor hatte es in der US-Geschichte einen Konkursfall von ähnlicher Tragweite und von vergleichbarer internationaler Auswirkung gegeben.

Dass Lehman Probleme hatte, war bekannt. Doch nachdem schon zuvor die Investmentbank Bear Stearns und die weltweit größten Hypothekeninstitute Fannie Mae und Freddie Mac entweder übernommen oder vom Staat gestützt worden waren, glaubte man nicht nur an der Wall Street an eine ähnliche Auffanglösung für Lehman. Als jedoch klar wurde, dass sich der Staat an der Rettung der Investmentbank nicht beteiligen würde, blieb nur noch die Übernahme des angeschlagenen Finanzinstituts durch die Bank of America oder die britische Investmentbank Barclays. Doch am Ende winkten beide ab. Um 01:47 Uhr Ortszeit stellten die Anwälte von Lehman Brothers beim zuständigen Gericht in Lower Manhattan Insolvenzantrag. Zum Börsenstart wurde dann auch die Öffentlichkeit informiert. Weltweit gingen die Börsenkurse auf Talfahrt. Jedem war klar, dass eine der schwersten Rezessionen der Nachkriegszeit bevorstehen würde. Rund um den Globus schauten die Akteure der Finanzbranche in einen Abgrund, von dem sie nicht einmal wussten, wie tief er war.

Jetzt brachen die letzten Dämme. Schon zwei Tage nach dem Lehman-Schock musste der amerikanische Versicherungskonzern AIG von der US-Notenbank mit 85 Milliarden Dollar gerettet werden. Nach der Lehman-Pleite hätte der Zusammenbruch eines weiteren global agierenden Finanzkonzerns das Finanzsystem wohl endgültig in den Abgrund gerissen.

In diesen Monaten brauchten Anleger buchstäblich Nerven wie Drahtseile. Deutsche Aktien büßten – gemessen am Dax – im Schnitt rund 40 Prozent ihres Wertes ein. Das deutsche Börsenbarometer war mit 8.067 Punkten in das Jahr 2008 gestartet; Mitte Oktober lag der Dax gerade noch bei 4.014 Punkten. Rund 380 Milliarden Euro an Marktkapitalisierung gingen dabei verloren.

Und auf eine baldige Erholung durften die Anleger und Investoren nicht hoffen. Denn die Bankenkrise drohte nun auch ganze Staaten in den Bankrott zu reißen. Am 6. Oktober 2008 unterbrachen die isländischen Fernsehsender ihr reguläres Programm für eine Ansprache von Premier Geir Haarde, der im schwarzen Anzug vor die Mikrofone und Kameras trat. Der Regierungschef sprach von Krise und Zusammenhalten und sagte dann den entscheidenden Satz: »Es besteht die Gefahr, dass unsere Volksgemeinschaft dem Abwärtstrend der globalen Bankenkrise nicht entkommt und unsere Nation am Ende bankrottgeht.« Was war passiert? In den 1990er Jahren waren die drei staatlichen Banken Islands privatisiert worden. In den Folgejahren wurde die nordische Insel zum Zockerparadies. Nicht nur die Profiteure in den Banken scheffelten Geld, sondern das ganze Land befand sich in einem Wohlstandsrausch. Auch Kunden in Großbritannien, den Niederlanden, Skandinavien, Deutschland und Österreich nahmen an der Zockerparty teil. Doch dann brachte die Lehman-Pleite die Blase zum Platzen. Die Verbindlichkeiten des isländischen Bankensystems waren mindestens neunmal so hoch wie das Bruttoinlandsprodukt der Insel. Im Herbst 2008 musste die Regierung in Reykjavík die drei Banken übernehmen. Der Umfang der Bankenhilfe belief sich auf etwa 80 Prozent der Wirtschaftsleistung. Das konnte das kleine Land allein nicht stemmen und bat den Internationalen Währungsfonds (IWF) sowie befreundete Länder, darunter auch Russland, um Hilfe.

So ärgerlich die Island-Krise gerade auch für deutsche Sparer und Anleger war, die monatelang um ihr Geld bangen mussten, insgesamt blieben die Auswirkungen der Beinahe-Pleite der Insel hoch im Norden dennoch überschaubar. Zumal Island weder der Europäischen Union noch der Europäischen Währungsunion angehört. Insofern hatte die Krise zu keinem Zeitpunkt einen unmittelbaren Einfluss auf den Euro.

Das sollte sich aber auf dramatische Weise ändern, als Griechenland, Spanien, Portugal und vorübergehend auch Irland Probleme bekamen. Insbesondere der nahe Bankrott Griechenlands drohte die ohnehin fragile Währungsunion zu sprengen. Nur diverse Rettungsschirme und Hilfsprogramme konnten das Schlimmste verhindern. Doch die Lage blieb angespannt.

Da entschloss sich der damalige EZB-Präsident Mario Draghi zu einer sehr weitreichenden Aussage. Der Notenbanker nahm am 26. Juli, einem sonnigen Tag in London, an einer Investorenkonferenz im Lancaster House, einem Gebäude im Georgianischen Stil zwischen Buckingham Palace und St. James's Palace, teil. Eingeladen hatte der seinerzeitige britische Premierminister David Cameron. Niemand rechnete damit, dass von diesem Treffen ein entscheidendes Signal ausgehen würde, das letztlich vielleicht sogar den Euro retten könnte. EZB-Präsident Draghi sprach an diesem Tag in der britischen Hauptstadt die magischen drei Worte: »Whatever it takes« (also »was auch immer notwendig ist«). Draghis kompletter Satz lautete damals: »Within our mandate, the **ECB** is ready to do **whatever it takes** to preserve the Euro. And believe me, it will be enough.« (»Im Rahmen unseres Mandats ist die EZB bereit, alles zu tun, was notwendig ist, um den Euro zu erhalten. Und glauben Sie mir, es wird genug sein.«) Letztlich war es dieser Satz, der den Euro rettete und der deshalb in die Finanzgeschichte eingehen dürfte.

Auch wenn wenig später auf Zypern erneut eine Euro-Krise auszubrechen drohte, war den internationalen Investoren dennoch klar, dass die Europäer ihre Gemeinschaftswährung retten würden – koste es, was es wolle. An der Börse wurde dies in den folgenden Jahren honoriert. Sieht man von einem Rücksetzer im Jahr 2018 ab, legte zum

Beispiel der Dax zwischen 2012 und Ende 2019 kontinuierlich zu. Notierte er Ende 2012 bei 7.655,88 Zählern, so kletterte der deutsche *Blue-Chip*-Index bis Ende 2019 auf 13.249,01 Punkte. Im selben Zeitraum stieg der S&P 500 von 1.426,19 auf 3.230,78.

2.6 Der Corona-Crash

Ende Dezember 2019: Die Menschen in Europa hatten gerade Weihnachten gefeiert und genossen die freien Tage »zwischen den Jahren«. Sie bereiteten ihre Silvesterparty vor, um das Jahr 2020 zu begrüßen. Die Stimmung war gut – auch an den Börsen. Der deutschen Wirtschaft könne allenfalls eine kleine Wachstumsdelle drohen, hieß es. Und auch in den USA durfte sich Präsident Donald Trump dank überzeugender Wirtschaftsdaten auf eine sehr wahrscheinliche Wiederwahl im Herbst 2020 freuen.

Doch während Europäer und Amerikaner gut gelaunt auf das neue Jahr anstießen, bahnte sich im fernen China Dramatisches an. Die dortigen Behörden hatten erste Infektionen mit einer bis dahin unbekannten Lungenerkrankung registriert. Ursprungsort war angeblich ein Markt in der Millionenstadt Wuhan, wo auch lebende Wildtiere verkauft wurden (ob das wirklich der Ausgangspunkt für die beginnende Pandemie war, sollte auch in den Wochen danach zumindest fraglich bleiben). Am 31. Dezember waren den Gesundheitsbehörden in Wuhan 27 Erkrankte bekannt. Die Zahl stieg dramatisch; am 6. Januar gab es bereits 59 Kranke. In Deutschland berichtete die *Tagesschau* erstmals über diese mysteriöse Krankheitswelle.[11] Doch China ist weit weg, und in Europa fuhr man in den Skiurlaub. Am 3. Januar 2020 informierte China die US-Seuchenbehörde. Das Virus sei außer Kontrolle, hieß es.

Auch als am 28. Januar 2020 um 0:04 Uhr die Deutsche Presse-Agentur (dpa) die erste Infektion mit dem neuartigen Coronavirus SARS-CoV-2 in Deutschland meldete, ahnte keiner, was da auf Deutschland und die Welt zukommen würde. Mitte Februar wurde im Rheinland noch fröhlich Fastnacht gefeiert. In Gangelt (Kreis Heinsberg) nahmen viele gut gelaunte Narren an einer Karnevalssitzung teil. Keiner wusste, dass zwei der Gäste mit dem Coronavirus infiziert waren. Ab diesem Tag breitete sich das Virus in rasantem Tempo in Nordrhein-Westfalen aus. Die neuartige Lungenerkrankung aus China wurde von der Weltgesundheitsorganisation »Covid-19« genannt. Die drohende Gefahr wurde zunächst unterschätzt – und zwar nicht nur von dem in diesem Zusammenhang häufig kritisierten Donald Trump.

Zunächst verzichtete die Weltgesundheitsorganisation (WHO) darauf, einen internationalen Gesundheitsnotstand auszurufen. Stattdessen lobte der umstrittene Generaldirektor der WHO, Tedros Adhanom Ghebreyesus, die chinesischen Gesundheitsbehörden in fast schon serviler Weise für deren Krisenmanagement. Und auch das deutsche Robert Koch-Institut beurteilte die Corona-Gefahrenstufe noch Anfang März 2020 als »mäßig«.

Doch innerhalb von zwei Wochen wurde aus der »mäßigen Gefahr« nun die »größte Herausforderung seit dem Zweiten Weltkrieg«, so Bundeskanzlerin Angela Merkel in ihrer Fernsehansprache an die Nation am 18. März 2020. Was danach geschah, ist Ihnen, liebe Leserin, lieber Leser, sicher noch in schlechter Erinnerung. Weltweit stiegen die Infektions- und Todesfälle dramatisch, zunächst wurden die Schulen geschlossen, dann die Läden, Hotels und Restaurants, Flugzeuge blieben am Boden, es kam zu Panikkäufen. Hektisch schnürten Politiker Rettungspakete in bislang nicht gekanntem Ausmaß. Ab dem 12. März 2020 stürzte der Dax dramatisch ab und näherte sich an den Tagen danach sogar der 8.000-Punkte-Marke. Ähnlich desaströs stellte sich auch die Lage an der Wall Street dar. Doch danach stabilisierten sich die Märkte überraschend schnell. Die Anleger spekulierten auf ein baldiges Ende der Pandemie und auf die Wirkung der billionenschweren Rettungspakete.

Ausgerechnet in der Phase der Rekonvaleszenz der Finanzmärkte musste mit der Wirecard AG einer der ehemaligen »Digitalisierungs-

Stars« im Dax Ende Juni 2020 nach Bekanntwerden eines unglaublichen Bilanzskandals Insolvenz anmelden. Innerhalb von wenigen Tagen verlor die Aktie von Wirecard rund 98 Prozent (!) ihres Wertes. Nie zuvor hatte es einen solchen Kursverfall bei einem Dax-Konzern in so kurzer Zeit gegeben. Rund 1,9 Milliarden Euro – spurlos verschwunden. Gegen den ehemaligen CEO Markus Braun und seinen Vorstandskollegen Jan Marsalek ergingen Haftbefehle. Doch auch diesen Schock konnten die Finanzmärkte nach anfänglichen Verlusten gut abschütteln.

Im August 2020 – in Deutschlands Medien wurde mal wieder über die »zweite Corona-Welle« diskutiert – erzielte der US-amerikanische S&P-500-Index ein neues Allzeithoch. »Verrückt: An den Börsen regieren nun auch offiziell wieder die Bullen«, wunderte sich die *Neue Zürcher Zeitung*.[12] So verrückt ist das an sich gar nicht, eher ein neuer Beleg dafür, dass die Kapitalmärkte eben die Zukunft antizipieren.

Resümee

Diese kleine Crash-Historie zeigt vor allem eines ganz deutlich: Die Finanzmärkte wurden in der Vergangenheit immer wieder äußerst herausfordernden Stresstests unterzogen. Die Gründe für die Abstürze waren unterschiedlich: Mal war es Gier, mal ein exogener Schock (Kriege), mal ein winziges Halblebewesen, das wir »Virus« nennen und das eine ganze Weltwirtschaft lahmlegen kann. Doch haben sich die Märkte danach meist erstaunlich rasch von den Einbrüchen erholt und erklommen schon nach ein paar Jahren wieder neue Höchststände (sieht man vom Crash im Jahr 1929 einmal ab, als es – wie erwähnt – bis in die 1950er Jahre dauerte, ehe an der Börse die Kursniveaus von vor dem Crash erreicht wurden).

All jenen, die versucht sind, sich nun selbst auf die Schultern zu klopfen, weil sie doch angeblich schon sehr frühzeitig vor einem Crash spätestens im Jahr 2020 gewarnt haben, sei gesagt, dass niemand – wirklich niemand – den Coronaviren-Ausbruch auf einem chinesischen

Markt voraussehen konnte. Die Crash-Propheten führten denn auch ganz andere Gründe für ihre Hiobsbotschaften ins Feld: die zunehmende Zahl von Zombie-Unternehmen zum Beispiel (also Firmen, die ohne das billige Geld der Zentralbank nicht mehr lebensfähig wären), die hohe Staatsverschuldung der südeuropäischen Länder, der angeblich bevorstehende Kollaps des Papiergeldsystems (»*Fiat money*«), die Flüchtlingskrise – oder alles zusammen. Nur eines hatte keiner der Crash-Propheten auf dem Schirm: ein winziges, nur unter einem modernen Elektronenmikroskop sichtbares Virus, das die Welt in Angst und Schrecken versetzte, Zehntausende von Menschen dahinraffte und die Weltwirtschaft kollabieren ließ. Es wird in den nächsten Jahren spannend bleiben, zu sehen, wie schnell sich die Wirtschaft von diesem tiefen Schock erholen kann. Auch die Autoren dieses Buches verfügen über keine Kristallkugel, um die Zukunft vorherzusagen. Aber wir wagen die Prognose: Die Weltwirtschaft dürfte sich insgesamt schneller erholen, als viele auf dem Höhepunkt der Virus-Krise gedacht haben.

3.0

Die Geschäftsmodelle der Crash-Propheten

3.1 »Dottore PCM«: Der eloquente Crash-Guru

Sie kennen sicher Marc Faber, Markus Krall und Max Otte, um nur einige zu nennen. Allesamt sehr erfolgreiche Autoren und Crash-Propheten, die mit ihren bisweilen fast schon apokalyptischen Prognosen auf vielerlei Weise gut verdienen. Und die Älteren unter Ihnen haben in den 1970er und 1980er Jahren vielleicht die Bestseller und Kolumnen von Dr. Paul C. Martin gelesen. Seine Fans nannten ihn »PCM« oder auch »Dottore«. Der Wirtschaftsjournalist bewies schon damals, dass man mit Crash-Prognosen zum Millionär werden kann. Obwohl: Manche (unerbetene) Empfehlung gab er sogar honorarfrei. So riet »Dottore« im Frühjahr 1974 öffentlich dem damaligen Chefredakteur der Illustrierten *Stern*, Henri Nannen, eine Hypothek auf seine Jacht *Positano III* aufzunehmen und dafür Gold zu kaufen. Nannen ist dieser Empfehlung nicht gefolgt und hat damit Teile seines Vermögens gerettet. Denn zum Zeitpunkt der Empfehlung von PCM zahlte man für eine Feinunze Gold (31,1 Gramm) 165 US-Dollar. Vier Monate später war der Goldpreis auf rund 130 US-Dollar pro Unze gefallen.[13] Man mag sich über diese Anekdote amüsieren, doch sei der Fairness halber angemerkt, dass die Empfehlung von PCM so schlecht nicht war. Denn im Oktober 1979 kletterte der Goldpreis vorübergehend auf rund 500 US-Dollar.

Martins Prognosen waren oft provozierend, mal klangen sie logisch, mal abstrus, mal widersprüchlich. Die einen schüttelten die Köpfe, die anderen spendeten dem Autor, Texter und Seminarleiter begeistert Beifall. In seinem Bestseller *Wann kommt der Staatsbankrott* von 1983 zeigte sich der Autor überzeugt, dass die Bundesrepublik Deutschland das Jahr 2000 nicht erreichen werde.[14] Es kam, Gott sei Dank, anders, wie wir wissen.

Auch was seine Empfehlungen an seine Fans angeht, erwies sich Paul C. Martin als durchaus flexibel. In einem Seminar in den 1980er-Jahren empfahl PCM seinen völlig verdutzten Zuhörern, in Bargeld anzulegen. »Alle Wertpapiere verkaufen, alle Konten bei der Bank plündern, die Scheine schön bündeln und in den Safe tun.«[15] Dass die Seminarteilnehmer äußerst irritiert reagierten, war durchaus verständlich, schließlich hatte der Bestsellerautor bis dahin sein Geld mit Büchern wie *Gold schlägt Geld* oder *Sachwert schlägt Geldwert* verdient. Nun plötzlich sollte also Geld das Gold schlagen. Wie das? PCM lieferte die Erklärung gleich nach: Geld werde knapp, vor dem großen Crash komme es zur Deflation. Das war das PCM-Phänomen: Seine Prognosen klangen immer irgendwie verrückt, dann aber auch wieder logisch. Er war ein Rebell gegen den Mainstream. Seine Botschaft: Der große Crash steht unmittelbar bevor, die Sparer sind die Dummen und die Banken brechen zusammen. Bedeutende Ökonomen und Philosophen kamen bei PCM generell schlecht weg. Aristoteles habe dummes Zeug gefaselt, bei Platon sei alles wie Kraut und Rüben durcheinandergeraten, und Ökonomie-Nobelpreisträger Milton Friedman habe eh »keine Ahnung«. Ökonomieprofessoren würden vom Staat alimentiert und könnten in der privaten Wirtschaft keinen dauerhaften Lebenserfolg vorweisen. Solche Sentenzen waren ganz nach dem Geschmack seiner Jünger. Eine facettenreiche stilistische Brillanz war eine der Stärken von PCM und machte einen großen Teil seines Erfolgs aus. Wo andere Crash-Propheten professoral »schwafeln« (wie es PCM ausgedrückt hätte), kamen

Martins Worte »wahlweise wie ein Vorschlaghammer daher oder wie spitze Nadelstiche«, hieß es in einem Nachruf auf den im April 2020 verstorbenen Publizisten.[16]

Dass Martin keinen Lebenserfolg vorzuweisen gehabt hätte, können indessen selbst seine größten Gegner nicht behaupten. Der 1939 in Luckenwalde geborene Journalist war Chefredakteur bei der *Welt am Sonntag* und der *Wirtschaftswoche*. Er gehörte zu den Mitbegründern des Schweizer Wirtschaftsmagazins *Bilanz* und arbeitete von 1992 bis 2000 als Vize-Chefredakteur bei *Bild*. Den Kapitalismus bezeichnete er als ein kreditäres Kettenbriefsystem. Martin war nicht nur einer der frühen, sondern auch einer der eloquentesten und erfolgreichsten Crash-Propheten und hat den einen oder anderen seiner Nachfolger sicherlich inspiriert. Mit manchem, was er sagte, lag er absolut richtig. Staatsbankrotte (oder Fast-Staatsbankrotte wie in Griechenland) hat es seit Erscheinen seiner Bücher genug gegeben. Und wenn er immer wieder sagte, Sachwerte schlügen den Geldwert, so kann man ihm sicher nicht widersprechen. Allerdings: Im Gegensatz zu seinen Prognosen hat die Bundesrepublik Deutschland das Jahr 2000 in vergleichsweise guter Verfassung erreicht und konnte – ungeachtet aller nachfolgenden Krisen – mit einer robusten Wirtschaft überzeugen. Und entgegen seinen Erwartungen gibt es den Euro nach wie vor – whatever it takes.

Harald Jürgensen, ehemaliger Wirtschaftsprofessor an der Universität Hamburg, brachte das Erfolgsrezept von PCM (und das seiner Nachfolger) ganz einfach auf den Punkt: »Der Mann versetzt die Leute in Angst und Schrecken, damit sie anschließend seine Bücher kaufen.«[17] Dem ist nichts hinzuzufügen.

3.2 Marc Faber: »Doctor Doom«

Was immer man von seinen Prognosen und Analysen halten mag, langweilig sind sie nie. Das liegt wohl auch an seiner Vorliebe für eine deftige Sprache. Wo andere die Politik der Notenbanken nur in der Sache kritisieren, wird der gebürtige Schweizer Marc Faber bisweilen sehr persönlich. Dann spricht er schon mal von »idiotischen Ökonomen und Deppen in den Notenbanken«. Von Akademikern, die schon an der Uni immer nur gelernt, aber niemals gesoffen hätten und bis heute nichts von der praktischen Wirtschaft wüssten.[18] Auch das fällt übrigens bei vielen der Crash-Propheten auf: ihre »Hau-drauf-Rhetorik«, die bei ihren Fans immer gut ankommt. Da ist einer, der gibt es denen da oben jetzt mal richtig – den Politikern, den Bankern, den Notenbankern, den Wirtschaftsprofessoren – in ihrer Mehrheit eben alles nur Deppen und Idioten, denen die Menschen angeblich schutzlos ausgeliefert sind.

Marc Faber lebt heute in einem stattlichen Anwesen am Rande der rund 136 000 Einwohner zählenden Stadt Chiang Mai im Norden Thailands. Er begann seine bemerkenswerte Karriere, die ihn sehr wohlhabend machte, 1970 an der Wall Street. Doch bereits drei Jahre später zog es ihn nach Asien. Er habe bereits damals das große Potenzial dieses Kontinents erkannt, verriet er einmal dem Autor dieser Zeilen auf einem Kongress bei Stuttgart. Der studierte Volkswirt und Betriebswirt hatte in Großbritannien promoviert. Von 1970 bis 1978 war er für White, Weld & Company zunächst in New York und Zürich, später dann in Hongkong tätig. Von 1978 bis 1990 fungierte er als *Managing Director* bei Drexel Burnham Lambert, damals eine der größten Investmentbanken an der Wall Street. Im Jahr 1990 gründete Faber die Investmentgesellschaft Marc Faber Ltd. Hongkong. Er ist außerdem Herausgeber des *Gloom Boom & Doom Report* und wird deshalb und wegen seiner häufigen Crash-Prophezeiungen häufig als »Dr. Doom« (»Dr. Untergang«) bezeichnet.

Im Gegensatz zu den meisten anderen Crash-Propheten lag Marc Faber mit seinen Vorhersagen beinahe immer richtig. Er sah den Börsencrash von 1987 voraus und prognostizierte frühzeitig das Ende des Japan-Booms ab 1990, und auch mit der Asien-Krise 1997 lag er richtig. Nur beim Platzen der Dotcom-Blase verschätzte sich »Dr. Doom« – er hatte den Crash früher erwartet. Mit diesem falschen Timing kokettiert der kauzige Crashguru mit dem Haarschwänzchen am Hinterkopf gern ein wenig: Er bezeichnet es als »schwarzen Fleck« seiner Karriere.

Auch in den vergangenen Jahren sprach Marc Faber immer wieder vom Crash – doch er wollte sich partout nicht einstellen. Stattdessen erklommen die wichtigsten Börsenindizes ein Allzeithoch nach dem nächsten. Faber ließ sich davon indessen nicht beeindrucken. Für ihn war das alles ein höchst fragiles Kartenhaus, von Null- und Negativzinsen künstlich zusammengehalten. Die astronomischen Geldsummen, die in die Wirtschaft gepumpt wurden, seien nie in der Realwirtschaft angekommen, sondern hätten sich am Aktien- und Immobilienmarkt gestaut und dort eine »Asset-Inflation«, also eine Inflation der Vermögenswerte, verursacht. Diese habe Reiche wie ihn noch reicher gemacht, räumt Faber offen ein.[19] Das wecke den Zorn der jungen Generation, die wisse, dass sie in diesem System keine Chance habe. Und genau deshalb liebäugele sie mit sozialistischen Ideen. Schon seit Jahren sagt Faber eine Renaissance des Sozialismus voraus.

Den Corona-Crash konnte Faber freilich nicht voraussehen. Aber für ihn dürfte dieses Ereignis nur der Auslöser gewesen sein, der genau das verursachte, was er – Faber – seit Jahren immer wieder predigte: Ein Crash wird kommen. Und nun wurde er von einem winzigen Halblebewesen ausgelöst. Auch dazu hat Faber einen bildhaften Vergleich: Es sei, als würde ein Moskito einen Elefanten stechen, und der bräche zusammen. Und warum ist das so, weshalb gerät in solchen Situationen sogar das von Faber favorisierte Gold unter die Räder? Weil zu viel *Leverage* (»Hebelung«) am Markt sei. Im Klartext: Es wird viel mit Fremdkapital gearbeitet, um die Erträge eines Investments zu steigern. Kommt es dann zu den gefürchteten *Margin Calls* (also Nachschussverpflichtungen), machten die Investoren alles zu Geld, was sich zu Geld machen lässt – auch Gold, andere Edelmetalle, Kunst und so weiter. Dann könne es – wie beim Corona-Crash im März 2020 – passieren, dass nicht nur die Aktienkurse abstürzen, sondern auch das Gold an Wert einbüße. Trotzdem bleibt Marc Faber vom Anlagemedium Gold überzeugt. Schon im Herbst 2014 erklärte er auf einem Goldkongress in der Nähe von Stuttgart: »Natürlich würde ich in Gold investieren als eine Versicherung für die Katastrophe, die ganz bestimmt kommt, das ist klar. Die Frage ist nur: Kommt sie schon morgen oder erst in fünf Jahren? Mit Gelddrucken kann man das nochmals verschieben, aber je länger sie es verschieben, desto größer wird die Katastrophe sein …«[20] Interpretiert man die Coronavirus-Krise Anfang 2020 als den Beginn der von Faber prognostizierten Katastrophe, so hätte er (beinahe) recht gehabt. Doch den exogenen Schock in Form der Coronapandemie konnte auch »Dr. Doom« nicht erahnen. Bisweilen kommt den Crash-Propheten auch der Zufall zu Hilfe.

Marc Faber saß übrigens lange Zeit im Aufsichtsrat zahlreicher Goldminengesellschaften und Vermögensverwaltungen, doch dann, im Oktober 2017, verfasste er einen politisch unkorrekten Kommentar (um es vorsichtig auszudrücken). In einer Ausgabe seines *Gloom, Boom & Doom Report* schrieb Faber unter anderem: » … Gott sei Dank haben weiße Menschen Amerika bevölkert und nicht die Schwarzen. Ansonsten würden die USA wie Simbabwe aussehen, was sie eines Tages möglicherweise auch werden.«[21] Mehrere Goldminen beendeten daraufhin ihre Zusammenarbeit mit Faber, amerikanische Medien ließen ihn fortan nicht mehr zu Wort kommen. Faber jedoch blieb bei seiner Meinung und fragte in einem Interview mit der *Wirtschaftswoche* am 22. Oktober 2017: »Warum sollte ich es bereuen, historische Fakten zu nennen?«[22] »Dr. Doom« hat Geld genug; dass er nicht mehr in den Aufsichtsräten vieler Goldminen vertreten ist und ihn US-Medien meiden, muss ihn nicht sonderlich aufregen. Stattdessen verbringt er nach einem Bericht des Anlegermagazins *Capital* vom Frühjahr 2020 mehrere Abende pro Woche in »Linda's Bar« im Rotlichtviertel von Chiang Mai. »Dort trinkt er mit Urlaubern, Prostituierten und Gestrandeten – und wartet auf den Untergang«, heißt es in der Reportage.[23]

3.3 Max Otte, der umtriebige »Börsenprofessor«

Ist Ihnen schon einmal aufgefallen, dass in den Medien bei bestimmten Themen stets »die üblichen Verdächtigen« zu Wort kommen? Wenn es um Autos oder die Automobilindustrie geht, können Sie mit einiger

Sicherheit davon ausgehen, dass Professor Ferdinand Dudenhöffer interviewt wird. Der Wirtschaftswissenschaftler war bis 2020 Ordinarius für Allgemeine Betriebswirtschaftslehre und Automobilwirtschaft an der Universität Duisburg-Essen; seit März 2020 ist er an der Hochschule St. Gallen tätig. Suchen die Medien eine/n Experten/in für den Themenkomplex Energie/Energiewende, so stoßen sie fast immer auf Professor Claudia Kemfert vom Deutschen Institut für Wirtschaftsforschung, die sich auf ihrer Homepage selbst als »Energieökonomin« bezeichnet. Kritiker wie das liberalkonservative Magazin *Tichys Einblick* bezeichnen sie hingegen als die »Chefideologin der Energiewende«.[24] Geht es hingegen um Fragen der Geldanlage oder ist gerade der Dax wieder einmal abgestürzt, dann melden sich Dirk Müller, alias »Mister Dax«, oder der ehemalige Umweltjournalist der alternativen *taz* und spätere Chefredakteur von *Finanztest*, Hermann-Josef Tenhagen, zu Wort. Nun wollen wir an dieser Stelle gar nicht die Kompetenz dieser Damen und Herren anzweifeln, dennoch erscheint uns die Auswahl dieser Experten mitunter als etwas einseitig.

Mitunter kann es dann aber passieren, dass ein bekannter und häufig zitierter Experte ganz plötzlich aus den Medien verschwindet – sofern er sich nicht an die ungeschriebenen Gesetze der politischen Korrektheit hält. So erging es dem Ökonomen und Autor Max Otte, der zwar immer wieder mit düsteren Prognosen aufwartet (zuletzt mit dem fast 640 Seiten umfassenden Mammutwerk *Weltsystemcrash: Krisen, Unruhen und die Geburt einer neuen Weltordnung*), der es aber trotz dystopischer Prophezeiungen durchaus für eine gute Idee hält, zu investieren. So erschien elf Jahre vor dem *Weltsystemcrash* sein Buch mit dem motivierenden Titel »*Investieren statt Sparen*«. Investieren, obgleich der Crash unmittelbar vor der Tür steht – ein Weltsystemcrash noch dazu? Es ist eben immer nur eine Frage, *wie* man investiert. Max Otte macht es seinen Lesern leicht. Er bietet ihnen unter seinem Namen (»Max-Otte-Fonds«) gleich Anlagealternativen an, so den im Fürstentum Liechtenstein aufgelegten und in globale Aktienwerte investierenden PI Global Value Fund und den Mischfonds Max Otte Vermögensbildungsfonds.

Auch andere prominente Börsenauguren und Crash-Propheten wie Marc Friedrich/Matthias Weik und Dirk Müller monetarisieren ihre Prominenz – in der Regel durchaus erfolgreich. Da kann es nicht überraschen, dass ihre Fonds in besonderer Weise im Fokus der Aufmerksamkeit der Mitbewerber stehen. Schneiden ihre Produkte dann schlechter ab als andere Fonds oder ETFs (*Exchange-traded funds*, also Indexfonds, die den zugrundeliegenden Börsenindex eins zu eins abbilden), dann ist den Promi-Fonds Hohn und Spott sicher. So stufte das Analysehaus Morningstar die von Max Otte beratenen Fonds im Jahr 2016 als »abenteuerlich« ein.[25]

Die Autoren dieses Buches haben zum Stichtag 29. April 2020 – also noch mitten in der Corona-Krise – den von Max Otte beratenen globalen Aktienfonds PI Global Value Fund mit dem MSCI World Index verglichen.[26] Dabei zeigte sich, dass der PI Global Value Fund kurz- bis mittelfristig den MSCI outperformte. Lediglich beim Vergleich der Fünf-Jahres-Performance schnitt der Index besser ab als der Fonds (MSCI: plus 15,31 Prozent, Fonds: plus 13,57 Prozent). Niemand kann den »Schwarzen Schwan« schon sehen, bevor er um die Ecke kommt, auch die Crash-Propheten nicht (wobei Max Otte im Übrigen Wert darauf legt, nicht als Crash-Prophet bezeichnet zu werden). Und so kommt es für die Börsengurus dann mitunter schon mal zu peinlichen Fehlprognosen. So soll Otte nach einem Bericht der *FAZ* auf einem Fondskongress Ende Januar 2020 – als das Coronavirus schon in Deutschland angekommen war – sinngemäß gesagt haben, im Jahr 2020 müsse sich niemand Sorgen machen.[27] Ein, zwei Jahre werde die Weltwirtschaft noch ordentlich laufen. Gut sechs Wochen später stürzten Dax, Dow und Co. dann in atemberaubendem Tempo ab und die Weltwirtschaft schlitterte in ihre vermutlich schlimmste Krise der Nachkriegszeit.

Max Otte, der neben der deutschen auch die US-amerikanische Staatsbürgerschaft besitzt, wurde im Jahr 2001 als Professor für allgemeine und internationale Betriebswirtschaftslehre an die Hochschule Worms berufen. 2003 gründete er die IFVE Institut für Vermögensentwicklung GmbH und drei Jahre darauf die Privatinvestor Verwaltungs AG in der Schweiz. Einer breiten Öffentlichkeit bekannt wurde Otte, als er 2006, zwei Jahre vor der Finanzkrise 2008, sein Buch *Der Crash kommt* publizierte. Was das Timing angeht, war dies ohne Frage ein Volltreffer. Fortan war Otte in den Medien ein vielgefragter »Börsenprofessor« und zählte ohne Frage zum Kreis der eingangs erwähnten »üblichen Verdächtigen«.

Dass es in den vergangenen Jahren dann auffallend ruhig um ihn wurde, hat einen anderen, vornehmlich politischen Grund. Das CDU-Mitglied Otte bekannte sich vor der Bundestagswahl im Jahr 2017 dazu, dieses Mal die AfD wählen zu wollen.[28] Mit den politisch korrekten Zeitgenossen endgültig verscherzt hatte es sich Otte als Veranstalter des Neuen Hambacher Fests im Mai 2018, an dem unter anderem Thilo Sarrazin und der AfD-Bundessprecher und Europaabgeordnete Jörg Meuthen teilnahmen. Überdies ist Max Otte Vorsitzender des Kuratoriums der AfD-nahen Desiderius-Erasmus-Stiftung.[29] Besonders in die Kritik geriet Otte, als er nach der Ermordnung des Kasseler Regierungspräsidenten Walter Lübcke twitterte: »#Lübcke – endlich hat der #Mainstrem (sic!) eine neue #NSU-Affäre und kann hetzen. Es sieht alles so aus, dass der #Mörder ein minderbemittelter #Einzeltäter war, aber die #Medien hetzen schon jetzt gegen die ›rechte Szene‹, was immer das ist.«[30] Später distanzierte sich Otte von seinem Tweet und entschuldigte sich. Wie auch immer: Seither gilt er gleichsam als »Börsenprofessor der AfD«, was es seinen Kritikern (und Neidern, die er natürlich auch hat) sehr leicht macht.

3.4 Markus Krall – vom Crash-Propheten zum Goldjungen

Der Treffpunkt hatte beinahe etwas Konspiratives: Das Restaurant lag direkt am Main, an der Stadtgrenze von Frankfurt und Offenbach. Die Veranstalter – der Verlag der Wochenzeitung *Junge Freiheit* – hatte es mit Bedacht gewählt. Man wollte an diesem Abend vor ungebetenen Gästen und linken Demonstranten sicher sein. Sogar Frankfurter Taxifahrer hatten Probleme, die Location ausfindig zu machen. In diesem versteckten Restaurant trafen sich im Herbst 2019 nach einem langen Tag auf der Frankfurter Buchmesse Vertreter konservativer Verlage, Autoren, Politiker und eine Reihe von Ehrengästen. Unter den Anwesenden waren auch AfD-Chef Jörg Meuthen und weitere Mandatsträger dieser Partei. Alle warteten gespannt auf die Rede von Markus Krall, seines Zeichens Volkswirt, ehemaliger Risikomanager und Sachbuchautor. Mit seinen Bestsellern *Der Draghi-Crash* und *Wenn schwarze Schwäne Junge kriegen* war es Krall gelungen, sich eine breite und treue Fangemeinde zu sichern.

Der Autor dieser Zeilen hatte Krall bis zu diesem Zeitpunkt nicht persönlich gekannt, aber ihm war klar, dass der Volkswirt in manchen Kreisen nachgerade Kultstatus genoss. Ein Nürnberger PR-Berater hatte schon Monate zuvor gefragt: »Kennst du eigentlich diesen Krall? Ein Kunde von mir, mittelständischer Unternehmer in Franken, ist total begeistert von dem. Seine Kunden hat er zu Weihnachten mit dem *Draghi-Crash* zwangsbeglückt.« Und häufig sind in Smalltalks Sätze zu hören wie diese: »Der Krall hat gesagt...«, »Der Krall hat geschrieben...« oder: »Hast du schon das neue Interview mit Krall auf YouTube gesehen?« Muss ein toller Hecht sein, dieser Krall, dachte ich, und war gespannt auf seinen Kurzvortrag an diesem Abend in jenem fast schon konspirativ gelegenen Frankfurter Restaurant.

Und in der Tat, was er sagte, hatte es in sich: »Wir stehen vor einem ökonomischen und gesellschaftlichen Desaster«, begann Krall seine Rede vor einem höchst konzentrierten Publikum. Die Alternative »Freiheit oder Sozialismus« sei aktueller denn je. Allerdings mit dem Unterschied, dass es sich dieses Mal um eine besonders suizidale Variante des Sozialismus handele. Er komme im neuen Gewand des Klimasozialismus mit völkermörderischem Charakter daher. Denn der Klimawahn führe zu einer Deindustrialisierung, was für einen Teil der Menschheit den Tod bedeuten könnte.

Hart ging Krall auch mit der Null- und Negativzinspolitik der EZB ins Gericht. Dadurch werde das Postulat des österreichischen Wirtschaftswissenschaftlers Joseph Schumpeter von der »kreativen Zerstörung« faktisch ausgehebelt. Hinter diesem makroökonomischen Begriff steht die Überzeugung, dass neue, zukunftsorientierte Strukturen in der Wirtschaft nur auf einem Prozess der kreativen oder schöpferischen Zerstörung der alten, überkommenen Strukturen aufbauen. »Der gegenwärtige Geldpopulismus verhindert aber diese Zerstörung und das Entstehen neuer Strukturen«, sagte Krall. Im Ergebnis entstünden immer mehr unkreative und ineffiziente Unternehmen, die sogenannten Zombie-Firmen. Deren Anteil an allen Unternehmen in der EU bezifferte Krall an anderer Stelle auf 12 bis 15 Prozent. Und vermutlich noch schlimmer: Mithilfe der Null- und Negativzinsen könnten sich auch hoch verschuldete Staaten über Wasser halten. Krall: »Ein Prozent höhere Zinsen – und Italien wäre pleite. Zwei Prozent höhere Zinsen – und Frankreich wäre pleite.«

Den vielleicht größten Finanzcrash der vergangenen Jahrzehnte sagte Krall etwa für Ende 2020 voraus. Aufgrund der nicht mehr vorhandenen Zinsmargen komme es bei immer mehr Banken zu einer Ertragserosion. Und diese wiederum führe zu einer Erosion des Eigenkapitals, was eine Reduzierung der Risikotragfähigkeit zur Folge habe. Verschärft werde das Ganze durch Zombie-Kredite, die Banken an Unternehmen vergeben hätten, die im Grunde schon nicht mehr überlebensfähig seien. Diese Kreditausfälle im großen Stil führten zu Kreditrationierungen. Das Ergebnis wäre dann in der Tat eine für die Wirtschaft höchst gefährliche Kreditklemme.

Das war, wie gesagt, im Herbst 2019. Die Krise kam bekanntlich wesentlich früher – und sie hatte einen Auslöser, mit dem keiner gerechnet hatte. Wirklich keiner? Später wird Markus Krall in einem Interview mit der *Jungen Freiheit* sagen, die Regierung habe mindestens seit 2012 von der Gefahr eines neuen SARS-Virus gewusst, aber lieber Geld für Migranten ausgegeben.[31]

Der 1962 geborene Markus Krall war zunächst Risikomanager in der Finanz- und Versicherungsbranche und später Unternehmensberater. In den Jahren 2007 bis 2009 arbeitete er selbstständig. Seit Herbst 2019 ist er CEO und Sprecher der Geschäftsführung der Degussa Goldhandel GmbH.

Krall sorgte nicht nur mit seinen Crash-Prognosen für Aufsehen, sondern auch mit seinen gesellschaftspolitischen Äußerungen – insbesondere in seinem 2020 erschienenen Bestseller *Die Bürgerliche Revolution*. Darin regte er unter anderem die Einsetzung eines Monarchen als Verfassungs- und Freiheitsgaranten an und nennt als Vorbild das Fürstentum Liechtenstein.[32] An anderer Stelle plädiert er dafür, jeder Wähler solle »wählen dürfen zwischen der Ausübung seines Wahlrechts und dem Recht auf Empfang staatlicher Transfers ... Wer vom Staat, und damit von seinen Mitbürgern und Mitwählern, Geld entgegennimmt, sei es als Bürger in Form von Sozialtransfers oder als Unternehmer in Form von Subventionen, geht nicht wählen. Jeder ist komplett frei, sich für das eine oder das andere zu entscheiden.«[33]

3.5 Dirk Müller – »Mister Dax« als Crash-Prophet

Krisengewinner gibt es immer. Dazu braucht es freilich Fantasie, um die eigenen potenziellen Vorteile zu erkennen und geschickt auszuspielen. Im Fall des ehemaligen Kursmaklers Dirk Müller war es der geschickte Einsatz von Mimik und Gestik, um dem Börsengeschehen ein Gesicht zu geben. Ein Gesicht, das immer hervorragend mit der jeweiligen Dax-Kurve im Handelssaal der Frankfurter Börse korrelierte. Ein entsetzt dreinblickender Dirk Müller vor der großen Dax-Tafel, die den steilen Absturz des deutschen Börsenbarometers anzeigte – das ist ein Motiv so ganz nach dem Geschmack der Pressefotografen. Mit der passenden Pose zur jeweiligen Performance wurde der Kursmakler aus einer badischen Kleinstadt bekannt – und wohlhabend.

Mittwoch, 26. Juni 2002, ein heiterer Frühsommertag in Frankfurt, mit etwas mehr als 20 Grad Celsius, also noch nicht ausgesprochen warm für diese Jahreszeit. Dafür geht es an der Frankfurter Börse umso hitziger zu. Börsianer und Anleger müssen eine Hiobsbotschaft nach der anderen verdauen. Die Zahlen des US-amerikanischen Chipherstellers Micron Technology fallen mehr als enttäuschend aus. Und dann noch die milliardenschweren Falschbuchungen bei der Telefongesellschaft WorldCom. Die Börsen beben förmlich. Schon wenige Minuten nach Handelsstart stürzt der Dax unter die Marke von 4.000 Zählern und erreicht mit 3.947 Punkten den tiefsten Stand seit September 2001. Unter der großen Dax-Tafel sitzt ein Mann, etwa Mitte 30, weißes Hemd, kurze Haare. Er hält sich die Hand vor den Mund, seine Augen sind schreckgeweitet. Emotionaler kann man einen Crash nicht massenmedientauglich illustrieren.

Dienstag, 22. Januar 2008. Der Dax steigt trotz eines mehr als schwierigen Umfelds. Der Mann unter der Tafel telefoniert und gestikuliert. Seine linke Hand zeigt nach oben, sein Blick ist irgendwie verklärt. Die Tafel hinter ihm zeigt eine steigende Dax-Kurve. Doch dann geht es wieder abwärts mit den Kursen. Es ist ein höchst nervöser Tag an den Finanzmärkten. Wegen der drohenden Rezession senkt die US-Notenbank die Leitzinsen um 0,75 Prozentpunkte. Der wichtigste US-Leitzins liegt nur noch bei 3,5 Prozent, doch die Börsianer lässt das kalt. Der Mann unter der Dax-Tafel verschränkt seine Hände hinter seinem Kopf und seine Augen fixieren irgendeinen Punkt im Börsensaal. Der Mann macht einen geschafften und ziemlich ratlosen Eindruck – nach einem turbulenten Börsentag.

Der Mann heißt Dirk Müller, wurde am 25. Oktober 1968 geboren und scheint ein Beweis dafür zu sein, dass man eben immer nur zur rechten Zeit am rechten Ort sein muss, um Karriere zu machen. Die Medien feiern ihn als »Mister Dax«, der es im wahrsten Sinne des Wortes schaffte, der Börse ein Gesicht zu geben. Und eben diese Gestik und Mimik sagt mitunter mehr aus als noch so gescheite Börsenkommentare. Dass »Mister Dax« auch noch ziemlich eloquent ist und komplizierte Dinge schnell und überzeugend auf den Punkt zu bringen versteht, war seiner weiteren Karriere ebenfalls zuträglich. Wortgewaltig, absolut sicher in Gestik und Mimik – Müller erwies sich als virtuoser Schauspieler auf der Börsenbühne. Rasch avancierte er zum Liebling der Massenmedien. Über seinen Hang zur Selbstverliebtheit, den ihm manche attestieren, sah man großzügig hinweg. Schauspieler (auch Börsenschaupieler) sind eben bisweilen etwas exaltiert.

Im Jahr 2009 startete Müller seine neue Karriere als Autor. Mit dem Selbstverständnis, ein »Dolmetscher zwischen den Finanzmärkten und den Menschen außerhalb der Börse« zu sein, brachte er sein Buch *Crashkurs* auf den Markt, das dank der medialen Prominenz des Autors auch gleich ein Verkaufserfolg wurde. Das *Handelsblatt* lobte, auch »Börsenlaien verstehen, was er (Müller) sagen will«. Seine Aussagen seien deutlich, gingen allerdings nicht allzu weit ins Detail.[34] Müllers Buch *Showdown*, 2013 erschienen, verkaufte sich ebenfalls hervorragend, obgleich ihm viele Kritiker nun vorwarfen, sich vollends in die Ecke der Verschwörungstheoretiker begeben zu haben. Die Kritik wurde schärfer. Ein Rezensent in der *Frankfurter Allgemeinen Sonntagszeitung* schrieb, es sei erschütternd, »wie ein Mann mit so undurchdachten Thesen in die Bestsellerlisten rücken kann«.[35] Müllers Popularität taten solche Aussagen keinen Abbruch. Er blieb vor allen in den Massenmedien ein gefragter Interviewpartner. Wann immer sich an der Börse etwas tat – sei es zum Negativen oder zum Positiven –, war Müller zur Stelle und kommentierte. Kein Wunder also, dass sein Buch *Machtbeben* ebenfalls zu einem viel beachteten Bestseller aufstieg, auch wenn der Autor immer mehr zum Crash-Propheten und Verschwörungstheoretiker mutierte. Der österreichische Journalist und Autor Christian Ortner, nicht nur in neoliberalen Kreisen sehr geschätzt, konstatierte in der *Wiener Zeitung* unter dem Titel »Fifty Shades of Crash«, Dirk Müller bediene eine Art Finanzmasochismus seiner Leser. Ortner schrieb von »ökonomischer Schmerzlust hunderttausender Leser«. Dennoch fand Ortner die Lektüre des Buches »lohnend«.[36]

In der Fachpresse ist »Mister Dax« eher umstritten, um es freundlich auszudrücken. Dieses Schicksal teilt er mit den meisten anderen Crash-Propheten. Da wird dann bisweilen schon mal scharf geschossen.

So schreibt zum Beispiel *Der Aktionär* wenig Schmeichelhaftes: »Dirk Müller wurde ›Mister Dax‹. Heute, zwölf Jahre später, ist vom sympathischen Händler nicht mehr viel geblieben. Dirk Müller ist ein anderer Mensch. Ein Menschenfänger. Der Tausende in Hallen lockt, der zigtausend Bücher verkauft ... Gebetsmühlenartig wiederholt er seit Jahren sein Mantra: Der Crash wird kommen ...«[37]

Das Finanzmagazin zitiert überdies den Börsenexperten und Verleger Hans A. Bernecker (Hans A. Bernecker Börsenbriefe), der Müller einen »Wirrkopf« nennt. Und weiter: »Wer alle drei Monate den Crash voraussagt, und das schon seit vielen Jahren, wird selbstverständlich irgendwann richtigliegen.« Seriös sei das freilich nicht. »Aber bei den Leuten kommt die Methode an. Offensichtlich kann sich der Mann gut vermarkten.«[38] In der Tat: Die Kunst der Selbstvermarktung beherrscht Müller ebenso virtuos wie alle anderen Crash-Propheten auch.

Und ebenso wie viele seiner Crashkollegen hat auch Dirk Müller einen eigenen Investmentfonds aufgelegt. Der Aktienfonds Dirk Müller Premium Aktien (ISIN DE000A111ZF1) kam am 17. April 2015 auf den Markt. Wie die Fonds anderer Crash-Propheten wird dieses Produkt in der Branche natürlich ganz besonders penibel unter die Lupe genommen. In dem erwähnten Beitrag im Finanzmagazin *Der Aktionär* kommt Müllers Fonds nicht gut weg. Im Gegenteil. Die Bewertung nach fünf Jahren falle ernüchternd aus. Der Fonds sei »hinter der Kurve geblieben«. Und das bei einem Ausgabeaufschlag von bis zu vier Prozent und laufenden Kosten in Höhe von 1,64 Prozent.[39]

So etwas ruft dann natürlich Kritiker auf den Plan. So etwa den TV-Auftritten ebenfalls nicht abgeneigten und nicht gänzlich uneitlen Unternehmer und Investor Frank Thelen, bekannt aus der VOX-Sendung *Die Höhle der Löwen*. Er forderte im Frühjahr 2020 Dirk Müller auf der Karriereplattform LinkedIn heraus. »Mich ärgert es, wenn ich ›Crash-Propheten‹ auf den Bestsellerlisten sehe«, schrieb Thelen. »Lasst uns gern über verschiedene Anlagestrategien, sogar kurzfristige Taktiken diskutieren, aber mit dem möglichen ›Dax-Absturz‹ Kasse zu machen und dann im eigenen Fonds nicht mal 2 Prozent Gesamtrendite in

5 Jahren …«[40] Müller entgegnete: »Und mich ärgert es, wenn die Menschen über mich reden statt mit mir. Die Gesamtrendite des Fonds ist damit im übrigen höher als die des Gesamtmarktes, was Ihnen sicher bewusst ist. Ich freue mich auf ein sachliches Gespräch mit Ihnen abseits der Polemik …«

Was sollte dieses Scharmützel? Vielleicht hat der langjährige Pressechef einer großen deutschen Bank, der fest in das Frankfurter Finanznetzwerk eingebunden ist, ja recht mit seiner Vermutung, die beiden wollten nach der Coronapandemie nur wieder auf sich aufmerksam machen.

3.6 Marc Friedrich & Matthias Weik – das Crash-Duo

Marc Friedrich verbrachte nach seinem Studium einige Jahre in Argentinien, den USA und Großbritannien. Wie er selbst immer wieder betont, erlebte er in dem südamerikanischen Land einen Staatsbankrott und dessen Folgen. Mag sein, dass ihn diese Erfahrung geprägt hat. Jedenfalls gehört er mittlerweile gemeinsam mit seinem Geschäfts- und Autorenpartner Matthias Weik mit zu den bekanntesten und erfolgreichsten Crash-Propheten. Sie veröffentlichten Titel wie *Der größte Raubzug der Geschichte* (2012), *Der Crash ist die Lösung* (2014) oder *Der größte Crash aller Zeiten* (2019) und verstanden es sehr geschickt, ihre Krisenliteratur zu vermarkten.

Wie *Focus Online* berichtet, haben die beiden Autoren von ihren bislang erschienenen fünf Büchern bereits mehr als eine halbe Million Exemplare verkauft, »unterstützt von einer Medienmaschine, die den Schwarzmalern kaum etwas entgegenzusetzen hat und sich an deren verdrehtem Weltbild ergötzt«.[41] Dass ausgerechnet auf *Focus Online* ein solch kritischer Bericht erschien, muss insofern überraschen, als dort auch Gastbeiträge der beiden Autoren erscheinen. Eine der Kernaussagen der beiden Autoren: Der Crash kommt ganz bestimmt, nur vermag keiner genau zu sagen, wann. Das ist die übliche Masche der Crash-Autoren: Man sagt zwar einen unabwendbaren Crash voraus, will sich aber auf einen Zeitraum nicht festlegen – vielleicht in ein paar Monaten, vielleicht in ein paar Jahren. Im Zweifelsfall wählt man einen relativ langen Prognosezeitraum, schließlich will man die Crash-Bücher ja ein paar Jahre verkaufen. Bei einer allzu kurzfristigen Prognose wäre die »Halbwertszeit« eines Buches ebenfalls sehr kurz – und die Prophezeiungen der Autoren wären schon nach ein paar Monaten widerlegt. So etwas ist natürlich auch der nachhaltigen PR-Arbeit nicht zuträglich.

Der Finanzjournalist Markus Neumann nahm im Januar 2020 (also noch vor Ausbruch der Corona-Krise) die Thesen der Crash-Propheten Weik und Friedrich unter die Lupe – und wies dem schwäbischen Autorenduo eine Reihe von Irrtümern nach. Neumann nimmt kein Blatt vor den Mund. Die Crash-Propagandisten Weik und Friedrich wollten ihre verängstigten Anhänger aufwiegeln und noch weiter verunsichern, um als strahlende Retter das große Geschäft zu machen, schreibt der Finanzjournalist. Und: »Vermutlich wäre es ihr größter Triumph, wenn es ihnen gelingen würde, mit ihren haarsträubenden Prognosen einen echten Banken-Run auszulösen, bei dem tausende Kunden die Geschäftsräume ihrer Geldinstitute stürmen und ihr Erspartes zurückfordern.«[42] Detailliert weist Neumann in seinem Beitrag dem schwäbischen Autorenduo nach, wo es spektakulär falschlag. Das war – wie gesagt – im Januar 2020. Dann kam die Corona-Krise, und plötzlich erschienen die Irrtümer, von denen Neumann geschrieben hatte, nun doch nicht mehr so weit hergeholt. Dass die Staatsschulden weiter wachsen (nicht zuletzt in Deutschland) ist gewiss keine Verschwörungstheorie. Dass die meisten Bankaktien kaum als Investment taugen, lässt sich ebenfalls nicht bestreiten. Steigende Inflationsgefahren sehen nicht nur Crash-Propheten voraus, und nicht zuletzt der Corona-Crash zeigte, dass börsengehandelte Indexfonds (ETFs) eben doch nicht das Nonplusultra sind, weil der Käufer solcher Produkte in einen Index investiert, in dem eben auch die größten Loser eines Crashs enthalten sind (zum Beispiel die Lufthansa). Friedrich und Weik bezeichnen ETFs gar als »Irrsinn«.[43]

Hier zeigt sich einmal mehr, dass Crash-Propheten eigentlich immer nur lange genug warten müssen, bis dann die eine oder andere Vorhersage eintritt. Natürlich konnten die beiden Autoren den Ausbruch des Coronavirus nicht voraussehen, aber die Pandemie half ihnen, zumindest in einigen Punkten nicht als falsche Propheten dazustehen und sich vorwerfen lassen zu müssen, mit der Verbreitung von Irrtümern zu Millionären zu avancieren.

Wenn man sich näher anschaut, welche »Lösungen« Friedrich und Weik angesichts des angeblich bevorstehenden größten Crashs aller Zeiten (so zumindest der Titel ihres 2019 erschienenen Buches) empfehlen, so stößt man auf bemerkenswerte Vorschläge. So empfehlen die Autoren allen Ernstes, bis zu zehn Prozent seines Vermögens in Diamanten zu investieren. Angeblich zur Risikostreuung.[44] Diamanten aber diversifizieren nicht die Risiken, sie verstärken sie. Natürlich gab es in der Vergangenheit immer wieder Zeitabschnitte, in denen Diamanten von höchster Qualität stark im Preis zulegten, doch sollte man nie vergessen, dass der Diamantenmarkt nach wie vor von einem mächtigen Monopol aus wenigen Big Playern beherrscht wird, allen voran De Beers. Sie haben immer noch die Macht, direkten Einfluss auf die Preise zu nehmen, indem sie die verfügbare Menge entweder verknappen (mit der Folge steigender Preise) oder aber ausweiten (fallende Preise).

Wer in Diamanten investieren möchte, braucht sehr viel Knowhow. Es sind eben nicht nur die immer wieder zitierten vier C, die für den Wert des Edelsteins von Bedeutung sind (Carat, Color, Cut und Clarity). Tatsächlich sind es mindestens sieben C, denn zu den erwähnten kommen noch Certificate (Investment-Diamanten sollten über ein Zertifikat des Gemological Institute Of America (GIA) verfügen), Conflict-free (keine »Blutdiamanten«) und Cut grade (Ausführung des Schliffs).

Das entscheidende Problem beim Kauf von Diamanten als Geldanlage ist der spätere Verkauf. Sie werden mit großer Wahrscheinlichkeit immer einen Händler finden, der Ihnen einen qualitativ hochwertigen Stein abkauft, die Frage ist jedoch: zu welchem Preis? Die Abschläge sind beachtlich. Und zwar nicht nur bei irgendwelchen Halsabschneidern, sondern auch bei seriösen Händlern. Um mit Diamanten eine auch realisierbare Rendite zu erwirtschaften, müssen die Edelsteine zuvor sehr stark im Wert gestiegen sein, zumal Sie beim Kauf von Diamanten als Kapitalanlage auch noch 19 Prozent Mehrwertsteuer zahlen müssen.

Wir möchten Ihnen an dieser Stelle Diamanten als Kapitalanlage gewiss nicht madig machen. Ein schöner Stein, kunstvoll gefasst in Gold oder Platin, umgeben vielleicht von Farbedelsteinen – das ist sicher ein wertvolles Schmuckstück, um das man eine Frau beneiden wird. Wer hierfür Geld ausgibt, muss allerdings wissen, dass er vorrangig auf eine emotionale Rendite setzt.

Aber vielleicht haben Friedrich und Weik ja noch andere Anlagealternativen … Die haben sie ganz gewiss. Immerhin bieten sie ihren Friedrich & Weik Wertefonds für private und institutionelle Anleger an. Auf der Homepage findet man zunächst die übliche Panikmache. Dort lesen wir:

> »Liebe Anlegerin, lieber Anleger,
>
> die Welt spielt verrückt. Die EU, ›der Kapitalismus‹, ›die Marktwirtschaft‹ und ›die Weltwirtschaft‹ stecken in ihrer historisch schwersten und dauerhaftesten Krise. Weltweite Schuldenorgien, Bargeldflut, Nullzinsen, Investment-Blasen, Bankencrashs und Inflationsgefahren bedrohen Ihr Vermögen und Ihre Altersrücklagen. Wir sind gegenwärtig Zeugen eines historisch einmaligen Notenbankexperiments, das langfristig scheitern wird. Der Euro ist ein rein politisch und wirtschaftlich motiviertes Währungsexperiment, das ebenfalls scheitern wird …«

Das Geld der Anleger fließt beim Wertefonds in Minenaktien, Gold, Aktien, Immobilien und Cashpositionen, außerdem behält sich das Fondsmanagement vor, in Wald, Ackerland und Anlagediamanten zu investieren. So richtig überzeugen vermochte der Wertefonds allerdings noch nicht. Am 4. Januar 2017 kostete der Fondsanteil noch 99,02 Euro, am 15. Mai 2020 102,17 Euro. Dafür zahlte der Anleger beim Kauf der Fondsanteile drei Prozent Ausgabeaufschlag. Eine überzeugende Performance sieht sicherlich anders aus.

3.7 Vier Typen von Untergangspropheten

Auf den vorangegangenen Seiten haben wir Ihnen die bekanntesten und wohl auch erfolgreichsten Crash-Propheten vorgestellt. Ihre Botschaften ähneln sich, ebenso haben die meisten von ihnen ihren Pessimismus zu einer einträglichen Geschäftsidee weiterentwickelt. Doch was treibt sie an, sieht man von der Absicht, Bücher, Seminare und Fonds zu verkaufen, einmal ab? Wo liegen ihre unterschiedlichen Talente? Talente immerhin, mit denen viele von ihnen zum Teil sehr viel Geld verdienen? Die Crash-Propheten lassen sich in dieser Hinsicht grob in vier Kategorien einteilen:

3.7.1 Die Entertainer

Der Bekannteste und Erfolgreichste unter ihnen dürfte der bereits erwähnte Dirk Müller sein. Er genießt seine Auftritte in den Talkshows sichtlich, und dank seiner Eloquenz gelingt es ihm häufig, in Diskussionen sogar gestandene Wirtschaftswissenschaftler und Finanzjournalisten ziemlich »alt« aussehen zu lassen. Entertainer zelebrieren ihre Crash-Prognosen förmlich und jagen den Zuschauern und Lesern gar manchen wohligen Schauer über den Rücken. Ihre Botschaften sind einfach nachvollziehbar und werden auch von jenen verstanden, die über ein eher kursorisches Wissen auf den Gebieten Geld, Banken und Börse verfügen.

3.7.2 Die Verschwörungstheoretiker

Ganz gleich, ob es um die Mondlandung, das 9/11-Attentat, die Finanzkrise oder die Covid-19-Pandemie geht, sehr schnell kommen Verschwörungstheorien ins Spiel. Allerdings werden häufig auch vom Mainstream abweichende Meinungen als Verschwörungstheorien stigmatisiert und die Menschen, die solche abweichenden Meinungen vertreten, in eine bestimmte Ecke gestellt. Damit erspart man sich den Diskurs mit diesen Kritikern, und am Ende vielleicht sogar die Erkenntnis, dass nicht jede angebliche Verschwörungstheorie eine solche ist. Zudem gibt es noch keine allgemeingültige Definition des Begriffs »Verschwörungstheorie«. Der Rechts- und Sozialpsychologe Roland Imhoff von der Johannes Gutenberg-Universität Mainz sagt: »Für mich ist eine Verschwörungstheorie die Annahme, dass ein Ereignis von einigermaßen großer Reichweite ursächlich auf den geheimen Plan von einigen wenigen Personen zurückgeht, die sich auf Kosten der Öffentlichkeit bereichern wollen.«[45] Hinzuzufügen ist, dass Verschwörungstheorien erstens meist einfache Antworten für komplexe Themen liefern und daher oft populistisch daherkommen. Und zweitens arbeiten Verschwörungstheoretiker in der Regel nach dem »Cui bono?«-Prinzip, also nach der Frage »Wem zum Vorteil?«. Konkret: Wer hätte ein bestimmtes Motiv für eine Verschwörung oder die bewusste Verbreitung von Unwahrheiten oder unbewiesenen Theorien? Doch die Frage »Cui bono?« ist keineswegs immer zielführend, wie der Journalist Max Muth in einem Beitrag für die Bundeszentrale für politische Bildung mit einem anschaulichen Beispiel erläutert: »Nur weil ich davon profitiere, dass meine Lehrerin kurz vor der Klausur krank geworden ist, heißt das nicht, dass ich sie vergiftet habe.«[46]

Oft verfolgen die Verschwörungstheoretiker auch eine politische Agenda und stehen – wie Max Otte – einer Partei nahe (in seinem Fall der AfD). Wer Ottes Bestseller *Weltsystemcrash* liest, dem wird schnell klar, dass er nicht nur einen Finanzcrash beschreibt. Da geht es um Themen wie »Die Europäische Union auf dem Weg in die EUdSSR«,

»Deutschlands Abstieg« und »Fake News, Überwachungsstaat, Repression und die Geburt einer neuen Weltordnung«. Themen also, die auch bei Verschwörungstheoretikern zum Standardrepertoire gehören.

3.7.3 Die »Pädagogen«

Sie verstehen es in der Regel virtuos, den Menschen das Gefühl zu geben, sie verfügten – wenn sie die Bücher der Crash-Propheten gelesen oder ihre Interviews gehört haben – über exklusives Wissen, das sie von anderen Menschen abhebt. Die Anhänger der »Pädagogen« fühlen sich einer Elite des Wissens zugehörig. »Pädagogen« sind meist nicht die großen Entertainer, sie vertreten auch kaum typische Verschwörungstheorien. Ihre Aussagen kommen meist sachlich und durchaus mit wissenschaftlichem Anspruch herüber. Ein Beispiel hierfür ist Markus Krall.

3.7.4 Die »Missionare«

Diese vierte Gruppe sei an dieser Stelle nur der Vollständigkeit halber erwähnt. Sie spielt in der Reihe der Finanzcrash-Propheten kaum eine Rolle. Hier geht es um Menschen, die aus weltanschaulichen oder religiösen Gründen an einen baldigen Crash oder gar an einen Weltuntergang glauben.

Resümee

Für viele der Crash-Propheten ist der bevorstehende Niedergang ein durchaus lukratives Geschäftsmodell, das mit der Instrumentalisierung der Angst arbeitet. Den Lesern beziehungsweise Zuhörern wird tüchtig Angst eingejagt, es werden Parallelen zu vergangenen Crashs aufgezeigt und die üblichen Horrorszenarien gezeichnet: Staatsbankrott, Währungsreform, Große Depression, Geldwertvernichtung durch galoppierende Inflation, Lastenausgleich, und so weiter. Der Leser erhält zwar mehr oder weniger konkrete Hinweise, wie er sich schützen kann (Gold und Silber kaufen, in Wald und Agrarland investieren, keiner Bank mehr trauen, den Euro meiden wie der Teufel das Weihwasser, und so weiter). Sehr viel konkreter wird der eine oder andere Crash-Prophet dann allerdings, wenn er seine eigenen Produkte – in der Regel Fonds – anpreist. Das heißt, der Crash-Guru geht davon aus, dass ihm der Leser nach der Lektüre seines Buches ein hohes Maß an Kompetenz einräumt und sich ihm anvertraut, auf dass er ihn erfolgreich durch die drohende wirtschaftliche Düsternis navigieren möge. Auf diese Weise lässt sich gleich zweimal verdienen: Zum einen mit dem Verbreiten von Panik und zum anderen durch den Verkauf vermeintlicher Lösungen. Raffiniert ist die Masche schon, das muss man den Crash-Gurus lassen.

4.0

Das Marktumfeld nach der Coronapandemie

Woran erkennt man, dass man älter wird? Sicher gibt es eine ganze Reihe von Indikatoren. Dazu gehört, dass jemandem, der ein bestimmtes Alter erreicht hat und bereits seit ein paar Jahren im Ruhestand lebt, kaum noch ein längerfristiger Kredit gewährt wird. Mit 30, 40 und sogar noch mit 50 Jahren werden einem Kredite – gute Bonität vorausgesetzt – von manchen Banken regelrecht aufgeschwatzt. In diesem Alter hat man noch mehrere Jahrzehnte Zeit, um selbst hohe Darlehen, zum Beispiel zur Immobilienfinanzierung, abzutragen.

Gestatten Sie uns an dieser Stelle einen warnenden Exkurs: Früher galt die Faustformel, dass ein Annuitätendarlehen[47] mit 1 Prozent Tilgung pro Jahr in 30 bis 35 Jahren abbezahlt ist. Bei einem solchen Darlehen zahlen Sie langfristig eine Rate in konstanter Höhe. Darin enthalten sind Zinszahlungen und Tilgung. Im Laufe der Jahre sinkt der Zinsaufwand, da Sie ja permanent tilgen, das heißt, die zu verzinsenden Schulden werden sukzessive geringer. Der dadurch gesparte Zinsaufwand fließt dann automatisch in die Tilgung. Anders ausgedrückt: Die Rate bleibt konstant, aber ihre Zusammensetzung ändert sich.

Bei sehr niedrigen Zinssätzen – so wie derzeit – fällt die Zinsersparnis entsprechend gering aus. Der Tilgungsbetrag steigt langsamer. Im Ergebnis dauert es viel länger, bis Sie Ihr Darlehen getilgt haben.

Manche leben dann erst im Alter von 80 oder 90 Jahren in den schuldenfreien eigenen vier Wänden. Daher an dieser Stelle unsere dringende Empfehlung: Nutzen Sie den geringen Zinssatz für eine höhere Tilgungsrate (etwa 3 oder 5 Prozent pro Jahr). Fazit: Eine unbelastete, eigengenutzte Immobilie ist eine der besten Wertanlagen und lässt Sie – gleich, wie die Wirtschaft läuft – immer ruhig schlafen.

4.1 Die Schuldenwelle

Zurück zum Thema: Im Alter von 70 Jahren dürften Sie keine Bank mehr finden, die Ihnen eine Immobilie finanziert. Es sei denn, Sie sind sehr wohlhabend – doch dann brauchen Sie vermutlich kein Darlehen. Man kann das als Altersdiskriminierung bezeichnen, doch bei der Kreditvergabe muss die Bank davon ausgehen, dass der Kunde seine Schulden bis zu einem gewissen Zeitpunkt auch tilgen kann.

Ganz anders stellt sich die Situation für Staaten dar. Sie sind sozusagen unsterblich und müssen ihre Schulden nie zurückzahlen, sondern können auslaufende Kredite immer wieder durch neue ersetzen. Staaten müssen also nur die Zinslast schultern. Doch in Zeiten von Null- und Negativzinsen ist auch das kein Problem. Deshalb dürfen wir getrost davon ausgehen, dass die Zinsen noch für lange Zeit sehr niedrig bleiben werden – ganz einfach deshalb, weil die Staatsverschuldung in den meisten Ländern hoch ist. Dazu gleich mehr. Wächst gleichzeitig die Wirtschaft, so sinkt der Schuldenstand im Verhältnis zur Wirtschaftskraft. Für die Staaten eine komfortable Situation.

Heißt das nun, dass Staaten niemals pleitegehen können? Von wegen. Die nachfolgende Tabelle beweist Ihnen das Gegenteil:

Staatsbankrotte der letzten 200 Jahre in Europa

Deutschland	7 ×
Griechenland	5 ×
Italien	1 ×
Niederlande	1 ×
Österreich	7 ×
Polen	3 ×
Portugal	6 ×
Rumänien	3 ×
Russland	3 ×
Spanien	8 ×
Türkei	6 ×
Ungarn	7 ×

Quelle: C.Reinhart, K.Rogoff, in: Ein Staatsbankrott ist halb so schlimm. FAZ.Net 13.3.2010; https://www.faz.net/aktuell/wirtschaft/konjunktur/krise-in-griechenland-ein-staatsbankrott-ist-halb-so-schlimm-1954994/infografik-die-vergessenen-1959516.html

Geschichtlich betrachtet treten Staatsbankrotte in langen Zeitintervallen immer wieder auf. Nur waren wir in Europa die letzten 70 Jahre davon verschont geblieben, sieht man von Beinahe-Pleiten wie etwa in Griechenland einmal ab. Heute verfügen Regierungen und vor allem die international vernetzten Notenbanken über ganz andere Instrumentarien als etwa zu Zeiten der Großen Depression (1929 bis 1941).

Die von einigen Ökonomen vertretene Auffassung, Schulden seien im Grunde gar nicht so schlimm, beruht auf einem *Best-case*-Szenario, das von zwei Prämissen ausgeht:

- Die Zinsen bleiben dauerhaft niedrig.
- Die Wirtschaft wächst.

Von beiden Prämissen kann man indessen nicht unbedingt ausgehen. In der Tat sei der komfortabelste Weg zum Schuldenabbau Wirtschaftswachstum, schrieben die Finanzexperten Bert Flossbach und Philipp Vorndran in ihrem zwar schon 2012 erschienenen, aber immer noch lesenswerten Buch *Die Schuldenlawine.*[48] Und weiter: »Leider ist diese Variante heute für die entwickelte Welt auch die unwahrscheinlichste ... Dahinter stecken strukturelle Entwicklungen: Die westlichen Gesellschaften altern, und alternde Gesellschaften sind weniger produktiv.«

Darüber hinaus ist es zwar sehr wahrscheinlich, aber keineswegs garantiert, dass die Zinsen dauerhaft niedrig bleiben. Auch nur geringfügig steigende Zinsen könnten für hoch verschuldete Länder in der Euro-Zone (an erster Stelle Italien, Griechenland und Frankreich) zu einem Desaster führen. Auf der anderen Seite motivieren langfristig niedrige Zinsen die Regierungen nicht eben zur Sparsamkeit, mit der fatalen Konsequenz, dass die Schulden immer weiter wachsen.

Die hohe Verschuldung, insbesondere die Staatsverschuldung, wird noch eine Reihe von Jahren unser wirtschaftliches Umfeld prägen. Tatsächlich war die internationale Verschuldungssituation schon vor der Corona-Krise sehr hoch. Im ersten Halbjahr 2019 stiegen die Verbindlichkeiten von Staaten, Unternehmen und privaten Haushalten weltweit auf rund 251 Billionen Dollar. Ende 2019 – also wenige Wochen vor Ausbruch der Coronapandemie – dürften sie bei rund 255 Billionen Dollar gelegen haben. Daraus resultiert eine Pro-Kopf-Verschuldung von rund 32 500 Dollar, dies geht aus einem Bericht des Institute of International Finance (IIF) hervor.[49] Nun hat ein kleines, aber offenbar sehr aggressives Virus die Situation noch einmal dramatisch verschärft. Der Internationale Währungsfonds (IWF) schätzt, dass allein die Staatsverschuldung der USA bis Ende 2020 auf 131 Prozent des BIP steigt, jene in der Euro-Zone auf 97 Prozent. Um ihre Staatsschulden zu tilgen, müssten die Erwerbstätigen in Europa und in den USA mit all ihren Produktionsmitteln ein ganzes Jahr oder noch länger gratis arbeiten.[50]

Verglichen mit anderen Staaten steht Deutschland in Sachen Staatsverschuldung noch etwas besser da. Doch auch hier sind die Zeiten der »schwarzen Null« (Wolfgang Schäuble) und der »schwäbischen Hausfrau« (Angela Merkel) für viele Jahre vorbei. Mittel- bis langfristig, wenn sich die Wirtschaft vom Corona-Schock erholt hat, drohen voraussichtlich erhebliche Steuer- und Abgabeerhöhungen, was die Konjunkturlaune abermals eintrüben dürfte.

Das »dicke Ende« kommt also noch. Die Politiker hätten wohl noch Angst, den Bürgern die ganze Wahrheit zu sagen, vermutet Michael Neumann, Vorstand des Kreditvermittlers Dr. Klein. Er ist überzeugt, dass die Regierungen in Bund und Ländern über eine Vielzahl von Belastungen diskutieren werden. Neumann nennt in diesem Zusammenhang eine Vermögensabgabe, den Corona-Solidaritätszuschlag, eine Erhöhung der Mehrwertsteuer (nach deren vorübergehender Senkung im zweiten Halbjahr 2020) sowie eine neue Immobilienbesteuerung.[51] Und die meisten Menschen ahnen bereits, dass da etwas auf sie und später auf ihre Kinder zukommen wird. Thomas Fuster brachte es schon nach dem Abklingen der ersten Coronawelle goldrichtig auf den Punkt. Er schrieb in der *Neuen Zürcher Zeitung*: »Die Bürger sind nicht dumm. Sie wissen, dass das Geld nicht auf Bäumen wächst. Und sie ahnen, dass die Staatsschulden von heute die Steuererhöhungen von morgen sind. Das wird einige erst recht zum Angstsparen veranlassen.«[52]

4.2 Inflation – die versteckte Gefahr

Hohe Staatsschulden bergen immer auch nicht zu unterschätzende Inflationsrisiken. Mithilfe der Inflation können sich Staaten nämlich entschulden. Und das funktioniert folgendermaßen: Als Folge der Inflation steigt nicht nur das Preisniveau, sondern auch das nominale Bruttoinlandsprodukt (BIP). Im Vergleich mit dem BIP sieht der Schuldenstand dann weniger hoch aus. Die Schuldenquote sinkt. Außerdem führt die Inflation auch dazu, dass mehr Menschen mehr Steuern bezahlen. Wenn sich das Durchschnittseinkommen nominal erhöht, muss ein höherer Anteil an Steuerpflichtigen den Maximalsatz bezahlen. Man nennt dies auch »kalte Steuerprogression«. Das Nachsehen haben die Sparer. Sie werden schleichend enteignet. Die Geldentwertung zehrt ihre Rücklagen auf. Auf diese Weise bedienen sich die Staaten beim Schuldenabbau der Privatvermögen.

Aber die Inflation ist doch im Augenblick nun wirklich kein Problem, mögen Sie vielleicht jetzt einwenden. Doch Vorsicht, das kann sich sehr schnell ändern. Denken Sie nur an den sogenannten Ketchup-Effekt, den Bert Flossbach und Philipp Vorndran in ihrem Buch so einprägsam beschrieben haben: »Man schlägt mehrere Male auf den Flaschenboden, nichts kommt heraus. Plötzlich aber entlädt sich die ganze Soße auf den Teller.«[53] *MoneyWeek*, eines der führenden Finanzmagazine in Großbritannien, nannte Mitte Juni 2020 die Inflation eine »versteckte Gefahr«. Der Finanzjournalist John Stepek warnt in dieser Hinsicht vor allzu großer Arglosigkeit. »Was steckt hinter der Furcht vor Inflation? Die Antwort ist einfach: das anhaltende Gelddrucken«, schreibt er.[54]

Man könnte dem entgegnen, dass die Notenbanken auch als Reaktion auf die Finanzkrise zwischen 2007 und 2009 munter Geld gedruckt haben, ohne dass es – wie von vielen befürchtet – zu einer Inflationswelle gekommen ist. Auf diesen Aspekt geht John Stepek explizit ein: »Von den Zentralbanken gedrucktes Geld gelangt über das Bankengeschäft in die Realwirtschaft. Das Problem nach 2008 war, dass viele Banken faktisch pleite waren. Sie waren nicht in der Lage, sich Geld zu leihen – stattdessen brauchten sie Zeit, um ihre Wunden zu lecken und ihre Bilanzen zu reparieren. Der Geldfluss [von den Notenbanken, Anmerkung der Verfasser stopfte also lediglich ein riesiges Loch an anderer Stelle im System. Mit anderen Worten: Die inflationären Auswirkungen des zentralen Gelddruckens wurden durch die deflationären Auswirkungen der Bankenkrise kompensiert.«[55] Davon kann heute freilich keine Rede sein. Von manchen Ausnahmen abgesehen, befinden sich die meisten Banken derzeit in einer stabileren Situation als zur Zeit der Finanzkrise.

Darüber hinaus müssen sich Sparer und Anleger wohl noch lange Zeit auf Null- und Negativzinsen einstellen. Nicht nur die Volks- und

Raiffeisenbanken erwarten, dass die Zinsen noch eine Reihe von Jahren sehr niedrig bleiben werden. Bereits im Sommer 2019 erklärte die Präsidentin des Bundesverbands der Volksbanken und Raiffeisenbanken (BVR), Marija Kolak, die genossenschaftlichen Institute rechneten »nicht mit einer Wende beim Leitzins in den kommenden fünf Jahren«. Und weiter: »Wir werden uns darauf einstellen müssen. Die Märkte haben ein klares Signal gesendet: ›Zinswende ade‹.«[56] Nach Corona und der enorm gestiegenen Staatsverschuldung ist eine absehbare Zinssenkung einstweilen noch unwahrscheinlicher geworden.

Für die Anleger hat das fatale Folgen. Auf der einen Seite ist das private Geldvermögen in Deutschland geradezu gigantisch. Es lag im dritten Quartal 2019 nach Berechnungen der Deutschen Bundesbank bei über 6,3 Billionen Euro. Unvorstellbar: Würde man diesen Betrag in 50-Euro-Scheinen übereinanderstapeln, ergäbe sich ein Turm so hoch wie der Durchmesser der Erde. Rund 40 Prozent dieses Vermögens entfallen auf Bargeld und kurzfristig verfügbare Einlagen (wie etwa Tagesgeld). Weitere 37 Prozent sind Ansprüche gegenüber Versicherungen und Altersvorsorgeeinrichtungen. Der Rest verteilt sich auf Aktien, Investmentfondsanteile und Anleihen.

Nun ist es natürlich eine Binsenweisheit, dass diese riesigen Privatvermögen nicht unbedingt gerecht verteilt sind. Ein Großteil dieser Summe fällt auf die Superreichen. Rentner in Altersarmut oder Alleinerziehende kommen hingegen schwerlich über die Runden. Das alles ist richtig, aber seien wir ehrlich: Trotz aller auch hierzulande anzutreffenden Unzulänglichkeiten leben wir in Deutschland und Österreich doch recht gut. Wir kamen seinerzeit einigermaßen durch die Finanz- und Börsenkrise. Und wie wir die Coronapandemie im Jahr 2020 meisterten, hat im Ausland vielfach Bewunderung ausgelöst. Außerdem verfügt Deutschland über einen breiten Mittelstand (privat und unternehmerisch), der unserem Land eine stabile Statik verleiht. Was Konrad Adenauer (1876–1967), erster Kanzler der Bundesrepublik, schon in den 1960er Jahren formulierte, hat heute noch uneingeschränkt Gültigkeit: »Der Mittelstand ist eigentlich das Gesundeste in einem Staatskörper. Aus ihm müssen die Leute hervorgehen, die den Staat um einer Idee willen stützen und tragen.«[57]

Wir wollen an dieser Stelle unsere Politiker nicht über den grünen Klee loben und manche Missstände auch nicht beschönigen, aber im Grunde lebt es sich doch in Deutschland recht angenehm. Oder etwa nicht? Das sollte uns aber nicht dazu verführen, völlig arglos in die Zukunft zu gehen. Denn in Phasen von Null- und Negativzinsen schmelzen auch größere Vermögen dahin wie Eis in der Sonne. Dass immer noch viele Bürger relativ hohe Geldsummen auf Tagesgeldkonten oder sogar auf ihren Girokonten schlummern lassen, obwohl sie für diese Einlagen so gut wie keine Zinsen mehr bekommen und bei einigen Geldinstituten ab bestimmten Summen sogar noch »Strafzinsen« zahlen müssen, lässt sich nur damit erklären, dass Bankkunden hohen Wert auf Sicherheit und schnelle Verfügbarkeit legen. Ohne Frage macht es gerade in Krisenzeiten wie der Pandemie im Jahr 2020 Sinn, schnell auf Geld zugreifen zu können. Deshalb spricht auch nichts dagegen, eine überschaubare Summe Ihres Vermögens auf ein Tagesgeldkonto einzuzahlen. Aber seien Sie sich stets darüber im Klaren: Auch wenn Sie keine »Strafzinsen« zahlen müssen, verlieren Sie Geld. Selbst dann, wenn die Inflationsrate vergleichsweise niedrig sein sollte, aber nicht durch entsprechende Guthabenzinsen ausgeglichen wird.

Ökonomen unterscheiden zwischen nominalen und realen Zinsen. Der nominale Zinssatz ist jener, den Ihnen Ihre Bank für Einlagen zahlt. Unterstellen wir einmal einen nominalen Zinssatz von 1 Prozent pro Jahr, auch wenn der bei einem deutschen Kreditinstitut in Zeiten von weitgehenden Nullzinsen für Tagesgeldkonten kaum realistisch ist. Der Zinssatz von 1 Prozent soll nur unser Rechenbeispiel erleichern. Für 1000 Euro bekommen Sie also 10 Euro Zinsen (die steuerliche Seite lassen wir an dieser Stelle einmal außen vor). Liegt die Inflationsrate bei 2 Prozent, so haben Sie einen realen Kaufkraftverlust von 1 Prozent. Der reale Zinssatz ist also negativ, genauer gesagt: minus 1 Prozent. In diesem Umfang ist nämlich die Kaufkraft für Ihre Einlagen gesunken. Auf Sicht von einem Jahr mag das eine sehr überschaubare Summe sein, wie sich die Inflation aber längerfristig auswirken kann, das zeigen die nachfolgenden Preisvergleiche:

Das kostete(n) …	im Jahr 1982 (umgerechnet in Euro) …	Im Jahr 2019 in Euro …
1 Kugel Eis	0,15	1,30
1 kg Roggenbrot	1,46	3,06
1 kg Kartoffeln	0,52	1,46
250 g Butter	1,32	2,72
10 Eier	1,34	2,20

Quelle: Statistisches Bundesamt 11/2019/Union Investment

Bei den oben angeführten Preisvergleichen ist natürlich zu berücksichtigen, dass die Inflationsrate in Deutschland in früheren Jahren deutlich höher war als derzeit. Mit steigenden Zinsen ist nach Lage der Dinge erst in einigen Jahren wieder zu rechnen. Wir gehen davon aus, dass es recht lange Zeit bei Null- oder Negativzinsen bleiben wird.

Das heißt mit anderen Worten: Auch in den kommenden Jahren bleiben für Sie als Sparer und Anleger nur wenige Alternativen, um Ihr Geld zu halbwegs akzeptablen Konditionen anzulegen.

Aufschlussreich ist auch ein Blick in die Tabelle der Aufzinsungsfaktoren, der uns einen Überblick gibt, wie die Inflation längerfristig wirkt. Wir unterstellen wiederum eine sehr moderate Inflationsrate von 2 Prozent pro Jahr und einen Kapitaleinsatz von 1000 Euro. Nach zehn Jahren ergibt sich ein Faktor von 1,219. Das heißt, nach zehn Jahren müsste Ihr Kapital auf 1279 Euro gewachsen sein, damit es der

Kaufkraft von heute 1000 Euro entspricht. Ein solcher Zuwachs ist mit der heutigen Verzinsung für Tages- oder Festgeld nicht zu erreichen. Nachfolgend haben wir Ihnen auch noch die Aufzinsungsfaktoren für eine höhere Inflationsrate (3 und 4 Prozent) und längere Laufzeiten (15 und 20 Jahre) zusammengestellt. Sie müssen das eingesetzte Kapital einfach nur mit den angegebenen Aufzinsungsfaktoren multiplizieren, um zu erfahren, wie viel Geld Sie brauchen, um den Geldwert von heute zu erhalten (wir sprechen ausdrücklich nicht von Renditen).

Jahre / Inflationsrate →	3 %	4 %
15 Jahre	1,558	1,801
20 Jahre	1,806	2,191

Das bedeutet: Bei einer durchschnittlichen Inflationsrate von 3 Prozent müssten Sie nach 15 Jahren über 1558 Euro verfügen, um den Geldwert von heute 1000 Euro zu erhalten. Unwahrscheinlich, dass Ihnen dies allein mit Tagesgeld- und Festgeldkonten gelingen wird, selbst bei einem irgendwann wieder leicht steigenden Zinsniveau. Wie Sie höhere Renditen erwirtschaften und Ihr Depot trotzdem auch für stürmische Zeiten »wetterfest« machen können, erfahren Sie später in diesem Buch.

4.3 Die Prinzipien von Ray Dalio

Nicht jeder, der einen Crash vorhersagt und am Ende sogar recht behält, mutiert zum ökonomischen Untergangspropheten. Ein sehr überzeugendes Beispiel hierfür ist der US-amerikanische Unternehmer, Hedgefondsmanager und Philanthrop Ray Dalio. Wenn Sie sich in der Vergangenheit auch nur ansatzweise mit Finanzfragen beschäftigt haben und an Strategien der Geldanlage interessiert sind (und davon gehen wir aus, denn ansonsten würden Sie dieses Buch nicht lesen), dann dürfte Ihnen der Name dieses amerikanischen Milliardärs geläufig sein. Mit einem geschätzten Vermögen von deutlich über 18,4 Milliarden US-Dollar gehört er zu den reichsten Menschen der Welt.[58] Dalio gründete 1975 das Hedgefondsunternehmen Bridgewater Associates und wohnt in Greenwich, Connecticut.[59] Ray Dalio gilt als öffentlichkeitsscheu, aber wenn er spricht oder schreibt, dann bevorzugt er Klartext. So kritisierte er in den vergangenen Jahren immer wieder den US-amerikanischen Kapitalismus. Im Jahr 2019 veröffentlichte er einen Aufsatz, in dem er vor sozialen Spannungen in den USA infolge der immer weiter auseinanderklaffenden Schere zwischen Arm und Reich warnt. Diese Spannungen haben sich seiner Ansicht nach in letzter Zeit zugespitzt.[60]

Dalio sagte die globale Finanzkrise im Jahr 2008 voraus. Er ist gewiss kein Untergangs-Ökonom, ganz im Gegenteil. Er räumte in einem Interview offen ein, er und sein Team seien von der Coronapandemie auf dem falschen Fuß erwischt worden. »Wir sind enttäuscht, weil wir Geld hätten verdienen müssen, statt Geld zu verlieren.«[61] Im Gegensatz zu den meisten Crash-Propheten geht Ray Dalio aber sehr optimistisch in die Zukunft. Die Viruskrise im Jahr 2020 könne einen Wendepunkt in der Geschichte darstellen, der den Weg für einen großen gesellschaftlichen Fortschritt ebne, sagte der Milliardär. Und weiter: »Wir befinden uns jetzt in einer wunderbaren Revolution.«

4.3.1 Was der »Altmeister« empfiehlt

Schauen wir uns also an, was Ray Dalio den Anlegern empfiehlt. Auch er plädiert – wie die meisten Berater – für ein ausgewogenes Portfolio. Man soll nicht alle Eier in ein Nest legen, dieser Tipp ist zwar nicht neu, aber zeitlos gültig. Allerdings stellt sich die Frage, wann ein Portfolio als ausgewogen gelten kann und aufgrund seiner »Architektur« auch unterschiedlichen Marktturbulenzen zu trotzen vermag. Die Antwort auf diese Frage scheint relativ einfach zu sein: Man investiere 50 Prozent seines Vermögens in Aktien und den Rest in Anleihen. Wenn Sie etwas mutiger sind und nicht schon in wenigen Jahren in den Ruhestand wechseln, entscheiden Sie sich vielleicht für einen Aktienanteil von 60 oder 65 Prozent. Mit dem Rest kaufen Sie Anleihen – und vielleicht noch etwas Gold. Doch bleiben wir bei der scheinbar so überzeugenden 50-zu-50-Prozent-Lösung. Diesen Investmentansatz nimmt auch Bestsellerautor Tony Robbins in seinem lesenswerten Buch *Money – Die 7 einfachen Schritte zur finanziellen Freiheit* unter die Lupe.

Er schreibt: »Wenn Sie diesen Ansatz verfolgen [also die 50-zu-50-Prozent-Lösung], hoffen Sie auf drei Dinge:

- Sie hoffen, dass sich die Aktien positiv entwickeln.
- Sie hoffen, dass sich die Anleihen positiv entwickeln.
- Sie hoffen, dass nicht beide beim nächsten Markteinbruch gleichzeitig die Talfahrt antreten.

Wie unschwer zu erkennen, basiert dieser Ansatz also auf dem Prinzip Hoffnung. Experten wie Ray Dalio verlassen sich aber nicht auf die Hoffnung. Hoffnung ist keine Strategie, wenn es um das Wohlergehen Ihrer Familie geht.«[62]

Tatsächlich ist ein 50-zu-50-Prozent-Portfolio alles andere als ausgewogen. Es geht nämlich nicht nur darum, Ihr Geld einfach aufzuteilen, vielmehr müssen Sie das Risikopotenzial der einzelnen Assetklassen berücksichtigen. Aktien schwanken in der Regel mindestens drei- bis viermal so stark wie Anleihen. Wie Ray Dalio es Tony Robbins erklärt hat, haben Sie bei einer 50-zu-50-Aufteilung eher ein potenzielles Verlustrisiko von etwa 95 Prozent in Ihrem Depot.[63] Bricht also der Aktienmarkt ein, geht auch der Wert Ihres Depots auf Talfahrt. Der Anteil von Anleihen und eventuell Gold wäre zu gering, um diesem Abwärtstrend etwas entgegensetzen zu können.

Wie sehr in dieser Hinsicht auch hoch professionelle Vermögensverwalter irren können, zeigt ein Beispiel aus dem Jahr 2020. Der norwegische Pensionsfonds, immerhin der größte Staatsfonds der Welt, musste in der ersten Jahreshälfte einen Verlust von fast 18 Milliarden

Euro hinnehmen. Der Fonds investiert schwerpunktmäßig (fast 70 Prozent) in Aktien. Die steigenden Anleihekurse konnten den Einbruch im Aktiensegment nicht wettmachen.[64]

Die meisten Portfolios, so der Befund von Ray Dalio, wiesen eine starke Tendenz auf, in guten Zeiten gute Ergebnisse zu erzielen und in schlechten Zeiten Verluste einzufahren. Der 50-zu-50-Diversifizierungsansatz differenziere eben nicht in ausreichendem Maße. Wer in Aktien investiert, muss zwar Kursverluste als Preis für höhere Renditechancen in Kauf nehmen. Allerdings sollte ein Portfolio nach Ansicht von Ray Dalio immer so strukturiert sein, dass Verluste wenn möglich vermieden oder aber zumindest in überschaubaren Grenzen gehalten werden. Denn eines ist klar: Bricht der Aktienmarkt erst einmal ein, muss er anschließend stark zulegen, um nur die Verluste wieder auszugleichen. Wie stark, das zeigt die nachfolgende Tabelle, die in dem erwähnten Buch von Tony Robbins erschienen ist:[65]

Bei einem Verlust von …	… müssen Sie diese Gewinne erzielen, um die Verluste wieder auszugleichen
15 %	18 %
20 %	25 %
25 %	33 %
30 %	43 %
35 %	54 %
40 %	67 %
45 %	82 %
50 %	100 %
75 %	300 %

Die obenstehende Tabelle mag im ersten Moment ernüchternd sein, sie macht aber auch deutlich, wie dynamisch sich die Börse entwickelt. Denn wie an anderer Stelle bereits erwähnt, kehrten zumindest an den führenden Finanzmärkten der Welt die Börsenindizes nach einem Crash nicht nur wieder zum Ausgangspunkt zurück, sie erzielten nach ein paar Jahren sogar neue Höchststände.

4.3.2 Mythos »Korrelation«

Der Begriff wird häufig verwendet, aber nicht immer korrekt definiert – auch wenn es um Anlagestrategien geht. Lassen wir an dieser Stelle die Experten von *Statista* zu Wort kommen: »Eine Korrelation misst die Stärke einer statistischen Beziehung von zwei Variablen zueinander. Bei einer positiven Korrelation gilt, ›je mehr Variable A … desto mehr Variable B‹ bzw. umgekehrt, bei einer negativen Korrelation ›je mehr Variable A … desto weniger Variable B‹ bzw. umgekehrt.«[66]

Machen wir anhand zweier Beispiele deutlich, was gemeint ist:

a. Positive Korrelation:
Je mehr Alkohol ein Mensch zu sich nimmt, desto größer ist die Gefahr, dass er an den Folgen seiner Exzesse erkrankt.

b. Negative Korrelation:
Je älter ein Mensch ist, desto niedriger ist die durchschnittliche verbleibende Lebenserwartung.

Bei der Portfolio-Strukturierung wird natürlich eine negative Korrelation angestrebt. Wenn die Aktienkurse fallen, sollte der Goldpreis steigen (Suche nach dem »sicheren Hafen«). Klingt zwar logisch, tritt aber nicht immer ein. Als auf dem Höhepunkt der Coronapandemie im März 2020 die Börsen kollabierten, gab auch der Goldpreis deutlich nach. Grund: Anleger brauchten dringend Geld, um ihre *Margin Calls* bedienen zu können. Deshalb verkauften sie auch Teile ihrer

Goldbestände. Als »Margin Call« wird die Nachschusspflicht bezeichnet, die bei Verlust der festgelegten Mindestdeckungshöhe eines Kontos angefordert wird.

Zurück zu Ray Dalio. Gemeinsam mit seinem Team hat er aufgrund von historischen Daten nachgewiesen, dass viele Investitionen rein zufällige Korrelationen aufweisen. »Wenn Investmentprofis versuchen, Ausgewogenheit herzustellen, indem sie hoffen, die Aktien mögen sich in die entgegengesetzte Richtung entwickeln wie die Anleihen, dann ist das einfach ein Schuss in den Ofen. Diese fehlerhafte Logik liegt aber den Leitprinzipien der meisten Finanzprofis zugrunde«, konstatiert Tony Robbins.[67]

4.3.3 Die Allwetterstrategie

Grundsätzlich gibt es nach Ansicht von Ray Dalio nur vier Szenarien, die sich signifikant auf die Preise von Vermögenswerten auswirken:

- Steigende Inflation.
- Fallende Inflation.
- Wirtschaftswachstum.
- Stagnation oder gar Rezession.

Szenario 1: Steigende Inflation
Wir befinden uns also in einer Phase der Geldentwertung und deutlicher Preissteigerungen. Je nachdem, wie hoch die Inflationsrate ausfällt, spricht man von einer »schleichenden« oder »galoppierenden« Inflation. In einer solchen Situation sollte man verstärkt Gold kaufen (Münzen, Barren oder an den Goldpreis gekoppelte Wertpapiere). Außerdem empfehlen wir Rohstoffe und Inflationsanleihen, auch »TIPS« (»Treasury Inflation-*Protected Securities*«) genannt. Die Verzinsung solcher Anleihen ist mit der Teuerungsrate gekoppelt (es handelt sich also um eine Indexierung). Unabhängig davon, wie hoch die Preissteigerung ausfällt, bleibt der reale Geldwert Ihrer Anlage erhalten.

Szenario 2: Fallende Inflation

Im schlimmsten Fall mündet dieses Szenario in eine Deflation, also in einen Rückgang des Preisniveaus. Ist doch prima, wird da vielleicht mancher denken. Dann wird alles billiger. Weil aber viele so denken, halten sich immer mehr Verbraucher der Hoffnung auf weiter sinkende Preise mit Käufen zurück. Im Fachjargon nennt man das »Attentismus«. Jeder wartet ab, der Konsum geht zurück und die Unternehmen verdienen kein Geld. Eine Deflation führt häufig in eine Rezession, weshalb die Notenbanken alles unternehmen, um deflatorischen Prozessen entgegenzuwirken.

An dieser Stelle wollen wir daher lediglich von einer sinkenden Inflation ausgehen. Die Preise steigen also nur noch langsam. In einer solchen Situation sind Aktien und Anleihen die beste Wahl.

Szenario 3: Wirtschaftswachstum

Brummt die Konjunktur, verdienen die Unternehmen – und die Aktionäre. Sie dürfen auf höhere Dividenden und Kursgewinne hoffen. Also sollten Sie Aktien in Ihrem Depot haben. Ein weiterer Teil Ihres Vermögens könnte in Unternehmensanleihen, Rohstoffe und Gold fließen.

Szenario 4: Wirtschaft stagniert/Rezession

In einer solchen Phase sollte man nach Möglichkeit gar keine Aktien in seinem Depot haben, sondern eher Anleihen und die bereits erwähnten Inflationsanleihen sowie etwas Gold.

Und das ist die Allwetterstrategie

Ray Dalio hat die Anlageinstrumente entsprechend den erwähnten vier möglichen Szenarien, die Einfluss auf ein Portfolio haben, unterschiedlich gewichtet. Herausgekommen ist die folgende Depotstruktur:

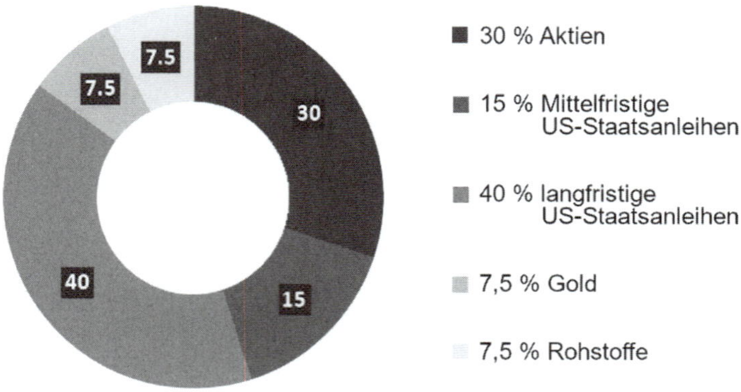

Dieses Allwetterdepot hat seinen »Stresstest« in den vergangenen Jahren auf beeindruckende Weise bestanden.

Beachten Sie:
Dalios Depotstruktur ist für den amerikanischen Anleger vorgeschlagen und natürlich stark auf den US- beziehungsweise Dollar-Markt fixiert. Antonio Sommese, einer der Autoren dieses Buches, hat gemeinsam mit seinem Team ein solches Allwetterdepot für den europäischen Anleger entwickelt. Sie finden diese Empfehlungen im Kapitel »Depotlösungen: Pro und kontra Crash-Propheten-Fonds« im zweiten Teil dieses Buches.

5.0

Sind Sie Sparer oder Anleger?

Mancher wird die Frage, ob er nun Sparer oder Anleger sei, vielleicht als Wortklauberei empfinden. Schließlich werden beide Begriffe sogar in der Wirtschaftspresse bisweilen synonym verwendet. Natürlich: Wer Geld anlegt, indem er zum Beispiel Aktien oder Fonds kauft, spart Geld, weil er es nicht ausgibt, sondern anlegt. Er verzichtet also in der Gegenwart auf Konsum. Mit ein paar Tausend Euro könnte er sich zum Beispiel eine tolle Schweizer Luxusuhr kaufen, die – wer weiß? – im Laufe der Jahre ebenfalls an Wert zulegen wird. Wer einen fünfstelligen Betrag zur Verfügung hat, könnte sich zum Beispiel eine neue Küche oder einen Mittelklassewagen zulegen. Genau das macht er aber nicht. Er spart mithin sein Geld und legt es an, damit es sich im Laufe der Jahre vermehrt. Wer an die Prophezeiungen der Crash-Gurus glaubt, wird vermutlich vor allem Goldbarren kaufen. Auch in diesem Fall ist der Betreffende Sparer und Anleger zugleich. Er spart, indem er auf Konsum verzichtet. Und er legt das gesparte Geld an, im konkreten Fall in physisches Gold. Er ist aber ein vorsichtiger, oder – wie es im Fachjargon heißt – risikoaverser Anleger. Wobei an dieser Stelle aber noch einmal betont werden muss, dass auch der Goldpreis in den vergangenen Jahren eine hohe Volatilität – also starke Schwankungen – aufwies.

Obwohl also Sparer und Anleger gewisse Schnittmengen aufweisen, unterscheiden sie sich doch hinsichtlich ihrer Motivation und ihrer Ziele.

5.1 Sparer versus Anleger: die Motivationsfaktoren

In den vorangegangenen Kapiteln haben wir uns bereits mit Angst und Gier, den wesentlichen Motivationsfaktoren für Sparer und Anleger, auseinandergesetzt. In der Tat stellen diese beiden Antriebskräfte wichtige Unterscheidungskriterien für Sparer und Anleger dar.

Der Motivationsfaktor des Sparers ist in der Regel die Angst. Er fürchtet, einen Teil seiner Ersparnisse – also seiner Rücklagen – zu verlieren. Zum Beispiel an der Börse bei einem Aktiencrash. Also legt er größten Wert auf Sicherheit (auch wenn es sich nur um eine vermeintliche Sicherheit handelt). Der Sparer zahlt seine Rücklagen vor allem auf Tages- und Festgeldkonten ein. Früher standen auch Kapitallebensversicherungen hoch im Kurs.

Der Motivationsfaktor des Anlegers ist die Gier, wenngleich auch unterschiedlich stark ausgeprägt. Ziel des Anlegers ist es, eine nach Möglichkeit überdurchschnittliche Rendite zu erwirtschaften und mehr aus seinem Geld zu machen. Rendite gibt es aber nur für den Preis des Risikos. Defensive Anleger mit geringer Risikobereitschaft entscheiden sich zum Beispiel für Anleihen oder Mischfonds (Aktien und Anleihen). Offensivere Anleger investieren in Aktienfonds, in Einzelaktien oder – bei großer Risikobereitschaft und entsprechendem Know-how – in spekulative Derivate, wie etwa Optionsscheine.

Wichtig: Als vorsichtiger Sparer, der sein Geld auf Tages- oder Festgeldkonten einzahlt, verlieren Sie bei dem gegenwärtigen Zinsniveau, an dem sich in den kommenden Jahren wenig ändern dürfte, ständig Geld, weil die Zinsen – sofern Sie überhaupt welche bekommen – deutlich unter der Inflationsrate liegen.

Das heißt: Genau das, wovor der Sparer Angst hat – nämlich Geld zu verlieren –, tritt ein. Selbst wenn der Sparer gar nicht gierig auf Renditen ist, sondern nur die tatsächliche Kaufkraft seiner Ersparnisse sichern will, muss er also herauskommen aus der Sparer-Ecke und etwas mehr Risiko wagen.

Ein weiterer Aspekt unterscheidet Sparer von Anlegern. Während der Sparer auf klassische Geldwerte setzt (also zum Beispiel Spareinlagen bei seiner Bank), investiert der Anleger vor allem in inflationsgeschützte Sachwerte, zum Beispiel Aktien, Aktienfonds oder auch Immobilien. Als Sparer vertrauen Sie Ihrer Bank, bei der Sie Ihre Sparkonten unterhalten. Als Anleger hingegen vertrauen Sie der Wirtschaft. Mit einem breit streuenden Aktienfonds kann man zum Beispiel auf die ersten Adressen der internationalen Unternehmen setzen und von deren Wertentwicklung und Dividendenzahlungen profitieren.

Das klingt eigentlich überzeugend, sagen viele, die gerade dabei sind, die Stufe vom Sparer zum Anleger zu nehmen. Doch dann ist sie wieder da – die typische Angst des Sparers; die Angst vor fallenden Aktienkursen. Deshalb auch an dieser Stelle noch einmal unser Hinweis: Was immer Ihnen die Crash-Propheten auch erzählen mögen – nach jedem Absturz geht es wieder aufwärts. Und nach einer Weile stehen die Aktien wieder besser da als vor der Korrektur.

Deshalb denkt der Anleger auch mittel- bis längerfristig (das unterscheidet ihn von Spekulanten, die meist nur kurzfristig disponieren). Geld für die Steuernachzahlung oder die demnächst anstehende Modernisierung Ihrer Wohnung legen Sie natürlich nicht in Aktien an. Das »parken« Sie auf einem Tagesgeldkonto – Sie bilden also Rücklagen. Da Sie auf Tages- und Festgeldkonten derzeit ohnehin kaum Zinsen bekommen, könnten Sie das Geld auch auf Ihrem Girokonto belassen. Dann aber besteht das Risiko, dass dieses Geld oder Teile davon bewusst oder unbewusst in Ihren täglichen Konsum einfließen. Mit anderen Worten: Sie fühlen sich »reicher«, als Sie tatsächlich sind. Deshalb macht es Sinn, kurzfristige Rücklagen auf einem gesonderten Konto zu »parken«.

5.2 Die unterschiedlichen Ziele von Sparern und Anlegern

Wie bereits erwähnt, ist es das vorrangige Ziel eines Sparers, keine Verluste zu erleiden. Das wird ihm nicht gelingen, denn er hat zwei mächtige Gegner: die Inflation und die aktuellen Null- und Negativzinsen: Festgeld- oder Tagesgeldkonten machen, wie erwähnt, nur dann Sinn, wenn Geld für eine kurz- bis mittelfristig anstehende Investition gebraucht wird. Sie sparen vielleicht für ein neues Auto, möchten schon in absehbarer Zeit mit Ihrem Partner/Ihrer Partnerin eine Traumreise unternehmen, Sie planen eine größere Feier oder möchten sich einen anderen Wunsch erfüllen. Dann wäre es in der Tat fatal, die betreffenden Geldbeträge in Aktien oder Aktienfonds zu investieren. Denn niemand kann Ihnen verlässlich sagen, wo die Finanzmärkte in zwölf Monaten stehen. Durchaus möglich, dass wieder einmal einer der berühmt-berüchtigten »Schwarzen Schwäne« um die Ecke kommt und die Kurse einbrechen. Dann müssen Sie die Erfüllung Ihrer Träume möglicherweise für längere Zeit verschieben. Insofern ist Sparen immer dann sinnvoll, wenn Sie kurzfristig Geld brauchen, um sich einen Wunsch zu erfüllen, dringende Neuanschaffungen vorzunehmen oder Verpflichtungen nachzukommen.

Der Anleger hat andere Pläne: Er disponiert mittel- bis langfristig und braucht sein Kapital nicht zu einem bestimmten Zeitpunkt. Salopp ausgedrückt kann er eventuelle Korrekturen und dadurch entstehende Verluste »aussitzen«. Nun mögen Sie einwenden, dass sich viele Anleger mit ihrem Investment in Wertpapiere, Fonds oder ETFs (*Exchange-traded funds*) eine private Altersversorgung aufbauen möchten und ihr Geld daher sehr wohl zu einem bestimmten Zeitpunkt in der Zukunft brauchen – nämlich dann, wenn sie aus dem aktiven Erwerbsleben ausscheiden und in den Ruhestand treten. Aber niemand muss dann sein komplettes Wertpapierdepot auflösen. Schon gar nicht, wenn die Börse schwächelt. In diesem Fall verkauft man eben nur so viele Wertpapiere oder Fondsanteile, wie notwendig sind, um daraus seine private

Zusatzrente zu finanzieren. Der große Rest bleibt einfach im Depot – und der Anleger wartet auf bessere Zeiten. Doch so weit muss es gar nicht kommen. In diesem Buch erfahren Sie, wie Sie mit einem Allwetterdepot Verluste verhindern oder zumindest begrenzen. Und außerdem können Sie in Hausse-Phasen, wenn der Optimismus die Börsenkurse nach oben treibt, jederzeit Gewinne mitnehmen und in defensivere Anlageinstrumente oder sogar in Sparprodukte (zum Beispiel Festgeld) umschichten. Auf diese Weise sorgen Sie dafür, dass Ihre Geldanlage immer Ihrem ganz individuellen Risikoprofil entspricht (Stichwort: *Rebalancing*, also Neugewichtung; auch auf diesen Aspekt werden wir noch näher eingehen).

Wichtig: Je kürzer die verbleibende Anlagedauer, desto höher sollten sicherheitsorientierte Geldanlagen gewichtet werden. Andererseits: Je mehr Jahre Ihnen bis zu Ihrem Ruhestand noch bleiben, desto höher kann der Anteil renditeorientierter Geldanlagen (Aktien, Fonds, ETFs) in Ihrem Depot ausfallen. Sicher haben Sie schon von der vermeintlichen Faustformel »100 minus Lebensalter ergibt den vertretbaren Aktienanteil im Portfolio« gehört. Vergessen Sie diese Marketingfloskel. Konsequent befolgt, würde sie nämlich bedeuten, dass ein 65-Jähriger zu Beginn seines Ruhestands noch einen Aktienanteil von 35 Prozent im Depot hätte. Das ist allenfalls bei Personen mit einem sehr großen Vermögen akzeptabel. Ansonsten gilt die Empfehlung, wonach bei einer verbleibenden Anlagedauer von fünf Jahren (also zum Beispiel fünf Jahre vor Beginn des Ruhestands) der Aktien/Aktienfonds-Anteil im Vermögensportfolio nicht über 20 Prozent liegen sollte.

Zusammenfassend können wir also feststellen: Im Gegensatz zum Sparer hat der Anleger einen mittel- bis langfristigen Anlagehorizont. Sein Ziel ist es, die bestmögliche Rendite unter Berücksichtigung seiner individuellen Risikobereitschaft zu erzielen. Mit seinem Vermögen möchte er zum Beispiel eine ausreichende private Altersversorgung aufbauen, oder etwa auch die Ausbildung seiner Kinder finanziell unterstützen. Beide Ziele lassen sich nur mit angemessenen Renditen erreichen.

Natürlich handelt es sich bei den Anlegern nicht um eine homogene Gruppe, vielmehr oszilliert ihr Anlageverhalten immer auch zwischen den bereits beschriebenen Polen Angst und Gier. Überwiegt die Angst, so handelt es sich um einen **konservativen Anleger**, der Wert auf eine möglichst weitgehende Sicherheit der Geldanlage legt. Er will also nur ein sehr überschaubares finanzielles Risiko eingehen; der Aktien/Aktienfonds- oder ETF-Anteil in seinem Portfolio dürfte entsprechend gering ausfallen. Dem **ausgewogenen Anleger** ist ein ausbalanciertes Verhältnis zwischen Sicherheit und Rendite wichtig. Der **offensive Anleger** schließlich ist bereit, für möglichst hohe Renditen auch höhere Risiken einzugehen. Bei ihm spielt also der Faktor Gier eine starke Rolle.

Wobei die Übergänge freilich fließend sind. Aus der oben stehenden Beschreibung wird deutlich, dass der konservative Anleger eigentlich eher ein ängstlicher Sparer ist, der sich – getrieben von Null- und Negativzinsen – nur in kleinen Schritten der Wertpapieranlage nähert. Der offensive Anleger birgt nicht selten schon Elemente eines Spekulanten in sich.

Um ängstliche Sparer unter ihren Kunden ins Aktien- oder Fondsgeschäft zu locken, bieten manche Banken eher fragwürdige Kombiprodukte an. Und die sehen dann zum Beispiel folgendermaßen aus: Eine Genossenschaftsbank in Rheinland-Pfalz bot zum Jahreswechsel 2019/2020 eine Kombination aus Festgeldanlage und Nachhaltigkeitsfonds an. Mindestanlage: 20 000 Euro. Von dieser Summe flossen 50 Prozent in Fonds und 50 Prozent auf ein Festgeldkonto mit zwölf Monaten Laufzeit. Für seine Spareinlagen erhielt der Kunde eine »attraktive Verzinsung« zwischen 1 und 1,5 Prozent pro Jahr. Das war zwar mehr, als die meisten Mitbewerber zahlten, dafür musste der Kunde allerdings einen hohen Ausgabeaufschlag für seine Fondsanteile zahlen, in die 50 Prozent seiner Anlagesumme flossen. Hinzu kamen die jährlichen Managementgebühren. Da der Ausgabeaufschlag dem Vertrieb zugutekommt (in diesem Fall der Genossenschaftsbank), hat der Kunde also mehr als nur seinen eigenen Sparzins zwischen 1 und 1,5 Prozent an die Bank bezahlt. Einmal ganz abgesehen davon, dass die Inflationsrate den Ertrag aus der Festgeldanlage mehr als aufzehrte.

So sieht die Rechnung für den Sparer aus:

10 000 Euro Festgeld für ein Jahr, Zins 1 Prozent = plus 100 Euro.

10 000 Euro Fondskauf Agio 5 Prozent = minus 500 Euro.

Macht unter dem Strich einen Verlust von 400 Euro aufgrund von Gebühren. Die Wertentwicklung des Fonds lassen wir hier aus Gründen der Einfachheit außen vor, denn der Wert der Fondsanteile könnte ja auch gefallen sein.

Wir empfehlen Ihnen daher: Keine Kombiprodukte! Trennen Sie Spareinlagen von Ihren Wertpapier- oder Fondskäufen.

Hier noch einmal die Abgrenzung Sparer/Anleger/Spekulant im Überblick:

Typ	Wird getrieben von ...	Charakteristika
Sparer	Angst, Sorge vor Verlusten an den Börsen.	Bleibt trotz Null- und Negativzinsen den traditionellen Sparformen treu, nimmt dafür Kaufkraftverluste durch Inflation in Kauf; bei höheren Guthaben gegebenenfalls sogar Negativzinsen.
Anleger/ Investor	dem Streben, eine höhere Rendite unter Beachtung seines individuellen Risikoprofils zu erwirtschaften.	Investiert – je nach Risikoneigung – einen kleineren oder größeren Teil seines Vermögens in Wertpapiere, Fonds, ETFs oder Ähnliches. Orientiert sich vor allem an Fundamentaldaten von Unternehmen und Märkten
Spekulant	Gier, will größtmögliche Rendite in kurzer Zeit realisieren; hierfür geht er hohe Risiken ein.	Ist in der Regel kurzfristig orientiert, setzt unter anderem auf Kursschwankungen (Volatilitäten) und Arbitrage-Geschäfte (Ausnutzung von Kurs- oder Preisunterschieden an verschiedenen Börsen beziehungsweise Märkten); orientiert sich vor allem an Charts.

Resümee

»Sparst du noch, oder investierst du schon?«, könnten wir Sie in Anlehnung an den Werbeslogan eines großen schwedischen Möbelhauses fragen. Grundsätzlich spricht nichts dagegen, einen Teil des Vermögens auf Tagesgeld- oder Festgeldkonten zu »parken«. Auch wenn die Autoren dieses Buches nicht davon ausgehen, dass die Phase der Null- und Negativzinsen schon bald vorüber sein dürfte, so werden die Zinsen sicherlich irgendwann steigen. Doch machen Sie sich bitte nichts vor: In den meisten Fällen müssen Sie als Sparer Kaufkraftverluste hinnehmen, selbst wenn Ihnen die Bank wieder ein oder zwei Prozent Zinsen zahlt. Die Inflation knabbert an Ihren Erträgen, und deshalb sollten Sie – egal in welcher Zinsphase – immer zwischen der nominalen und der um die Teuerungsrate bereinigten realen Verzinsung unterscheiden. Um mittel- bis längerfristig gezielt ein Vermögen aufzubauen, mit dem Sie sich zum Beispiel ein privates Alterseinkommen sichern können, müssen Sie rauskommen aus der Sparerecke und zumindest einen Teil Ihrer Rücklagen in Wertpapiere, ETFs oder Fonds anlegen. Wer mag, kann zusätzlich in physisches Gold investieren, also Barren oder Münzen. Wir gehen noch ausführlicher auf dieses Thema ein.

6.0

Gier frisst Hirn – aber warum?

Wie oben erwähnt, sind Angst und Gier wichtige Motivationsfaktoren für Anleger. Der Grad der am Markt vorherrschenden Angst oder der grassierenden Gier kann wichtige Erkenntnisse liefern, ob Aktien eher unter- oder überbewertet sind. Die Börsenlegende Warren Buffett formulierte es einmal wie folgt: »Sei ängstlich, wenn andere gierig sind. Sei gierig, wenn andere ängstlich sind.«[68] Im Grunde ist das nichts anderes als eine Handlungsanleitung für antizyklisches Investieren, mit dem wir uns in diesem Buch ebenfalls noch näher auseinandersetzen werden.

Wenn Sie sich einen Überblick über die Stimmungslage an den Börsen verschaffen wollen, dann empfehlen wir Ihnen den Fear & Greed Index (also »Angst-&-Gier-Index«) von CNN.[69] Er gibt Ihnen Auskunft, wie ausgeprägt die Gier oder die Angst aktuell ist. Berechnet wird der Index aufgrund von sieben Faktoren, darunter die Volatilität der Märkte, die Korrelation von Aktien und Anleihen sowie das Verhältnis von Call- und Put-Optionen (also Kauf- oder Verkaufs-Optionen aus dem Bereich der Derivate). Nun sollten Sie sich davor hüten, Ihre Anlageentscheidungen allein auf der Grundlage des aktuellen Grades der Ängste oder der Gier an den Märkten zu treffen. Dennoch liefert Ihnen der Fear & Greed Index durchaus ein Entscheidungskriterium. Herrscht am Markt extreme Gier, ist es in der Regel ratsam, mit Aktienkäufen zu warten.

Mit dem Thema Angst, das von den Crash-Propheten so virtuos bedient wird, haben wir uns im ersten Teil des Buches bereits beschäftigt. Aber warum werden Menschen gierig – nicht nur, aber vor allem, wenn es ums Geld geht? Was geht da in uns vor? Gibt es eine »gesunde Gier«? Wir wollen an dieser Stelle nicht spekulieren und haben die ehemalige Bankkauffrau und Diplompsychologin Bettina Böhm gebeten, uns aus wissenschaftlicher Sicht aufzuklären.

6.1 Exkurs: Warum Menschen und vor allem Anleger gierig sind

Ein Beitrag von Diplompsychologin Bettina Böhm

»Die Welt hat genug für jedermanns Bedürfnisse,
aber nicht genug für jedermanns Gier.«

Mahatma Gandhi

6.1.1 Was verstehen wir unter »Habgier«?

Im deutschen Wortschatz finden sich für »Gier« die Synonyme »Begierde«, »Unersättlichkeit«, »Habsucht«, »Raffgier«, »Raffsucht« und »Gieper«. Definiert ist Gier als übersteigertes Streben nach materiellem Besitz. Im Kontext der Finanzmärkte finden sich unter dem Begriff der »Habgier« die Synonyme »Gewinnsucht«, »Geldgier« und »Profitgier«. Im juristischen Kontext wird das Mordmerkmal Habgier definiert als das »ungezügelte und rücksichtslose Streben nach Gewinn um jeden Preis, auch um den eines Menschenlebens« (BGH, NJW 2001, 763). Hier wird auch das moralische Ausmaß der Habgier noch wesentlich deutlicher, denn im juristischen Sinne liegt nicht nur ein Streben nach materiellen Vorteilen vor, sondern eines, das in seiner Hemmungslosigkeit und Rücksichtslosigkeit bei Weitem das erträgliche Maß übersteigt. Zu den juristischen Fällen, bei denen Habgier eines der Motive für einen Mord sein kann, zählen Raubmord, bezahlter Auftragsmord oder der Mord zur Erlangung eines Erbes oder einer Lebensversicherung. Das juristische Kriterium ist hier also die besondere Maßlosigkeit (BGHSt 10, 399). Ist aus diesen Gründen etwa die Habgier (lateinisch »*avaritia*«) Teil der sieben Todsünden, die im Kanon der katholischen Kirche das erste Mal vor etwa 1500 Jahren erscheinen?

Doch kommen wir wieder zur Wortbedeutung zurück. Habgier taucht meistens nicht alleine auf, sondern ist eng verwandt mit dem Geiz sowie dem Unwillen, zu teilen.

6.1.2 Habgier aus mythologischer Perspektive

Geschichten und Metaphern zeichnen sich dadurch aus, dass sie in ihrer bildhaften Sprache und archetypisierten Darstellung generationsübergreifend sind, von Menschen aus anderen Kulturen oder Ethnien leicht verstehbar sind und direkt mit unserem Unterbewusstsein sowie unserer linken und kreativen Hirnhälfte in Verbindung stehen. Aus diesem Grund darf sich der Leser nun auf eine Zeitreise machen in das Jahr 1812, in dem das plattdeutsche Märchen »Van den Fischer und siine Fru« von den Gebrüdern Grimm verschriftlicht wurde und seitdem zum deutschsprachigen Kulturgut zählt. Da es für ein Volksmärchen sehr detailliert ausgeschmückt und aufgebaut ist und durch seine Bildhaftigkeit und Einfachheit, aber auch Tiefgang sowie Klarheit hervorsticht, gebe ich Teile davon hier in voller Länge wieder. Die Zeit, aus der es stammt, ist die Zeit nach der Französischen Revolution und so ist zu bedenken, dass es möglicherweise als religiöse, kirchliche, aber auch politische Satire gedacht war.

Es war einmal ein Fischer und seine Frau, die wohnten zusammen in einer kleinen Fischerhütte, dicht an der See, und der Fischer ging alle Tage hin und angelte und angelte und angelte.

So saß er auch einmal mit seiner Angel und sah immer in das klare Wasser hinein und so saß er nun und saß.

Da ging die Angel auf den Grund, tief hinunter, und als er sie heraufholte, da holte er einen großen Butt heraus. Da sagte der Butt zu ihm: »Hör mal, Fischer, ich bitte dich, lass mich leben, ich bin kein richtiger Butt, ich bin ein verwunschener Prinz. Was hilft's dir denn, wenn du mich tötest? Ich würde dir doch nicht recht schmecken: Setz mich wieder ins Wasser und lass mich schwimmen.« – »Nun«, sagte der Mann, »du brauchst nicht so viele Worte zu machen: Einen Butt, der sprechen kann, werde ich doch wohl schwimmen lassen.« Damit setzte er ihn wieder in das klare Wasser. Da ging der Butt auf Grund und ließ einen langen Streifen Blut hinter sich. Da stand der Fischer auf und ging zu seiner Frau in die kleine Hütte.

»Mann«, sagte die Frau, »hast du heute nichts gefangen?« – »Nein«, sagte der Mann. »Ich fing einen Butt, der sagte, er wäre ein verwunschener Prinz, da hab ich ihn wieder schwimmen lassen.« – »Hast du dir denn nichts gewünscht?«, sagte die Frau. »Nein«, sagte der Mann, »was sollte ich mir wünschen?« – »Ach«, sagte die Frau, »das ist doch übel, immer hier in der Hütte zu wohnen: Die stinkt und ist so eklig; du hättest uns doch ein kleines Häuschen wünschen können. Geh noch einmal hin und ruf ihn. Sag ihm, wir wollen ein kleines Häuschen haben, er tut das gewiss.« – »Ach«, sagte der Mann, »was soll ich da noch mal hingehen?« – »I«, sagte die Frau, »du hattest ihn doch gefangen und hast ihn wieder schwimmen lassen – er tut das gewiss. Geh gleich hin!« Der Mann wollte noch nicht recht, wollte aber auch seiner Frau nicht zuwiderhandeln und ging hin an die See.

Als er dorthin kam, war die See ganz grün und gelb und gar nicht mehr so klar. So stellte er sich hin und sagte:

»Männlein, Männlein, Timpe Te,
Buttje, Buttje in der See,
Meine Frau, die Ilsebill,
Will nicht so, wie ich wohl will.«

Da kam der Butt angeschwommen und sagte: »Na, was will sie denn?« – »Ach«, sagte der Mann, »ich hatte dich doch gefangen; nun sagt meine Frau, ich hätt mir doch was wünschen sollen. Sie mag nicht mehr in der Hütte wohnen, sie will gern ein Häuschen.« – »Geh nur«, sagte der Butt, »sie hat es schon.«

Da ging der Mann hin, und seine Frau saß nicht mehr in der kleinen Hütte, denn an ihrer Stelle stand jetzt ein Häuschen, und seine Frau saß vor der Türe auf einer Bank. Da nahm ihn seine Frau bei der Hand und sagte zu ihm: »Komm nur herein, sieh, nun ist das doch viel besser.« Da gingen sie hinein und in dem Häuschen war ein kleiner Vorplatz und eine kleine reine Stube und Kammer, wo jedem sein Bett stand, und Küche und Speisekammer, alles aufs Beste mit Gerätschaften versehen und aufs Schönste aufgestellt, Zinnzeug und Messing, was eben so dazugehört. Dahinter waren auch ein kleiner Hof mit Hühnern und Enten und ein kleiner Garten mit Grünzeug und Obst. »Sieh«, sagte die Frau, »ist das nicht nett?« – »Ja«, sagte der Mann, »so soll es bleiben; nun wollen wir recht vergnügt leben.« – »Das wollen wir uns bedenken«, sagte die Frau. Dann aßen sie etwas und gingen zu Bett.

So ging es wohl nun acht oder vierzehn Tage, da sagte die Frau: »Hör, Mann, das Häuschen ist auch gar zu eng, und der Hof und der Garten ist so klein: Der Butt hätt uns auch wohl ein größeres Haus schenken können. Ich möchte wohl in einem großen steinernen Schloss wohnen. Geh hin zum Butt, er soll uns ein Schloss schenken.«

Widerwillig ging der Mann zu dem Butt in der See und bekam den Wunsch seiner Frau nach einem Schloss vom Butt erfüllt. Doch kurz nach der Wunscherfüllung dürstete es sie danach, König zu sein. Es ist interessant, dass mit jedem neuen Wunsch, den der Fischer an den Butt heranträgt, die See immer dunkler, grauer und auch stinkender wird. Ist dies in Analogie dazu zu sehen, dass mit steigender Unzufriedenheit das innere Gift in der menschlichen Psyche, wobei Wasser für Emotionen steht, zunimmt? Auch diesen Wunsch nach dem König-Sein erfüllt der Butt und die Frau des Fischers hat als König nun plötzlich einen ganzen Hofstaat in ihrem Hofsaal, eine große goldene Krone und ein Zepter in der Hand aus purem Gold und Diamanten. Doch ihre Zufriedenheit währt nicht lange und so kann sie auch das neue Leben als König nicht genießen. Sie will Kaiser werden.

Diese ausufernde Gier ist auf anderer Ebene vergleichbar mit einer Krebszelle, die einst eine gesunde Zelle war und durch ihre um sich greifende Habsucht gesunde Zellen in kranke Zellen verwandelt. Und genau darum geht es in dem Krebsgeschehen. Mythologisch vergleichbar mit der zunehmenden Vergiftung der menschlichen Psyche durch die Gier zeigt sich im Märchen die See ganz schwarz und dick und beginnt so stark zu schäumen, dass sie Blasen wirft und bereits ein Wirbelwind über die See fegt. Auch der Fischer spürt diese zunehmende Giftigkeit des Meeres und wird von einem inneren Grauen ergriffen, als er dem Butt erneut den Wunsch seiner Gattin vorträgt, Kaiser zu werden. Vorher hatte er seine Frau versucht dazu zu überreden, von ihrem Wunsch, den der Fischer als unverschämt empfindet, abzulassen. Doch sie will nicht. Diesen Überredungsversuch mag man in Analogie setzen können zu der Stimme des Gewissens, wenn der eine Teil auf der Suche nach »mehr« die gesunde Grenze zwischen Wohlstand und Luxus und extremem Verlangen nach materiellen Gütern zu überschreiten droht. Nachdem die Frau Kaiser ist und von ihr huldigenden Baronen, Grafen und Herzögen umgeben ist, auf einem goldenen Thron sitzt sowie in der einen Hand das Zepter hat und dazu in der anderen Hand den Reichsapfel, da spricht sie sofort, ohne ihre neue Welt genießen zu können, den nächsten Wunsch, fast einem Befehl gleichend, aus: »Ich will Papst werden.« Hier zeigt sich das Märchen als Warnung davor, auf diesen inneren Anteil zu hören, der seine gesunden Grenzen nicht mehr kennt, und der Thron symbolisiert die Herrschaft eben genau dieses gierigen und nimmersatten Anteils auf dem inneren Thron. Parallel dazu schraubt sich die Unersättlichkeit und Ungeduld der Frau des Fischers noch mehr in die Höhe und sie will auf der Stelle Papst werden. Der Mann kann seiner Frau kein Nein entgegensetzen und so wird auch dieser weitere Höhenflug der Gattin vom Butt erfüllt. Sie wird Papst. Im Folgenden wieder ein Teil des Originaltextes des Märchens:

»Frau, nun sei zufrieden, dass du Papst bist, denn nun kannst du doch nichts mehr werden.« – »Das will ich mir bedenken«, sagte die Frau.

Damit gingen sie beide zu Bett. Aber sie war nicht zufrieden, und die Gier ließ sie nicht schlafen; sie dachte immer, was sie noch werden könnte.

Der Mann schlief recht gut und fest, er hatte am Tag viel laufen müssen; die Frau aber konnte gar nicht einschlafen und warf sich die ganze Nacht von einer Seite auf die andere und dachte immer darüber nach, was sie wohl noch werden könnte, und konnte sich doch auf nichts mehr besinnen. Indessen wollte die Sonne aufgehen, und als sie das Morgenrot sah, setzte sie sich aufrecht im Bett hin und sah da hinein. Und als sie aus dem Fenster die Sonne so heraufkommen sah: Ha, dachte sie, kann ich nicht auch die Sonne und den Mond aufgehen lassen? – »Mann«, sagte sie und stieß ihn mit dem Ellenbogen in die Rippen; »wach auf, geh hin zum Butt, ich will werden wie der liebe Gott.« Der Mann war noch ganz schlaftrunken, aber er erschrak so, dass er aus dem Bett fiel. Er meinte, er hätte sich verhört, rieb sich die Augen aus und sagte: »Ach Frau, was sagst du?« – »Mann«, sagte sie, »wenn ich nicht die Sonne und den Mond kann aufgehen lassen, das kann ich nicht aushalten, und ich habe keine ruhige Stunde mehr, dass ich sie nicht selbst kann aufgehen lassen.« Dabei sah sie ihn ganz böse an, dass ihn ein Schauder überlief. »Gleich geh hin, ich will werden wie der liebe Gott.« – »Ach Frau«, sagte der Mann und fiel vor ihr auf die Knie, »das kann der Butt nicht. Kaiser und Papst kann er machen; – geh in dich und bleibe Papst.« Da überkam sie die Bosheit, die Haare flogen ihr so wild um den Kopf und sie schrie: »Ich halte das nicht aus! Und ich halte das nicht länger aus! Willst du hingehen?!« Da zog er sich die Hose an und lief davon wie unsinnig.

Draußen aber ging der Sturm und brauste, dass er kaum auf den Füßen stehen konnte. Die Häuser und die Bäume wurden umgeweht und die Berge bebten und die Felsenstücke rollten in die See und der Himmel war ganz pechschwarz und es donnerte und blitzte und die See ging in so hohen schwarzen Wogen wie Kirchtürme und Berge und hatten oben alle eine weiße Schaumkrone auf. Da schrie er und konnte sein eigenes Wort nicht hören:

»Männlein, Männlein, Timpe Te,
Buttje, Buttje in der See,

Meine Frau, die Ilsebill,
Will nicht so, wie ich wohl will.«

»Na, was will sie denn?«, sagte der Butt. »Ach«, sagte er, »sie will werden wie der liebe Gott.« – »Geh nur hin, sie sitzt schon wieder in der Fischerhütte.«

Da sitzen sie noch bis auf den heutigen Tag.

Das Märchen hat neben einer moralischen Seite auch eine wichtige Funktion, uns an unser inneres kreatives Potenzial zu erinnern. Die Fabel bestätigt die aktuellen Forschungsergebnisse der »Reichtumsstudie« der Wirtschaftsnobelpreisträger Daniel Kahneman und Angus Deaton, dass ab einem jährlichen Nettoeinkommen von 75 000 US-Dollar der Faktor Glück nicht mehr linear zunimmt und daher nicht mehr mit Einkommen korreliert ist.

An dieser Stelle soll betont werden, dass es wichtig ist, sich seiner Träume bewusst zu sein. Die wahre Freiheit wartet auf uns im Geist. Ruediger Dahlke, Arzt, Psychotherapeut, Buchautor und Seminarleiter oder Redner, erläuterte 2009 in einem persönlichen Gespräch, dass es aus seiner Sicht pathologisch sei, wenn jemand nicht mehr träumt. Wo ist die Grenze zwischen dem Traum der Nacht und dem Traum des Tages? Warum verwenden die Aborigines, die Ureinwohner Australiens, den Begriff »Traumzeit«? Recherchieren Sie, lieber Leser, doch mal den Begriff »Traumzeit« im Internet. Sie werden zu erstaunlichen Erkenntnissen kommen.

6.1.3 Habgier aus psychologischer Perspektive

Der Psychoanalytiker und Soziologe Erich Fromm beschreibt Habgier als »Loch ohne Boden, das Menschen durch endlose Anstrengung erschöpft, das Bedürfnis zu befriedigen, ohne jemals Zufriedenheit zu erlangen«. Wird also im Sinne Fromms die Anhäufung materieller Güter dazu verwendet, das innere Loch oder die innere Leere zu stopfen, kann man nicht von einer Erfüllung sprechen, sondern eher von einem endlosen Hamsterrad, in das der Habgierige gerät. Hier reichen also für den institutionellen Anleger die 7 Prozent Gewinn nicht mehr, sondern es muss gleich eine Gewinnmarge von 100 oder gar 500 Prozent sein. Wohin diese Blasen an der Börse – man erinnere sich an den Neuen Markt – geführt haben, ist dem Leser hinlänglich bekannt.

Da unser ganzes westliches Wirtschaftssystem auf Konsum aufgebaut ist und von Konzernseite ein permanentes exponentielles Wirtschaftswachstum propagiert wird, fällt uns hierzulande Habgier manchmal gar nicht mehr auf. Aus einer einstigen Todsünde wurde eine Tugend. Spätestens seit Ivan Boesky am 18. Mai 1986 eine Verteidigungsrede auf die Habgier anlässlich der Abschlussfeier der Haas School of Business in Berkeley hielt, wurde die Habgier offiziell »rehabilitiert«. Es ist interessant, dass die Rede vonseiten des Publikums mit Applaus und Zurufen rezipiert wurde. Boesky, geboren 1937 in Detroit als Sohn eines russisch-jüdischen Emigranten, arbeitete als Buchhalter in einer Rechtsanwaltskanzlei, bis er mit 29 Jahren Arbitragehändler an der Wall Street wurde. Mit 49 Jahren wies sein Vermögen 200 Millionen Dollar auf. Besonders legendär war sein Hang zur Verschwendung, was sich daran zeigte, dass er in den teuersten Restaurants oft mehrere Hauptspeisen bestellte, immer nur einen Bissen kostete und dann das Gericht verspeiste, das ihm am besten schmeckte. Der im Fall Boesky sehr deutlich hervortretende Charakterzug Habgier brachte ihm 1986 wegen verbotener Insidergeschäfte drei Jahre Gefängnis und eine Geldstrafe von 100 Millionen Dollar ein. Da ihm noch eine letzte Transaktion vor dem Urteil gestattet wurde, verkaufte Boesky ein Aktienpaket für 440 Millionen Dollar, mit dem er sofort seine Geldstrafe begleichen konnte. Die »Gier-ist-gut-Rede« von Boesky, die vor seinem Gefängnisaufenthalt am 18. Mai 1986 stattfand, ist legendär. Hier die Worte von Boesky im Originaltext: *»Greed is all right, by the way. I want you to know that. I think greed is healthy. You can be greedy and still feel good about yourself.« (»Im Übrigen ist Habgier in Ordnung. Ich möchte, dass Sie das wissen. Ich denke, Habgier ist gesund. Sie können habgierig sein und sich trotzdem gut fühlen.«)*

Diese Rede gab möglicherweise den Anstoß zu der Figur des Gordon Gekko in dem Film *Wall Street*. Die Hauptfigur Gekko kommentiert Habgier mit folgenden Worten: »*Habgier, in Ermangelung eines besseren Wortes, ist gut. Habgier ist richtig und funktioniert. Habgier klärt, trennt und erhält die Essenz des Geistes der Evolution. Habgier in allen Erscheinungsformen, Gier auf Leben, auf Geld, auf Liebe, das Wissen darum, kennzeichnet die Aufwärtswelle der Menschheit.*« Die Hauptfigur Gekko, gespielt von Michael Douglas, behauptet ebenso: »*Der entscheidende Punkt ist doch, dass die Gier – leider gibt es dafür kein besseres Wort – gut ist. Die Gier ist richtig, die Gier funktioniert.*« An dieser Stelle eignet sich für eine vorurteilsfreie Sicht auf die Welt des Gordon Gekko eine der Grundannahmen des NLP (Neuro-Linguistisches Programmieren). Sie besagt, dass jeder in seiner Welt lebt. Es handelt sich einfach nur um eine für den Protagonisten als stimmig empfundene Aussage, der sicher über einen ganz anderen Gehirnstoffwechsel und ein komplett anderes *Mindset* als Otto Normalverbraucher verfügt. Hier sind die fließenden Übergänge zwischen Genie und (Größen-) Wahnsinn bereits deutlich abgezeichnet, doch verfügen diese risikofreudigeren und möglicherweise mehr Testosteron produzierenden Zeitgenossen über unglaublich viel Potenzial und ganz andere psychologische Hebel als andere Menschen. Dass die von Gier und Risikostreben an der Börse angefeuerten Menschen auch bisweilen sehr einsam sein können, zeigt der von Gekko getätigte Ausspruch: »*Wenn du einen Freund brauchst, kauf dir einen Hund.*« Die Worte des österreichischen Künstlers und Neudenkers Friedensreich Hundertwasser »*Wenn man vor dem Abgrund steht, dann ist der Rückschritt ein Fortschritt*« – hätten sie möglicherweise auch unseren Protagonisten Gekko zur Neubewertung inspiriert? Was die dahinterliegende Gier als sichtbar gewordene Anhäufung von wirtschaftlichen Gütern angeht, so formuliert Hundertwasser: »*Bei der Stapelung der Wohnungen nach oben geht zuerst der Mensch zugrunde und dann die Natur. Bei der Stapelung in die Breite läuft es umgekehrt.*«

Habgier: Gedankenexkurs von Mahatma Gandhi
Habgier ist Bestandteil des Kanons der sieben Todsünden. Eine besonders interessante Betrachtungsweise nimmt Gandhi ein:

- Reichtum ohne Arbeit
- Genuss ohne Gewissen
- Wissen ohne Charakter
- Geschäft ohne Moral
- Wissenschaft ohne Menschlichkeit
- Religion ohne Opferbereitschaft
- Politik ohne Prinzipien

6.1.4 *Flow*, Gier, Sucht, *Nucleus accumbens* und weitere Erkenntnisse aus der Neurofinanzwissenschaft

Versucht man, Gier linear zu erfassen und sich dem Gegenteil dieses Begriffs zu nähern, so tauchen im Geist möglicherweise die Wörter »Selbstvergessenheit«, »Eins-Sein« und »Glück« auf. Diese der Habgier entgegengesetzten Begrifflichkeiten lassen sich unter dem Oberbegriff »Flow« zusammenfassen. Ende der 70er Jahre wurde der Begriff »Flow« von dem ungarisch-amerikanischen Erforscher der Positiven Psychologie und Professor für Psychologie Mihály Csíkszentmihályi geprägt. Im *Flow* sein bedeutet, dass wir im Moment des Tuns und Seins völlig mit einer Aufgabe oder einem Gegenstand verschmelzen. Dies kann für den Musiker das Spielen eines Instruments bedeuten, für den Maler das Malen oder für ein Kind das völlige Aufgehen im Spiel. *Flow* beinhaltet eine Art »ekstatisches Erlebnis«, wie es bei Schachspielern, Chirurgen oder auch Bergsteigern auftreten kann. Während des *Flow*-Erlebnisses tritt eine Art Selbstvergessenheit auf. Dieser homöostatische »Königs-Zustand« zeichnet sich nach Csíkszentmihályi aus durch die Übereinstimmung von Fühlen, Wollen und Denken. Die aktuelle Handlung passiert mit einer Leichtigkeit und geht mühelos, wie einer inneren Logik folgend, vonstatten. Csíkszentmihályi fand dabei folgende wichtige Merkmale des inneren Zustandes *Flow*:

1. Passung von Aufgabenschwierigkeit und aktueller Fähigkeit,
2. Fokussierung und Konzentration,
3. klare und erreichbare Ziele,
4. unmittelbare Rückmeldung,
5. Kontrollgefühl,
6. veränderte Zeitwahrnehmung,
7. Auflösung des Ich.

Es wird vorausgesetzt, dass der entsprechende Anleger – sei er nun privater oder institutioneller Art – die Fähigkeit besitzt, sich im Becken der Anlagemärkte zu tummeln, dabei fokussiert und klar konzentriert auf die Vermehrung des eingesetzten Kapitals ist und damit die ersten beiden Kriterien von *Flow* rein theoretisch erfüllt. Spannend wird es jedoch an der Schnittstelle zwischen den Punkten 3 (klare und erreichbare Ziele, hier in Form von Kapitalvermehrung, Gewinn) und 4 (unmittelbare Rückmeldung). In der Tat kann es an der Börse zu ultraschnellen Kurseinbrüchen oder exorbitanten Steigerungen kommen, wenn zum Beispiel über Nacht ein institutioneller Anleger eine bestimmte Aktie in seinen Fonds aufnimmt. Es kann aber auch zu einer Stagnation kommen, die Börse ist eben volatil und gleicht in ihrer Unvorhersagbarkeit der See im Märchen, die an manchen Tagen glatt sein kann, aber auch aus unterirdischen Strömungen agiert – für den oberflächlichen Betrachter oft erst zu spät erkennbar, was wir an Begriffen wie »*Stop-Loss*« – also Anker lichten? – erahnen können.

Auf jeden Fall lässt die unmittelbare Rückmeldung, die ein wichtiger Faktor dafür ist, dass sich dieses besondere Glücksgefühl mit dem Namen »Flow« im Gehirn und den Körperzellen einstellt, an der Börse oft auf sich warten. Damit entsteht im Anlegergehirn eine Diskrepanz zwischen Punkt 3 (klare und erreichbare Ziele) und Punkt 4 (unmittelbare Rückmeldung). An dieser Stelle ist nun der Punkt 5

(Kontrollgefühl) das Entscheidende. Dies ist vergleichbar mit einer im Tierexperiment konditionierten Taube, die einmal gelernt hat, dass unmittelbar nach dem Picken auf den roten Schalter ein Leckerbissen für sie zur Verfügung steht. Das Dilemma für die konditionierte Taube ist nun, dass sich in den nächsten zehn Durchgängen die Schranke zu dem Leckerbissen nicht öffnet. Die Taube pickt nun im Tierexperiment immer gieriger auf den roten Knopf. Ursächlich verantwortlich ist hier der Neurotransmitter Dopamin, der in unserem Gehirn für den Belohnungseffekt zuständig ist. Er gibt uns das Gefühl von Befriedigung und wird nach einer entsprechenden Anstrengung zusammen mit den Aktivierungshormonen Adrenalin und Noradrenalin von unserem endokrinen System im hauseigenen Labor des Körpers produziert und ausgeschüttet.

Da bereits bei der Vorstellung eines Geldsegens die gleichen Hirnareale stimuliert werden, ist es nicht verwunderlich, dass viele Anleger diesen Nervenkitzel in Form eines neuronalen Feuerwerks immer wieder erleben möchten. Interessanterweise löste in einem Experiment der Stanford University das bereits vorhandene Eigentum kein derartiges »Gehirnfeuerwerk« aus, wohl aber die Aussicht auf einen möglichen Geldsegen. Brian Knutson, Professor für Neurologie und Psychologie an der kalifornischen Stanford University, stellte 2004 fest, dass unser Gehirn nach Geld giert, genauso wie nach Sex: Knutson fand heraus, dass bei einem Orgasmus, einem Stimmungshoch durch Kokain oder dem Adrenalinstoß, eine Aktie günstig zu kaufen, jeweils die gleichen neuronalen Netzströme aktiv sind.

Hirnforscher haben noch andere bizarre Wechselwirkungen zwischen Geld und Mensch entdeckt. So bringen zum Beispiel Rabatte Hirnareale in Wallung, die auch auf Kokain stark reagieren. Gratisangebote können gar rauschartige Zustände auslösen, schreibt Dirk Elsner in seinem gleichzeitig provokanten wie empirisch belegten Artikel »Für unser Hirn gilt: Geld = Sex = Drogen = Gier«. Neurowissenschaftler und Psychologen sehen einen klaren Zusammenhang damit, dass Anleger selbst in Krisenzeiten auch trotz der Volatilität an den

Finanzmärkten immer wieder ihr Geld riskieren. Diese Ausführungen erklären auch, warum »Glücksspiel« süchtig machen kann. Dahinter steckt einfach die tiefe innere Sehnsucht nach Glück. Und in dem Wort Sehnsucht steckt bereits die Eigenschaft, die verheerende Folgen wie im Märchen haben kann: die Sucht. Wer diesen Weg verSUCHT hat und danach auf neuen Wegen und Brücken zu gehen vermag, ist hinterher mit Reife und Weisheit gesegnet.

6.1.5 Was sagen Fachleute aus der Wissenschaft, der Wirtschaft und der Finanzwelt zur Gier?

Professor Dr. Sepp Porta ist Stressforscher und Endokrinologe in Österreich. Wir stellten ihm die folgenden Fragen:

- *Was führt aus Ihrer Sicht als Stressforscher und Endokrinologe Anleger dazu, gierig zu werden?*
- *Gibt es aus Ihrer Sicht eine »gesunde Gier« bei Anlegern (ähnlich wie es einen gesunden Egoismus gibt)?*
- *Wo liegt Ihrer Ansicht nach die Grenze zwischen einer gesunden und einer zerstörerischen Gier?*

Seine Antworten: Das Verlangen nach Geld ist gesund und landläufig. Es drückt sich darin das Verlangen nach Anerkennung aus, das in uns allen steckt, nach dem Motto: Wer Geld hat, ist angesehen. Man versucht also, sich Ansehen zu kaufen. So weit, so gut. Wenn dann aber das Verlangen nach Geld in Gier danach ausartet, ist es nicht mehr sicher, nach was man giert – nach dem Geld selbst oder nach dem Ansehen? Ich betrachte Gier als die nächsthöhere Stufe des Verlangens. Gier muss man sättigen, Verlangen kann man noch besser im Zaum halten als die immer herrischere Gier.

Alleine die Steigerungsmöglichkeit Verlangen – Gier – Sucht lässt einen Lerneffekt vermuten, der bis in die Hirnzellen hineingeht. Ein langsameres oder schnelleres Aufschaukeln des Belohnungsverlangens in gewissen Hirnzentren ist typisch für Suchtentwicklungen durch Störungen im Haushalt des Neurohormons Dopamin.

Dahinein spielen auch sogenannte bedingte Reflexe, deren bekanntester der Pawlowsche Reflex ist: Immer wenn ein Glockenzeichen ertönte, bekamen Hunde zu fressen. Nach einer Zeit sabberten sie schon bei dem Glockenzeichen ohne gleichzeitiges Nahrungsangebot.

Ähnlich bei süchtigen Anlegern. Allein eine hochgelobte Anlagemöglichkeit bringt sie schon zum Sabbern, sprich zum Investieren. Dabei ist in vielen Fällen von kleinen Anlegern eigentlich nicht der tatsächliche Mehrwert des Gewinns ausschlaggebend, sondern einfach das wohlige Gefühl des Einstreichens. So gesehen wirkt der Pawlowsche Reflex hier wie ein *Feed-forward*-System, mit hoffentlich zunehmend geringerem Effekt.

Wie oft kommen *post mortem* Angehörige darauf, dass da eigentlich hohe Summen aus Anlagegewinnen lagern, die nicht wiederum gewinnbringend verwendet worden waren! Das Gefühl der finanziellen Überlegenheit des Schatzbesitzers reicht offenbar nicht selten. Nach dem Motto: »Ihr werds schon sehen, was I alles hab, wenn I amal nimmer bin!«

Wesentlich ausgeprägter ist diese Verhaltensweise bei Sparbuchbesitzern, die trotz Nullzinsen oder gar Negativzinsen ihr Gespartes brav zur Bank tragen. Unterm Kopfpolster brächte es genauso viel oder mehr, aber der geheimnisvolle Sog der Bank ist unwiderstehlich.

Natürlich ist diese Entwicklungskette nicht unaufhaltsam, ein Ausstieg ist immer möglich, allerdings umso schwerer, je entwickelter das System bereits ist.

Es ist immer komplizierter, den Beteiligten beizubringen, dass Geldanhäufung nicht unbedingt immer gleich Machtzuwachs oder Ansehenszuwachs ist. Meine »preußische« Steuerberaterin erklärt mir grinsend, dass nicht selten Mandanten Beratungskosten von 100 Euro in Kauf nehmen, um einen Gewinn von 90 Euro lukrieren zu können. Ein herrlicher Suchtbeweis.

Man könnte in dieser Weise wohl satirischen Bemerkungen oder stillem Hohn ausgesetzt sein, wenn man zu einseitig auf die Gleichung: Geld = Macht = Ansehen setzt.

Das Gefühl, genau wie Dagobert Duck auf einem Haufen Geld zu sitzen, von dem eventuell kaum jemand weiß, und so vermeintlich gegen alle Fährnisse, Sorgen und Krankheiten abgesichert zu sein, ist so machtvoll wie trügerisch.

Norman Finster war von 2016 bis 2017 Vorsitzender der IIA Luxembourg (Institute of Internal Auditors). Er hat uns die folgenden Antworten gegeben:

Was führt aus Ihrer Sicht Anleger (private / institutionelle) dazu, gierig zu werden?
Private Anleger haben oft keine klaren Ziele, was ihre Geldanlage betrifft. In Zeiten von steigenden Aktienmärkten haben sie oft Angst, nicht in ausreichendem Maße zu profitieren, oder wünschen sich ein ewiges »Weiter so« statt sich klare und aus ökonomischer Sicht realistische Renditeziele zu setzen.

Institutionelle Anleger sind sowohl von den Renditeerwartungen ihrer Anleger abhängig als auch von den Renditen, die ihre Konkurrenten erwirtschaften. Geldflut, verschärfter Wettbewerb und Konzentrationsbewegungen bei Vermögensverwaltern und Fondsgesellschaften führen dazu, dass sich institutionelle Anleger immer mehr Druck ausgesetzt sehen.

Gibt es aus Ihrer Sicht eine »gesunde Gier« (ähnlich wie es einen gesunden Egoismus gibt)?
Jeder Mensch hat Träume, steckt sich Ziele und möchte diese auch verwirklichen. Das ist Teil unseres Antriebs, der bei einigen mehr, bei anderen weniger ausgeprägt ist. Die Grenze zur Gier ist hier nicht wissenschaftlich trennscharf zu beantworten: Was für den einen gierig ist, kann für den anderen Teil eines gesunden Ehrgeizes sein.

Wo liegt Ihrer Ansicht nach die Grenze zwischen einer gesunden und einer zerstörerischen Gier?

Problematisch wird Gier oder übertriebener Ehrgeiz immer dann, wenn der Blick für die Realität getrübt ist und das rationale Denken dem Wunschdenken weicht. Wenn heute jemand 5 Prozent Rendite ohne Risiko verspricht, dann sprechen alle Fakten dagegen. Trotzdem fallen Anleger immer wieder auf solche Versprechen herein, weil sie die Realität nicht kennen oder nicht anerkennen wollen.

Jürgen Jogwick, Experte für Maschinenbau, technisch-wissenschaftliche Beratung und Simulation, NLP-Therapeut, Visionär und Querdenker, bringt es auf den Punkt:

»Ein Anleger, bei dem die innere Motivation auf Gier basiert, gleicht einer Maschine, bei der das Druckausgleichsventil / Kühlaggregat fehlt oder nicht eingeschaltet ist.

Unsere Gesellschaft braucht neue Konzepte, wo das Pendel zwischen Geben und Nehmen wieder im Gleichklang schwingt.«

Die Quellen zum Beitrag von Bettina Böhm finden Sie am Ende des Buches.

7.0

Vom Umgang mit Informationen

Als das Fernsehen gleichsam in den Kinderschuhen steckte und sich noch niemand vorstellen konnte, dass in überschaubarer Zukunft beinahe alle Informationen weltweit per Mausklick abrufbar sein würden, hatten die führenden Tageszeitungen rund um die Welt besonders treue Leser: Es waren die Analysten der Geheimdienste, die sehr genau wussten, dass wichtige Informationen eigentlich gar nicht so geheim waren – man musste nur sorgfältig und täglich die Arbeit der Journalisten analysieren und aus den veröffentlichten Beiträgen die richtigen Schlüsse ziehen.

Auch die Bürger informierten sich größtenteils aus ihrer Tageszeitung und den Rundfunknachrichten, später kamen dann die TV-Nachrichten hinzu – in den ersten Jahren noch im Schwarz-Weiß-Format. Für den Erfolg von Unternehmern und Anlegern war es wichtig, rechtzeitig über seriöse und möglichst umfassende Informationen zu verfügen. Die Herausforderung bestand mithin in der Informationsbeschaffung.

Heute besteht die Herausforderung darin, in der Informationsüberflutung nicht zu ertrinken und die Spreu vom Weizen zu trennen. Es geht darum, aus den verfügbaren Informationen, die uns über verschiedenste Kanäle erreichen, die für uns relevanten Informationen herauszufiltern. Und das ist keine leichte Aufgabe, denn es herrscht

»Information *Overload*«. Neben TV- und Radionachrichten, Zeitungen, Magazinen, Fachzeitschriften, Büchern (gedruckt und digital) und Newslettern erreichen uns Unmengen an Informationen über die digitalen Medien. Im Jahr 2019 wurden in jeder Minute auf YouTube 400 Stunden Videomaterial hochgeladen. Und auf Twitter werden pro Sekunde etwa 6000 Tweets versendet. Ein ganzes Menschenleben reicht nicht aus, um all diese Informationen zu verarbeiten.

Sie als Sparer und Anleger erhalten zusätzlich noch Informationen von Ihrer Bank, lesen Analystenkommentare in der Wirtschaftspresse, verfolgen täglich die Börsennachrichten im Fernsehen. Aber führt ein Mehr an Informationen auch zu einem Mehr an Wissen? Zweifel scheinen angebracht, denn erstens können wir einen Großteil der Informationen, die wir erhalten, gar nicht verarbeiten, und zweitens erreichen uns vielfach auch widersprüchliche Meinungen. Da empfiehlt ein Analyst der X-Bank eine Aktie, während der Kollege von der Y-Bank eher skeptisch ist. Und selbst die Kommunikation *face-to-face*, wenn Sie also einem Gesprächspartner gegenübersitzen, birgt Risiken. Bedenken Sie:

- 100 Prozent ist das, was Sie sich vornehmen, Ihrem Gegenüber mitzuteilen.
- 80 Prozent ist das, was Sie dann tatsächlich umsetzen.
- 70 Prozent ist das, was der Zuhörer akustisch wahrnimmt.
- 50 Prozent ist das, was er von dem Gehörten auch versteht.
- 30 Prozent ist das, was er glaubt oder akzeptiert.
- 20 Prozent ist das, was im Kopf des Zuhörers haften bleibt.[70]

7.1 Der tägliche Alarmismus

Einer der Autoren des vorliegenden Buches verbrachte die ersten zehn Jahre seiner beruflichen Tätigkeit bei einer größeren Tageszeitung – von Anfang der 1980er bis Anfang der 1990er Jahre, also noch lange vor dem Siegeszug des Internets. Immer montags um zwölf Uhr trafen sich die Ressortleiter der Redaktionen bei Kaffee, Cola und Keksen beim Chefredakteur zur Wochenplanung. Nach einer Stunde war die Luft zum Schneiden, denn damals wurde noch geraucht, und die meisten Redakteurinnen und Redakteure zündeten sich einen Glimmstängel nach dem anderen an. Die Damen und Herren planten die neue Woche, besprachen Themen, Reportagen und Interviews. Und dann – kurz vor Ende der Redaktionskonferenz – kam immer der Hinweis des Chefredakteurs, verbunden mit einem fragenden Blick in die Runde: »So, und nun brauchen wir nur noch den Aufreger der Woche.« Überflüssig, zu sagen, dass auch der schnell gefunden wurde, meist in Form irgendeines Schadstoffs. Regelmäßig fand sich zudem ein Professor, der für ein bisschen Publicity gern ein Interview gab und uns erzählte, wie furchtbar dieser oder jener Schadstoff sei. Meistens redete schon nach vier Wochen niemand mehr darüber. Dann wurde sprichwörtlich eine andere »Sau« durchs Dorf gejagt.

Was sagt uns diese kurze Reminiszenz? Sie sagt uns, dass Alarmismus zum Geschäftsmodell der Medien gehört, und zwar umso mehr, je stärker der Wettbewerb in dieser Branche wird. Es gilt, die Aufmerksamkeit der Leser, Zuhörer oder Zuschauer zu erhaschen, um in der Flut von Informationen nicht unterzugehen. Den Spielregeln des Alarmismus folgen natürlich auch die eingangs in diesem Buch beschriebenen Crash-Propheten. Angst erzeugt Aufmerksamkeit, ein sicheres Gefühl hingegen eher Apathie (»Was soll mir schon passieren?«).

Um Nachrichten richtig einzuordnen, sollten Sie immer auch daran denken, dass viele Medien ideologisch unterschiedlich konditioniert sind, manche Vorgänge vor dem Hintergrund ihres Weltbildes also auf verschiedene Weise interpretieren. Zudem vertrauen Medien oft allzu schnell irgendwelchen Untersuchungen oder Studien und geben die darin geäußerten Erkenntnisse und Schlussfolgerungen an ihre Leser oder Zuschauer weiter. Dabei stehen hinter vielen dieser Studien ebenfalls Akteure mit politischen Interessen. Manche Untersuchungen sind sogar von vornherein so angelegt, dass auf jeden Fall ein wie auch immer gearteter Notstand (oder Crash) herauskommt.

Viele Anleger verfolgen Tag für Tag die aktuellen Wirtschaftsmeldungen und Börsennachrichten im Fernsehen und im Internet. Werden sie dadurch schlauer? Nicht unbedingt, in manchen Fällen sogar irritierter. Da kann es nämlich durchaus passieren, dass sie völlig unterschiedliche Einschätzungen zu bestimmten Aktien oder auch zum Gesamtmarkt bekommen. Da äußert sich zum Beispiel ein Analyst einer großen Bank – und gibt sich sehr zuversichtlich hinsichtlich der weiteren Entwicklung an der Börse. Er wird sich hüten, potenzielle Kunden mit Kassandrarufen abzuschrecken, schließlich möchte sein Arbeit- und Brötchengeber ja am Wertpapiergeschäft verdienen. An anderer Stelle meldet sich ein Finanzjournalist zu Wort, der für seine kritischen Worte zur Börse bekannt ist und gerade deshalb über einen recht breiten Leserkreis verfügt. Soll er diese »Fans« nun vor den Kopf stoßen, indem er vom »Bären« zum »Bullen« mutiert und die Zukunft der Finanzmärkte in bunten Farben beschreibt? Das wird er nicht tun, denn er weiß, was seine Fangemeinde hören und lesen möchte.

Wie sollten Sie als Anleger also mit Wirtschaftsnachrichten und Finanzinformationen am besten umgehen? Einfach nicht hinhören, den Wirtschaftsteil in der Tagespresse überblättern und im Internet nach anderen interessanten Seiten suchen? Das wäre nicht nur falsch, sondern auch in höchstem Maße gefährlich. Denn natürlich müssen Sie als Anleger gut informiert sein. Sie müssen zum Beispiel nicht nur wissen, wie das Unternehmen dasteht, dessen Aktien Sie in Ihrem Depot haben. Auch die politische und geopolitische Entwicklung sollten Sie im Auge behalten. Und vergessen Sie nicht, sich über den gesellschaftlichen Wandel und Zukunftstrends zu informieren. Nehmen wir die einzelnen Themenfelder kurz unter die Lupe.

Politische Aspekte: Es stimmt ja – politische Veränderungen pflegen Börsianer mit einer gewissen Gelassenheit hinzunehmen. Immerhin hat sich die alte Erkenntnis, wonach politische Börsen »kurze Beine« haben, bisher in vielen Fällen bewahrheitet. Mit anderen Worten: Die Kapitalmärkte reagieren nur kurzfristig auf politische Ereignisse und kehren dann wieder sehr schnell zur Tagesordnung zurück. Dies betrifft in erster Linie parteipolitische Veränderungen. Die Börse bevorzugt keine Ideologie, sondern folgt zum einen den pragmatischen Gesetzen von Angebot und Nachfrage und spiegelt zum anderen die bereits ausführlich behandelten Verhaltensweisen wider, als da wären Euphorie, Gier und Panik. Ob ein Land nun eher links oder eher konservativ regiert wird, spielt in einer globalisierten Welt keine Rolle mehr. An der Börse zählen ausschließlich Fakten – und deshalb erweist sie sich gleichsam als überparteiliche Schiedsrichterin. Eine Regierung, die mit mutigen Reformschritten auf aktuelle Herausforderungen reagiert und sich in herausfordernden Krisen bewährt (jüngstes Beispiel: die Coronapandemie), genießt auch an den Finanzmärkten und bei den internationalen Investoren mehr Ansehen als eine instabile Regierung, die von einer Krise in die nächste stolpert. Verfolgen Sie also regelmäßig die politische Entwicklung in Europa, den USA und Asien, vor allem in China.

Achten Sie dabei auch auf die Entwicklung der Staatsverschuldung, die zuletzt infolge der Coronapandemie in vielen Ländern drastisch gestiegen ist. Doch nicht erst seit das Sars-CoV-2-Virus Anfang des Jahres 2020 auftrat, geben führende Politiker gerade auch in Europa (denken Sie nur an Griechenland, Italien, aber auch an Frankreich) Geld aus, als gäbe es kein Morgen. »Die Politik hat sich in den vergangenen Jahrzehnten die Loyalität der Wähler durch immer neue sozialpolitische Wohltaten erkauft«, schreibt Rainer Zitelmann, promovierter Historiker und Soziologe, früher Tageszeitungsredakteur, heute Unternehmer. Und weiter: »Nach dem Zweiten Weltkrieg hat sich, zunächst in Europa, ein ausufernder Wohlfahrtsstaat entwickelt, in dem rund die Hälfte des Sozialprodukts umverteilt wird – teils durch Steuern und Abgaben, teils durch Schulden finanziert.«[71] Man kann also gewiss nicht behaupten, dass die Politiker besonders knauserig wären, wenn es um die Verteilung von Sozial-Milliarden geht. Läuft die Wirtschaft gut, dann wird auf die Sozialausgaben gern noch etwas draufgesattelt, schließlich sichert so etwas Wählerstimmen. Bisweilen dient es auch schlicht dem politischen Überleben, wie zum Beispiel in Frankreich

Ende 2018, wo Präsident Macron durch die anhaltenden Proteste der sogenannten »Gelbwesten« erheblich in Bedrängnis geraten war. Auch solche Themen sind daher für Anleger relevant.

Geopolitische Aspekte: Unter »Geopolitik« versteht man die Wechselwirkungen von geografischen und politischen Gegebenheiten. Wenn in einem fernen Land ein Bürgerkrieg ausbricht, dann ist das, wie immer, wenn es zu Gewaltexzessen kommt, zwar schrecklich. Auf Ihr Depot wirkt sich eine solche Entwicklung allerdings in der Regel nicht aus. Unterstellen wir nun aber, das betreffende Land sei rohstoffreich und liege im Clinch mit einem Nachbarstaat. Zusätzlich sind noch Großmächte wie China oder die USA involviert, die jeweils eine der Konfliktparteien unterstützen, um an die Rohstoffe zu kommen. In einem solchen Szenario sieht es plötzlich ganz anders aus. Im schlimmsten Fall droht ein Flächenbrand – und auf solche geopolitischen Risiken reagieren die Finanzmärkte sehr wohl. Sicher kennen Sie die Börsenweisheit von Carl Mayer von Rothschild, wonach man kaufen soll, »wenn die Kanonen donnern«, und verkaufen, »wenn die Violinen spielen«. Er beschreibt damit sehr bildhaft das *contrarian investing*, also das antizyklische Investieren. Wer allerdings kauft, »wenn die Kanonen donnern«, sollte sich darüber im Klaren sein, dass ein solches Geschäft in einer so sensiblen Phase immer spekulativ ist. Wer jemals eine Immobilie gekauft hat, kennt den Spruch von den drei wichtigsten Kriterien einer nachhaltig erfolgreichen Investition: erstens die Lage, zweitens die Lage, drittens die Lage. Die drei entscheidenden geopolitischen Voraussetzungen für ein günstiges Börsenumfeld lauten ganz ähnlich: erstens Stabilität, zweitens Stabilität, drittens Stabilität.

Gesellschaftlicher Wandel: Der Begriff »Nachhaltigkeit« wird heute fast schon inflationär verwendet. In der öffentlichen Wahrnehmung spielte er erstmals im Zusammenhang mit der Weltausstellung Expo 2000 in Hannover eine Rolle. Damals war die Nachhaltigkeit das große Thema schlechthin. Der Begriff stammt eigentlich aus der Forstwirtschaft und besagt schlicht, dass man nicht mehr Bäume fällen darf als anschließend wieder nachwachsen. Heute legen die Menschen in den meisten Ländern der Welt großen Wert auf nachhaltiges Leben und eine nachhaltige Produktion. Unternehmen, die diesen Trend verschlafen haben, dürften bald vor Problemen stehen. Das Bekenntnis zu nachhaltiger Produktion und nachhaltigem Konsum steht beispielhaft für den gesellschaftlichen Wandel in den vergangenen Jahren. Auch darauf muss ein erfolgreicher Anleger frühzeitig reagieren. Dafür braucht er feine »Antennen«, um solche Entwicklungen wahrzunehmen. Fundierte und seriöse Informationen helfen dabei.

Trends: Niemand hat eine Glaskugel, niemand weiß, was in zehn Jahren sein wird. Auch manche Trendforscher liegen oft daneben. Trotzdem sollten Sie versuchen, aus der Fülle von Informationen Hinweise darauf herauszufiltern, welche Themen in den kommenden Jahren von zunehmender Relevanz sein dürften. Wir nennen an dieser Stelle nur beispielhaft die folgenden wahrscheinlichen Megatrends:

- weiter stark zunehmende Digitalisierung, verbunden mit einer Änderung des Kundenverhaltens aufgrund der global ansteigenden Nutzung von mobilen Endgeräten (E-Commerce wird M-Commerce);
- der asiatische Wirtschaftsraum und insbesondere China werden künftig eine noch wichtigere Rolle in der Weltwirtschaft spielen;
- der Trend in die Städte (Urbanisierung) nimmt weiter zu;
- Ressourcenmangel macht sich zunehmend bemerkbar und wird zu neuen geopolitischen Konflikten führen.

So weit ein paar wahrscheinliche Megatrends bis zum Jahr 2030, die im Wesentlichen auf einer Prognose der Beratungsgesellschaft Ernst & Young beruhen.[72]

Kurzum, das Umfeld, in dem Sie Ihre Anlageentscheidungen treffen, dürfte in den nächsten Jahren einem weitreichenden Wandel unterworfen sein. Da ist es gut, wenn Sie sich nicht allein auf die Empfehlungen Ihres Bankberaters verlassen, sondern selbst ausreichend informiert sind. Gleichwohl möchten wir Ihnen ein paar Empfehlungen für den Umgang mit Informationen mit auf den Weg geben.

7.2 Tipps für den Umgang mit (Finanz-) Informationen

1. Alarmismus ist bei den meisten Medien sozusagen systemimmanent. Sie müssen Aufmerksamkeit erregen, und das gelingt in der Regel durch Zuspitzung. Denken Sie an das alte Sprichwort »Nichts wird so heiß gegessen, wie es gekocht wird« und lassen Sie sich nicht verunsichern.

2. Wenn Sie häufiger im Internet unterwegs sind, ist Ihnen bestimmt schon aufgefallen, dass Sie auf einer Seite diese, auf der anderen Seite jene Meinung finden. Nicht selten stehen sich beide Aussagen diametral gegenüber. Wer recht hat, kann man schwerlich beurteilen. Vielleicht liegen auch beide daneben. Versuchen Sie, festzustellen, wer hinter diesen Seiten steht (ein Blick ins Impressum oder eine Google-Recherche hilft da mitunter schon weiter). In manchen Fällen handelt es sich schlichtweg um interessengetriebene Propaganda.

3. Auch die Kommentare von Analysten und Chefökonomen sind mit Vorsicht zu genießen. Schließlich sind diese Autoren in der Regel Angestellte einer Bank oder eines anderen Finanzinstituts und müssen daher natürlich die sogenannte »Hausmeinung« vertreten, also genau das, was ihre Arbeit- und Brötchengeber wünschen.

4. Werden Sie kein Info-Junkie. Wenn draußen die Welt wieder mal verrückt spielt und sich die Medien einander mit Hiobsbot-

schaften zu überbieten suchen, lassen Sie den Sturm einfach vorüberziehen. Nichts wäre fataler, als in Panik zu verfallen. Weder in Panik noch in ungezügelter Euphorie trifft man wirklich gute Anlageentscheidungen. *Stay cool*!

5. Statt sich in schwierigen Börsenphasen durch ständige Hiobsbotschaften in eine Depression reißen zu lassen, überlegen Sie sich, weshalb Sie diese oder jene Aktie, diesen oder jenen Fonds seinerzeit gekauft haben. Gelten Ihre Entscheidungskriterien nach wie vor? Sind Sie der Überzeugung, dass die betreffenden Aktien oder Fonds unabhängig von der aktuellen Korrektur nach wie vor Potenzial haben? Würden Sie die Aktien oder Fonds noch einmal kaufen? Falls Sie diese Fragen mit »Ja« beantworten, dann lassen Sie sich von den negativen Nachrichten nicht aus der Ruhe bringen. Im Gegenteil, denken Sie darüber nach, antizyklisch zu investieren und verbilligte Kurse zum Nachkaufen zu nutzen.

Mitunter sind es auch ganz andere Quellen, aus denen Anleger ihre Informationen beziehen. Sie spitzen die Ohren, wenn Ihnen angeblich gute Freunde oder Kollegen vermeintlich »heiße Tipps« verraten. Gerade wenn die Börse haussiert und die Aktienindizes von einem Allzeithoch zum nächsten emporschießen, bekommt man fast schon an jeder Straßenecke irgendwelche Tipps. Ob beim Friseur, beim Zahnarzt, im Taxi oder eben von guten Freunden beim Feierabendbier. In guten Zeiten scheint die Börse bisweilen einen Unterhaltungswert zu haben wie Fußball. Und zu beiden Themen haben die meisten etwas zu sagen. Stellen Sie sich immer die Frage, weshalb Ihnen Ihr Freund oder Kollege diesen oder jenen »heißen Tipp« gibt. Wäre es nicht viel logischer, er würde schweigen und selbst die betreffende Aktie kaufen, um einen schönen Gewinn einzustreichen? Denken Sie immer daran: Sie allein treffen am Ende Ihre Anlageentscheidung. Sie allein müssen mit den Folgen leben. Von den angeblichen »Tippgebern« haben Sie nichts zu erwarten – es sei denn Schadenfreude.

Resümee

Als Anleger sollten Sie informiert sein, nicht zuletzt, um sich nicht manipulieren zu lassen. Aber setzen Sie sich nicht ständig einer Informations-Überflutung aus, die Sie letztlich nur irritiert und verunsichert. Lassen Sie sich weder in Panik noch in Euphorie stürzen, nur weil in irgendeinem Medium ein »Supercrash« oder – umgekehrt – ein Dax-Stand von 30 000 Zählern in zwölf Monaten halluziniert wird. Bedenken Sie immer auch, welche Interessen hinter der Lancierung von bestimmten Nachrichten stehen. Fragen Sie sich, welche Gründe seinerzeit ausschlaggebend für Sie waren, eine bestimmte Aktie oder einen Aktienfonds zu kaufen. Sind Sie von Ihrem Investment nach wie vor überzeugt, bleiben Sie ihm treu und lassen Sie sich nicht von alarmistischen Nachrichten ins Bockshorn jagen.

7.3 Wissen, wohin: Definieren Sie Ihre Ziele

In den vorangegangenen Kapiteln haben wir uns ausführlich mit dem Thema Crash, dessen Protagonisten, der Motivation durch Angst und Gier sowie mit weiteren psychologischen Aspekten der Geldanlage beschäftigt. Im zweiten Teil des vorliegenden Buches wollen wir uns gemeinsam echte Handlungsalternativen und Strategien anschauen, damit Sie in Zukunft auf alles vorbereitet sind.

Stellen Sie sich vor, Sie sitzen in Ihrem Wagen und bedienen das Navi. Plötzlich wissen Sie aber nicht mehr, wohin Sie eigentlich fahren möchten. Nach A vielleicht oder nach B? Vielleicht doch lieber nach C? Und in D waren Sie auch schon lange nicht mehr. Weil Sie sich nicht entscheiden können, starten Sie den Motor und fahren einfach drauflos. Keine Frage, wenn Sie keine Termine oder anderweitigen Verpflichtungen haben, kann eine solche Spritztour ins Blaue durchaus ihren Reiz haben. Wenn es freilich um Ihr Geld und Ihre finanzielle Absicherung geht, sollten Sie niemals ins Blaue planen, sondern Ihre

Ziele genau definieren. Denn nur so bekommen Sie Antworten auf die folgenden entscheidenden Fragen:

1. Wie hoch ist der Kapitalbedarf, um Ihr Ziel/Ihre Ziele zu erreichen?
2. Wie wichtig ist für Sie die Liquidität des angelegten Geldes?
3. Welcher Zeithorizont steht Ihnen zur Verfügung, um die angestrebten Ziele zu erreichen?
4. Wie viel Risiko können Sie sich bei Ihrer Geldanlage leisten?

Hier nun die häufigsten Anlageziele – vielleicht erkennen Sie Ihre ganz individuellen Prioritäten darin wieder.

7.3.1 Finanzierung von Anschaffungen

Sie möchten sich eine neue Küche leisten, Ihr Auto nähert sich ganz allmählich dem Status eines Youngtimers, oder aber Sie möchten sich zusammen mit Ihrem Partner/Ihrer Partnerin eine Traumreise gönnen? Oder Sie wollten sich schon immer mal eine Rolex am Handgelenk tragen? Von vermögenden Zeitgenossen einmal abgesehen, finanziert man die Erfüllung solcher Wünsche natürlich nicht aus der sprichwörtlichen Portokasse. Sie haben zwei Möglichkeiten: Entweder Sie ziehen den Konsum vor und finanzieren ihn mit einem Kredit. Oder Sie sparen diszipliniert, bis Sie sich Ihren Wunsch erfüllen können. Die ING-DiBa hat in einer repräsentativen Umfrage herausgefunden, dass die Mehrheit der Deutschen keine Schulden mag. Das sieht man in Nachbarländern übrigens durchaus anders, wie die Ergebnisse dieser im Juli 2020 veröffentlichten Untersuchung belegen. Die Aussage »Schulden sind ein normaler Teil des Lebens« halten über 50 Prozent der befragten Deutschen für absolut oder größtenteils falsch. Eigentlich eine sehr solide Einstellung, denn in der Tat gilt: Die besten Schulden sind die, die man getilgt hat. Zumal Sie den Zinsaufwand für Ihre privaten Schulden nicht steuerlich geltend machen können.

Bei der Finanzierung von Anschaffungen handelt es sich um ein kurzfristiges Ziel, das Sie in einem Jahr, höchstens in zwei Jahren erreichen möchten. Sie können sich mit einem so kurzen Zeithorizont keine Risiken leisten, denn sonst laufen Sie Gefahr, Ihr Ziel zu verfehlen. Sie handeln also als Sparer, der Monat für Monat Geld zurücklegt. Dabei wird es auch bleiben, denn angesichts extrem niedriger Zinsen und einem kurzen Zeithorizont dürfte es Ihnen kaum gelingen, eine nennenswerte Rendite zu realisieren.

7.3.2 Vermögensaufbau

»Beim Denken ans Vermögen leidet oft das Denkvermögen«, brachte es einst der österreichische Schauspieler und Kabarettist Karl Farkas (1893–1971) humorvoll auf den Punkt. Doch zugegeben, jeder hat eine ganz andere Vorstellung davon, ab welchem Betrag für ihn ein Vermögen beginnt. Manche sind froh, über einen finanziellen »Airbag« von 10 000 oder 15 000 Euro zu verfügen. Für andere beginnt ein Vermögen erst bei einer sechs- oder siebenstelligen Summe. Manche fangen klein an und müssen Jahrzehnte sparen, um ihr Vermögensziel zu erreichen, andere erben einen stattlichen Sockelbetrag, auf dem sie weiter aufbauen können. Wie auch immer, jedenfalls erfordert der Vermögensaufbau einen langen Atem. Der Anlagehorizont ist langfristig (also mindestens zehn Jahre) und braucht etwas mehr Risikobereitschaft. Allein mit Sparprodukten lässt sich kein Vermögen aufbauen. Das gelingt nur mit ausgewählten Aktien, Aktienfonds oder ETFs.

7.3.3 Altersversorgung

Wenn man Menschen nach der Motivation für ihre Geldanlage fragt, hört man am häufigsten den Wunsch, eine zusätzliche private Altersversorgung aufzubauen. Schließlich möchte man die Jahre nach dem Ende des aktiven Erwerbslebens genießen und nicht kleinere Brötchen backen müssen, weil die gesetzliche Rente vorn und hinten nicht ausreicht. Eine hinlängliche private Altersversorgung erreichen Sie in der Regel nur mit einem langfristigen Anlagehorizont (ab 15 Jahre aufwärts) und indem Sie auf Wertpapiere setzen. Je näher der Tag Ihres Ruhestands rückt, desto geringer sollte jedoch der Aktien-/Aktienfondsanteil in Ihrem Depot ausfallen; dann gilt es, die Risiken zu minimieren.

7.3.4 Studium Ihrer Kinder oder Enkel

An seinen Kindern erkennt man, wie schnell die Zeit vergeht, heißt es oft. Sie erinnern sich noch, als sei es gestern gewesen: Ihre Tochter oder Ihr Sohn wurde eingeschult und präsentierte stolz seine Schultüte. Und nun? Jetzt büffelt sie oder er schon fürs Abitur und ist volljährig. Fast vier von fünf Abiturienten studieren, größtenteils an Universitäten, ein kleinerer Teil an Fachhochschulen. Natürlich möchten Sie Ihren Kindern eine bestmögliche Ausbildung garantieren. Die Ausbildungszeit belastet die Familienkasse erheblich. Also sollte man rechtzeitig anfangen, Rücklagen zu bilden. Nach Berechnungen des Deutschen Studentenwerks aus dem Jahr 2016 summieren sich die Kosten für ein Studium auf mindestens 36 000 Euro pro Kind, teilweise auch deutlich darüber. Denn natürlich sind die Mieten in Millionenstädten höher als in Universitätsstädten von mittlerer Größe.

Die erwähnte Summe zeigt, dass dieses Anlageziel durchaus einen mittel- bis langfristigen Anlagehorizont erfordert. Spätestens fünf Jahre vor dem Abitur sollten die Eltern damit beginnen, Rücklagen zu bilden.

7.3.5 Tilgung eines Immobiliendarlehens

Wie an anderer Stelle schon erwähnt, sind die besten Schulden jene, die getilgt sind. Das gilt auch für Immobiliendarlehen, wenn Sie das Objekt selbst bewohnen. Dann nämlich können Sie die für Ihr Darlehen gezahlten Zinsen steuerlich nicht geltend machen. Anders sieht es aus, wenn Sie Ihre Eigentumswohnung oder Ihr Haus vermietet haben. In diesem Fall sind die Zinsen steuerlich absetzbar. Seit freilich die Zinsen für Immobiliendarlehen drastisch gefallen sind, fällt auch dieser steuerliche Effekt nicht mehr allzu sehr ins Gewicht.

Bevor man also darüber nachdenkt, einen bestimmten Betrag anzulegen, sollte man zunächst bestehende Schulden zurückzahlen oder zumindest minimieren. Für Spareinlagen gibt es derzeit (und wohl auch in den nächsten Jahren) keine nennenswerten Zinsen. Aber Sie können zumindest Schuldzinsen sparen, indem Sie zum Beispiel einen Teil Ihres Immobiliendarlehens tilgen.

Nehmen wir den Fall eines Ehepaars, beide sind etwa Ende 30. Sie haben in den zurückliegenden Jahren Geld angespart und eine kleine Erbschaft gemacht. Jetzt möchten Sie 50 000 Euro anlegen.

Während des Gesprächs mit dem Anlageberater stellt sich heraus, dass die beiden noch ein Immobiliendarlehen laufen haben, für das sie vergleichsweise hohe Zinsen zahlen müssen, da sie den Darlehensvertrag schon vor mehreren Jahren abschlossen. Damals war das Zinsniveau im langfristigen Vergleich zwar durchaus schon niedrig, aber immer noch höher als derzeit. Die finanzierende Bank hatte dem Ehepaar aber die Möglichkeit von Sondertilgungen bis zu 7500 Euro pro Jahr eingeräumt. Das Gespräch mit dem Ehepaar findet im Dezember statt. Auf Empfehlung ihres Anlageberaters tilgen die beiden Eheleute im alten Jahr 7500 Euro und gleich im neuen Jahr noch einmal 7500 Euro. Damit sind die Immobilienschulden innerhalb von nur wenigen Wochen um 15 000 Euro reduziert. Für die verbleibenden 35 000 Euro unterbreitet der Berater dann passende Anlageempfehlungen.

Was ist aber nun unter einem kurz-, mittel- und langfristigen Anlagehorizont konkret zu verstehen? Unsere Definition lautet:

- bis 1 Jahr: kurzfristig;
- 1 bis 5 Jahre: kurz- bis mittelfristig;
- über 5 bis 10 Jahre: mittel- bis langfristig;
- ab 10 Jahre langfristig

Wichtige Kriterien unterschiedlicher Anlageziele im Überblick

Anlageziel	Kapitalbedarf	Liquidität
Finanzierung von Anschaffungen, Rücklagen für Steuernachzahlungen und so weiter	abhängig vom Objekt beziehungsweise der Zahlungsverpflichtung, in der Regel im vierstelligen Bereich	muss kurzfristig gewährleistet sein
Altersvorsorge	abhängig von den gesetzlichen und gegebenenfalls betrieblichen Rentenansprüchen, in der Regel sechsstellig	erst nach Eintritt in den Ruhestand
Vermögensaufbau	fünf- bis sechsstellig, je nach den individuellen Ansprüchen	mittelfristige Liquidität empfohlen
Ausbildung Kinder/Enkel	unterschiedlich; empfohlen: mindestens 15 000 bis 20 000 Euro	Geld sollte monatlich zur Verfügung stehen; eventuell Auszahlungsplan
Schuldentilgung	von Höhe der Schulden abhängig	muss zu einem bestimmten Termin gewährleistet sein

Resümee

Seien Sie sich darüber im Klaren, was Sie zum Sparen oder Geldanlegen motiviert und welche Ziele Sie haben. Das fördert die Disziplin ungemein. Wer keine oder allenfalls diffuse Ziele hat, läuft immer Gefahr, irgendwann das Sparen aufzugeben und das Geld lieber in den

Anlagehorizont	Empfohlene Risikobereitschaft
kurzfristig	kein Risiko eingehen, Spareinlagen vorziehen
langfristig bis sehr langfristig	mittlere Risiken am Beginn (Aktien, Aktienfonds, ETFs), mit zunehmendem Alter Risiken sukzessive verringern
mittel- bis langfristig	überschaubare Risikobereitschaft sollte vorhanden sein
mittelfristig	nur geringere Risiken eingehen
mittelfristig	geringes bis mittleres Risiko im Depot vertretbar

gegenwärtigen Konsum zu stecken. Damit lassen sich vielleicht kurzfristige Wünsche erfüllen, doch glauben Sie uns: Es macht ungleich mehr Spaß (und es beruhigt immens), wenn Sie sich ein Vermögen aufgebaut oder sich für Ihr Alter ausreichend abgesichert haben.

TEIL 2

DEPOTLÖSUNGEN

1.0

Pro und kontra Crash-Propheten-Fonds

In den vergangenen Jahren haben die beiden Autoren mit unzähligen Finanzexperten sehr intensive Gespräche über die richtige Kapitalanlage für Anleger geführt. Mit etablierten und ausgezeichneten Fondsmanagern haben wir beispielsweise über deren Strategien und Anlagekonzepte gesprochen. Mit Volkswirten sprachen wir über die gesamtwirtschaftlichen Zusammenhänge und deren Bedeutung für die Geldanlage von Privatanlegern. Diese Gespräche waren und sind von unschätzbarem Wert. So kam Antonio Sommese der Gedanke, dieses Wissen weiterzuvermitteln. Da das direkte persönliche Gespräch wertvoll für die Beschaffung von Informationen ist, hat Antonio Sommese einen Interview-Podcast ins Leben gerufen.

Deine Finanz-Revolution von Antonio Sommese ist ein Podcast für Unternehmer, Führungskräfte, Selbstständige, Besser-Verdiener und alle, die erfahren möchten, wie sie ihr Vermögen endlich profitabel und sicher am Kapitalmarkt anlegen können. Wenn Sie lernen wollen, wie man seine Finanzen richtig ordnen und renditestark investieren kann, dann ist *Deine Finanz-Revolution* der Multiplikator für Ihr Vermögen. Durch spannende Interviews mit besonderen Persönlichkeiten und bekannten Experten aus der Finanzbranche, an die nur wenige Menschen herankommen, erfährt der Hörer genau das, was benötigt wird, damit man seine Finanzen langfristig erfolgreich anlegt. In den Podcasts zeigt Antonio Sommese Strategien und Taktiken, mit denen es jeder schaffen kann, langfristig mehr Vermögen zu erzielen. Zudem helfen die Interviews mit Experten aus unterschiedlichen Disziplinen, Mindset-Blockaden zu lösen sowie mit Irrtümern und Mythen aufzuräumen, welche viele von einem erfolgreichen Vermögensaufbau abhalten.

Warum haben wir uns erlaubt, an dieser Stelle auf diesen Podcast hinzuweisen? Ganz einfach: Weil es immer um das wichtigste Gut geht: Informationen. Stellen Sie sich einmal die Frage: Woher hat mein Berater oder Crash-Prophet sein Wissen, wie kommt er also zu seinen Entscheidungen? Oft ist es so, dass beispielsweise Weltuntergangspropheten in ihrer eigenen kleinen Welt leben und nur von Personen umgeben sind, welche die gleiche Meinung haben. Doch für die erfolgreiche Kapitalanlage ist es von höchster Bedeutung, gerade andere Meinungen als seine eigene zu hören und zu bewerten. So hat die amerikanische Investmentlegende Ray Dalio die einfache, aber sehr wichtige Frage gestellt: Was weiß ich nicht? Davon leitet er die Suche nach weiteren wichtigen Informationen ab. Auch Warren Buffett ist sich dieser Tatsache bewusst und hat mit Charlie Munger einen Partner, der die konträre Meinung für eine konstruktive Investitionssituation vertritt.

Schauen wir uns nun einige Lösungen für die Geldanlage an, neben eigenen Strategien gehen wir auch im direkten Vergleich auf die bekanntesten deutschen Crash-Propheten und einige bekannte Indizes und die entsprechenden ETFs ein.

Fangen wir mit **Dirk Müller** an, ein exzellenter Redner und bekannter Finanzexperte. Am 17. April 2015 legte er mit Warburg Invest den Dirk Müller Premium Aktien R auf – einen internationalen Aktienfonds. Dirk Müller wollte und will sich als Fondsmanager einen Namen machen und seine Anlageideen und Strategien in einem eigenen Fonds verwirklichen. Er predigte immer wieder den großen Crash – somit müsste sein Fonds von seiner Einstellung und seinem angeblichen Hintergrundwissen doch profitieren. Oder?

Dirk Müller Premium Aktien R

ISIN DE000A111ZF1 WKN A111ZF Währung EUR

Übersicht

Anlageziel ist ein möglichst hoher Kapitalzuwachs bei mittel- bis langfristiger Kapitalanlage. Der Fonds investiert mindestens 51% seines Vermögens in Aktien und Aktien gleichwertige Papiere. Fondsname vormals: Dirk Müller Premium Aktien

Schwerpunkt

Asset	Aktienfonds All Cap
Region	Welt

Kosten

Ausgabeaufschlag (effektiv)	4,00 % (3,85 %)
Ausgabeaufschlag max. (effektiv)	4,00 % (3,85 %)
Depotbankgebühr	0,03 %
Gesamtkostenquote (TER)	0,02 %
Managementgebühr	1,50 %
Performancegebühr	n.v.

Wertentwicklung (auf EUR-Basis)

		p.a.	Sektor	Sek. p.a.
1 Monat	0,95 %		-1,70 %	
3 Monate	-1,82 %		4,38 %	
6 Monate	-9,08 %		21,82 %	
1 Jahr	-6,50 %		2,46 %	
3 Jahre	0,29 %	0,10 %	16,48 %	5,22 %
5 Jahre	1,42 %	0,28 %	41,50 %	7,19 %
10 Jahre			120,02 %	8,20 %
seit Jahresbeginn	-7,85 %		-3,14 %	
seit Auflegung	-6,44 %	-1,21 %		

Stand: 30.09.2020

Wertentwicklung

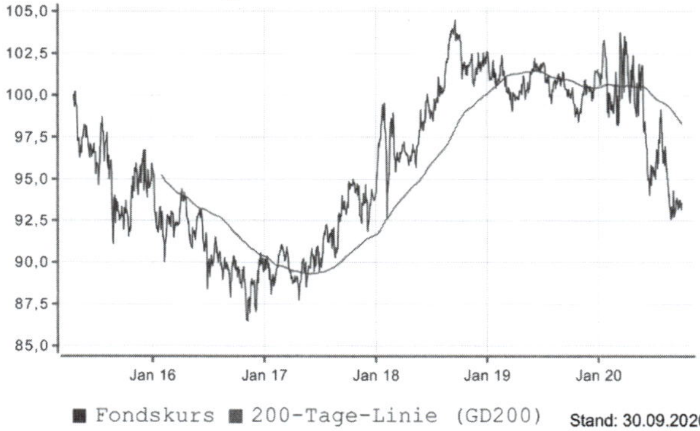

Stand: 30.09.2020

Wir erkennen, dass der Fonds nur eine Rendite von 0,28 Prozent pro Jahr auf fünf Jahre erwirtschaftet hat. Trotz Corona-Crash 2020 oder auch der schwachen Börsen im Jahr 2018 konnte Müller keinen Mehrwert für seinen Fonds liefern, obwohl er ein wie auch immer geartetes »Machtbeben« (Titel seines Buches) vorhersah. Die Aussage, es gehe beim Müller-Fonds nur um den Vermögenserhalt, sollte hier nicht gelten, zumal andere Fonds ohne negativen Ausblick im internationalen Aktienfondsbereich deutlich besser waren und dem Anleger hohe Gewinne brachten. Diese sind langfristig der beste Vermögenserhalt für den Anleger.

Schauen wir uns im direkten Vergleich den Vanguard FTSE All-World UCITS ETF an.

Der Vanguard ist ein passiver Fonds (ETF) und bildet den mit über 3400 Aktientiteln versehenen FTSE All-World Index nach. Im vergleichbaren Zeitraum von fünf Jahren erwirtschaftet dieser Fonds eine Rendite von 9,62 Prozent pro Jahr. Der Anleger setzt also auf den gesamten globalen Aktienmarkt und glaubt an die langfristige positive Entwicklung der Börsen beziehungsweise der Wirtschaft. Kurzfristige Kursrückschläge sollten hier zum weiteren Kauf genutzt werden.

Als ETF kostet der Vanguard 0,25 Prozent pro Jahr, während Müller für seinen Fonds eine Gebühr von 1,55 Prozent pro Jahr erhebt. Sicherlich fallen Kostenvergleiche von aktiven und passiven Fonds immer zugunsten des ETF aus – aber dieser Diskussion müssen wir uns alle stellen, insbesondere bei schlechten aktiven Fonds. Da Müller und Vanguard in der gleichen Fondskategorie – Aktienfonds *All Cap* – tätig sind, macht auch der Kostenvergleich Sinn.

Vanguard FTSE All-World UCITS ETF

ISIN IE00B3RBWM25 WKN A1JX52 Währung USD

Übersicht

Der Fonds ist bestrebt, die Performance des FTSE All-World Index nachzubilden. Der Index ist ein nach Marktkapitalisierung gewichteter Index aus Aktien von Unternehmen mit hoher und mittlerer Marktkapitalisierung in entwickelten und aufstrebenden Ländern. Hierzu legt der Fonds in allen oder praktisch allen Aktien an, die der Index beinhaltet.

Schwerpunkt

Asset	Aktienfonds All Cap
Region	Welt

Kosten

All-in-fee	0,25 %
Ausgabeaufschlag (effektiv)	0,00 % (0,00 %)
Ausgabeaufschlag max. (effektiv)	0,00 % (0,00 %)
Depotbankgebühr	n.v.
Gesamtkostenquote (TER)	0,25 %
Managementgebühr	n.v.
Performancegebühr	n.v.

Depotbank	Brown Brothers Harriman Trustee Services (Ireland) Ltd
Geschäftsjahr	01.07. - 30.06.
Benchmark	100% FTSE All World

Wertentwicklung (auf EUR-Basis)

		p.a.	Sektor	Sek. p.a.
1 Monat	-2,14 %		-1,70 %	
3 Monate	4,82 %		4,38 %	
6 Monate	22,00 %		21,82 %	
1 Jahr	2,83 %		2,46 %	
3 Jahre	23,06 %	7,16 %	16,48 %	5,22 %
5 Jahre	58,31 %	9,62 %	41,50 %	7,19 %
10 Jahre			120,02 %	8,20 %
seit Jahresbeginn	-3,27 %		-3,14 %	
seit Auflegung	139,61 %			

Stand: 29.09.2020

Wertentwicklung

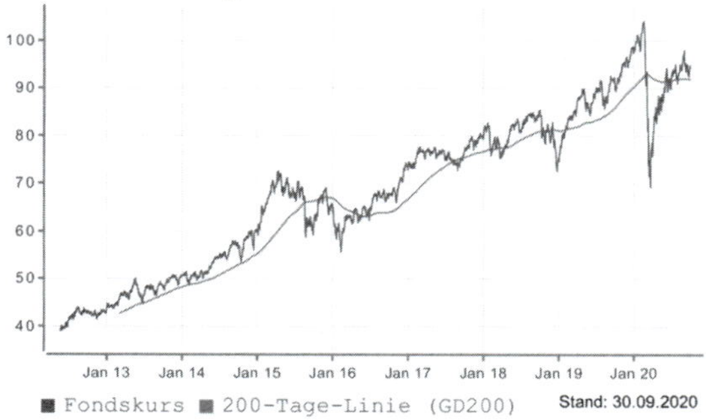

Zum besseren Verständnis hier ein direkter Vergleich der beiden Fonds:

Sicherlich kann man hier endlose Diskussionen über den Vergleich der beiden Fonds führen, doch jede Verbraucherzeitschrift wird einem Anleger mit längerfristigem Anlagehorizont wohl zum ETF raten.

Kommen wir zum nächsten Crash-Propheten – hier handelt es sich um das Duo **Marc Friedrich und Matthias Weik**. Beide legten zwei Fonds auf. Wir konzentrieren uns auf den Friedrich & Weik Wertefonds R. Da es sich dabei um einen flexiblen Mischfonds handelt, können die beiden Fondsmanager ihre gesamten Anlageideen einfließen lassen. Der Fonds wurde am 2. Januar 2017 platziert und lässt somit nur einen Drei-Jahres-Vergleich zu. In dieser Zeit schaffte der Fonds insgesamt ein Plus von 10,95 Prozent.

Friedrich & Weik Wertefonds R

ISIN DE000A2AQ952 WKN A2AQ95 Währung EUR

Übersicht

Anlageziel ist ein positiver Wertzuwachs. Der Fonds investiert in ein eng aufeinander abgestimmtes, breit gestreutes Portfolio ohne grundsätzliche Beschränkung auf eine Region oder eine Vermögensklasse. Im Einzelnen sollen physische Edelmetalle (z.B. Gold und Silber), Aktien und mittels Verbriefungen weitere Sachwerte (z.B. Immobilien, Wald, Ackerland und Diamanten) erworben werden.

Schwerpunkt

Asset	Mischfonds flexibel
Region	Welt

Kosten

Ausgabeaufschlag (effektiv)	3,00 % (2,91 %)
Ausgabeaufschlag max. (effektiv)	3,00 % (2,91 %)
Depotbankgebühr	0,05 %
Managementgebühr	1,60 %
Performancegebühr*	7,50 %

* der positiven jährlichen Wertentwicklung über dem Harmonisierten Verbraucherpreisindex (HVPI) zzgl. 3,0% p.a, jedoch höchstens 10% des Fondsvermögens

Wertentwicklung (auf EUR-Basis)

		p.a.	Sektor	Sek. p.a.
1 Monat	-2,53 %		-1,31 %	
3 Monate	5,14 %		2,38 %	
6 Monate	20,18 %		12,20 %	
1 Jahr	7,23 %		-0,82 %	
3 Jahre	10,95 %	3,52 %	3,40 %	1,12 %
5 Jahre			15,00 %	2,83 %
10 Jahre			40,50 %	3,46 %
seit Jahresbeginn	6,35 %		-3,68 %	
seit Auflegung	9,35 %	2,42 %		

Stand: 30.09.2020

Wertentwicklung

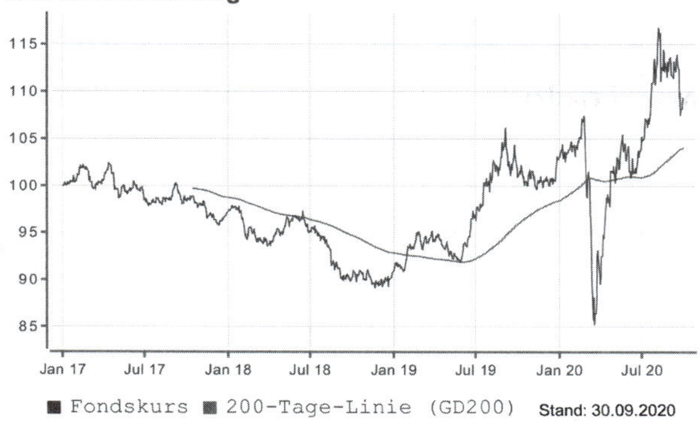

Stand: 30.09.2020

Flossbach von Storch - Multiple Opportunities II R

ISIN LU0952573482 WKN A1W17Y Währung EUR

Übersicht

Anlageziel ist ein angemessener Wertzuwachs in Euro. Der Fonds investiert in Wertpapiere aller Art, zu denen u.a. Aktien, Renten, Geldmarktinstrumente, Zertifikate, andere strukturierte Produkte, Fonds, Derivate, flüssige Mittel und Festgelder zählen. Es werden mindestens 25% des Fondsvermögens in Kapitalbeteiligungen investiert. Bis zu 20% des Fondsvermögens dürfen indirekt in Edelmetalle investiert werden. Die Investition in andere Fonds darf 10% des Fondsvermögens nicht überschreiten.

Schwerpunkt

Asset	Mischfonds flexibel
Region	Welt

Kosten

Ausgabeaufschlag (effektiv)	5,00 % (4,76 %)
Ausgabeaufschlag max. (effektiv)	5,00 % (4,76 %)
Depotbankgebühr	0,07 %
Managementgebühr	1,53 %
Performancegebühr*	10,00 %

* der vierteljährlichen Anteilwertentwicklung

Wertentwicklung (auf EUR-Basis)

		p.a.	Sektor	Sek. p.a.
1 Monat	-1,43 %		-1,31 %	
3 Monate	5,23 %		2,38 %	
6 Monate	12,07 %		12,20 %	
1 Jahr	6,22 %		-0,82 %	
3 Jahre	19,79 %	6,20 %	3,40 %	1,12 %
5 Jahre	40,56 %	7,05 %	15,00 %	2,83 %
10 Jahre			40,50 %	3,46 %
seit Jahresbeginn	2,25 %		-3,68 %	
seit Auflegung	59,32 %	6,88 %		

Stand: 30.09.2020

Wertentwicklung

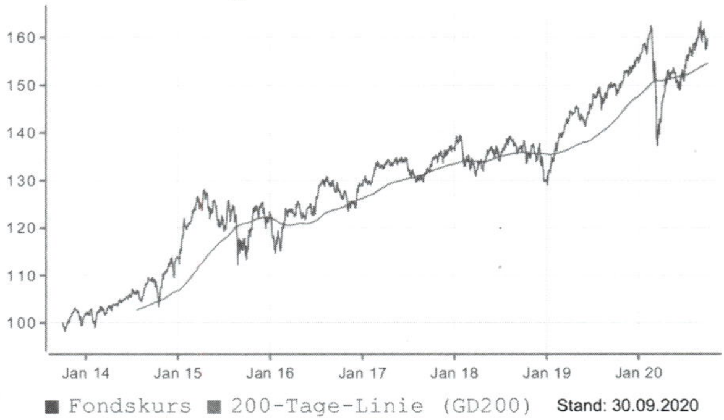

Stand: 30.09.2020

Als Gegenstück für diesen Fonds haben wir den Flossbach Multiple Opportunities II R gewählt. Dieser flexible Mischfonds hat ebenfalls ein großes Anlageuniversum, so kann hier ebenfalls in Gold investiert werden. Der Fonds schaffte eine Gesamtperformance von plus 19,79 Prozent auf drei Jahre.

Im Fondsvergleich wird der Unterschied sehr deutlich: Der Flossbach-Fonds schaffte fast 10 Prozent mehr Rendite, was bei einem kurzen Betrachtungszeitraum von drei Jahren sehr viel ist. Bert Flossbach sieht die Anlagewelt auch mal kritisch und mischt daher auch Gold bei, seine Grundeinstellung ist jedoch nicht schwarzseherisch wie bei Friedrich und Weik.

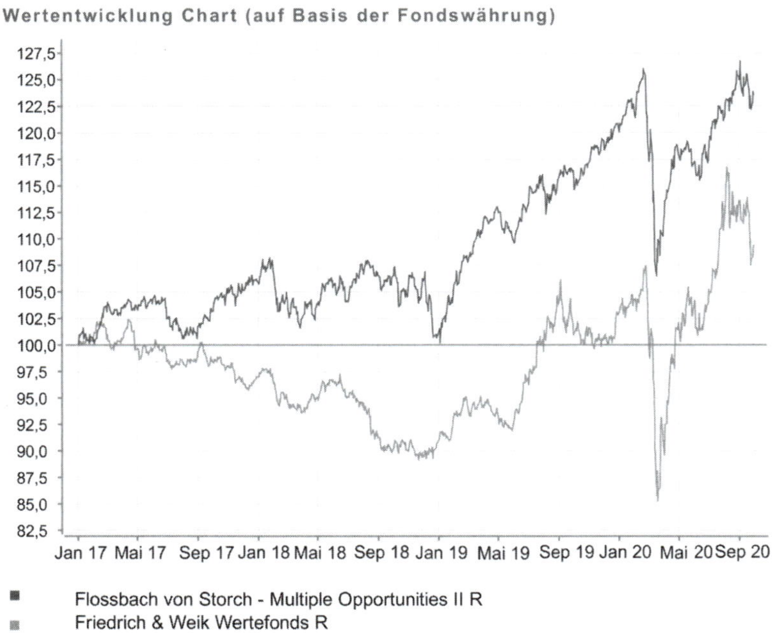

PI Global Value Fund P

Übersicht

ISIN LI0034492384 WKN A0NE9G Währung EUR

Anlageziel ist mittel- bis langfristiger Wertzuwachs. Der Fonds investiert sein Vermögen in erster Linie in Beteiligungspapiere und Beteiligungswertrechte (Aktien, Genossenschaftsanteile, Partizipationsscheine, Genussscheine, Aktien mit Warrants, etc.) sowie in Wandel- und Optionsanleihen von Unternehmen weltweit. Die Auswahl der Anlagen erfolgt nach der Königsanalyse Prof. Otte. Mit den Kriterien der Königsstrategie ermittelt der Asset Manager Unternehmen, die ihre Gewinne mit möglichst großer Sicherheit langfristig steigern können.

Schwerpunkt

Asset	Aktienfonds All Cap
Region	Welt

Kosten

Ausgabeaufschlag (effektiv)	5,00 % (4,76 %)
Ausgabeaufschlag max. (effektiv)	5,00 % (4,76 %)
Depotbankgebühr	0,15 %
Gesamtkostenquote (TER)	1,94 %
Managementgebühr	1,50 %
Performancegebühr	n.v.

Wertentwicklung (auf EUR-Basis)

		p.a.	Sektor	Sek. p.a.
1 Monat	-2,12 %		-1,70 %	
3 Monate	1,08 %		4,38 %	
6 Monate	20,23 %		21,82 %	
1 Jahr	1,46 %		2,46 %	
3 Jahre	9,28 %	3,00 %	16,48 %	5,22 %
5 Jahre	38,38 %	6,71 %	41,50 %	7,19 %
10 Jahre	78,34 %	5,96 %	120,02 %	8,20 %
seit Jahresbeginn	-5,59 %		-3,14 %	
seit Auflegung	144,73 %	7,39 %		

Stand: 29.09.2020

Wertentwicklung

Stand: 30.09.2020

Schauen wir uns nun den Fonds PI Global von Professor **Max Otte** an. Dieser Fonds ist seit 2008 am Markt und konnte auf fünf Jahre einen Zuwachs von 38,38 Prozent erzielen. Für einen Aktienfonds ist dies eine eher schwache Rendite, was im Vergleich zum bereits vorgestellten Welt-ETF von Vanguard mit 58,31 Prozent deutlich wird. Otte hat im Vergleich zu vielen Crash-Propheten teilweise auch eine optimistische Sicht der Dinge und empfiehlt das Investieren in den Aktienmarkt.

ACATIS GANÉ VALUE EVENT FONDS A

ISIN DE000A0X7541 WKN A0X754 Währung EUR

Übersicht

Anlageziel ist langfristiger Wertzuwachs bei geringerer Volatilität als der Aktienmarkt. Der Fonds kann weltweit in Wertpapiere, Geldmarktinstrumente, Bankguthaben, Investmentanteile und Derivate investieren. Bei der Auswahl der Fondspositionen soll die Philosophie des Value-Investing mit dem Ansatz der Event-Orientierung (Evendriven Value) kombiniert werden.

Besonderheiten

Fondsname vormals: ACATIS - GANÉ VALUE EVENT FONDS UI A

Schwerpunkt

Asset	Mischfonds ausgewogen
Region	Welt

Kosten

Ausgabeaufschlag (effektiv)	5,00 % (4,76 %)
Ausgabeaufschlag max. (effektiv)	5,00 % (4,76 %)
Depotbankgebühr	0,10 %
Managementgebühr	1,65 %
Performancegebühr*	20,00 %

* positiven absoluten Anteilwertentwicklung über einem Schwellenwert von 6% p.a.

Wertentwicklung (auf EUR-Basis)

		p.a.	Sektor	Sek. p.a.
1 Monat	-4,91 %		-1,02 %	
3 Monate	-0,19 %		1,75 %	
6 Monate	23,95 %		10,16 %	
1 Jahr	8,38 %		-1,44 %	
3 Jahre	20,92 %	6,54 %	3,71 %	1,22 %
5 Jahre	38,44 %	6,72 %	13,70 %	2,60 %
10 Jahre	101,64 %	7,26 %	44,31 %	3,74 %
seit Jahresbeginn	1,70 %		-3,65 %	
seit Auflegung	196,85 %	9,66 %		

Stand: 29.09.2020

Wertentwicklung

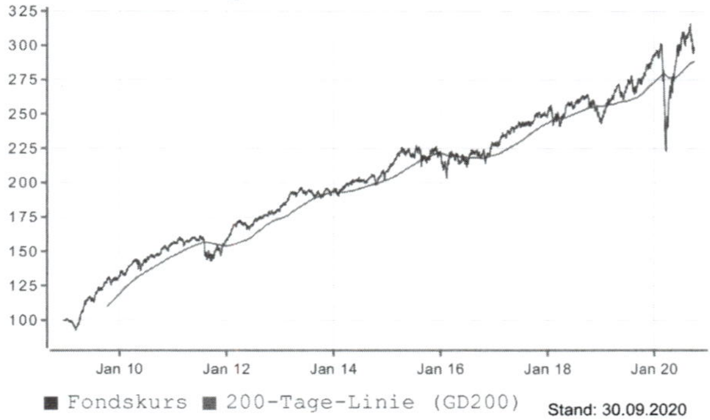

Stand: 30.09.2020

Zum Vergleich haben wir dieses Mal extra eine andere Kategorie gewählt – einen ausgewogenen Mischfonds. Normalerweise müsste der Acatis Gané auf zehn Jahre schlechter sein, da er als Mischfonds bekanntlich in Aktien und Rentenwerte investiert.

Es ist beeindruckend, zu sehen, wie ein ausgewogener und damit konservativer Acatis-Mischfonds den Otte-Aktienfonds schlägt. Hier zeigt sich deutlich: Für das höhere Risiko, in einen Aktienfonds zu investieren, wurde man bei Otte nicht belohnt. Acatis schaffte 101,64 Prozent auf zehn Jahre, somit 23,30 Prozentpunkte mehr.

Einer der Autoren dieses Buches, Antonio Sommese, gibt in diesem Buch auch zwei Strategien von sich selbst preis, und dies hat folgende Gründe: Crash-Propheten versuchen, mit der Angst der Anleger Geld zu verdienen, und Sommese glaubt, dass man als Anleger entspannter sein könnte, wenn man lebensbejahend und offen für einen globaleren Blick auf die Zukunft durch die (Anlage-)Welt geht.

Auch will Sommese an dieser Stelle nicht andere beurteilen, ohne sich ebenfalls der Kritik zu stellen. Wenn Sie, liebe Leserin, lieber Leser, sich die nachfolgenden Strategien anschauen, dann stets im Vergleich mit allen anderen Möglichkeiten des Anlagemarktes.

Die bisher gemachten Vergleiche beziehen sich immer auf einzelne Investmentfonds. Doch ganz gleich, ob man mit Einzelaktien oder Fonds ein Depot baut, am Ende zählen die vorhandenen Werte.

1.1 Allwetterdepot

Wie schon im ersten Teil dieses Buches im Kapitel über die Allwetterstrategie erwähnt, handelt es sich hier um eine Vermögensaufteilung mit niedriger Aktienquote und der Anlage in ETF-Fonds. Die Struktur ähnelt somit eher einem defensiven Depot / Mischfonds. Das Allwetterdepot ist die Weiterentwicklung der Strategie von Ray Dalio für den europäischen Anleger. Das Depot kann einem Vergleich mit dem Fonds von Friedrich und Weick standhalten, denn es erzielt mit geringeren Schwankungen eine höhere Rendite. Das Allwetterdepot verzeichnete in drei Jahren einen Zuwachs von 25,94 Prozent und von 43,77 Prozent auf fünf Jahre.

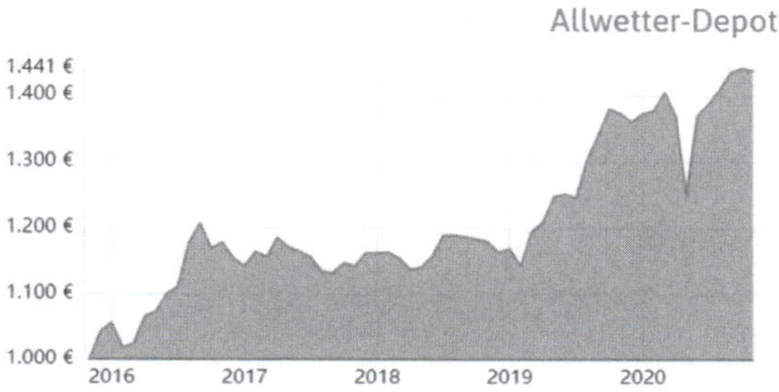

Wertentwicklung* (auf EUR-Basis)

		p.a
1 Jahr	5,18 %	
3 Jahre	25,94 %	7,98 %
5 Jahre	43,77 %	7,52 %
seit Jahresbeginn	4,39 %	

Jährliche Entwicklung*

im Jahr 2016	14,33 %
im Jahr 2017	-0,08 %
im Jahr 2018	-1,73 %
im Jahr 2019	20,55 %
im Jahr 2020	4,39 %

Stand: 30.09.2020

1.2 Zukunftsdepot

Mit dem Zukunftsdepot investiert man in eine moderne Form der Geldanlage. Das Depot legt in verschiedene Megatrends (Branchen) an und erzielt somit hohe Renditen. Die vorhandenen zehn Themen-Fonds investieren in folgende Bereiche: demografischer Wandel, Nachhaltigkeit, Megatrends wie Automation und Robotik, Gesundheit, Pharma, Immobilien, Infrastruktur, Konsumtrends, Künstliche Intelligenz und Klimawandel. Alle Fonds werden gleich gewichtet und haben jeweils einen Anteil von 10 Prozent des Anlagebetrags. Dies gilt für Einmalzahlung genauso wie für monatliche Einzahlungen. Mit einem aktiven Rebalancing wird von Zeit zu Zeit das Depot an seine ursprüngliche Gewichtung angepasst.

Da es sich hier um ein reines Aktiendepot handelt, erscheint die Anlage eher spekulativ, doch hat der fünfjährige Backtest (insbesondere die Jahre 2018 und 2020) gezeigt, dass sich die Schwankungen in Grenzen hielten.

Das Zukunftsdepot ist mit seiner 100-prozentigen Aktienquote mit einem internationalen Aktienfonds wie dem von Dirk Müller oder dem Fonds von Max Otte vergleichbar. Auf fünf Jahre stieg das Depot auf 81,88 Prozent.

Bedenken Sie bitte bei allen Vergleichen, dass es sich stets um Ergebnisse aus vergangenen Zeiten handelt und eine Fortschreibung in die Zukunft nicht eins zu eins möglich ist. Dennoch sollten Sie beachten, dass gerade die letzten fünf Jahre (2015 bis 2020) von zwei sehr schwierigen Börsenphasen in den Jahren 2018 und 2020 geprägt waren; so schlossen alle großen Indizes im Jahr 2018 ordentlich im Minus. Bei Redaktionsschluss für das vorliegende Buch konnte keine endgültige Vorhersage für das Jahr 2020 gemacht werden. Doch aus den Zahlen bis zum 30. September 2020 lassen sich nach dem Corona-Einbruch vom März 2020 einige Indizien für das Gesamtjahr ableiten. Es gilt: Wer sich in den turbulenten Börsenzeiten wie zum Beispiel während des Corona-Crashs mit seinen Strategien erfolgreich bewährt hat, ist immer eines Blickes wert. Falls Sie Sommeses Strategie eins zu eins verfolgen wollen, finden Sie unter *Geldanlageshop.de* die täglich aktuellen Daten. Vielleicht inspiriert Sie die eine oder andere Anlage für die eigene Investmententscheidung.

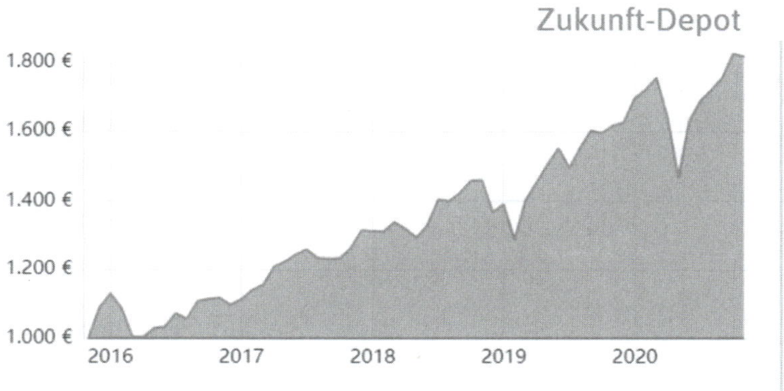

Wertentwicklung* (auf EUR-Basis)

		p.a
1 Jahr	12,93 %	
3 Jahre	44,17 %	12,95 %
5 Jahre	81,88 %	12,69 %
seit Jahresbeginn	5,61 %	

Jährliche Entwicklung*

im Jahr 2016	4,72 %
im Jahr 2017	15,23 %
im Jahr 2018	-1,84 %
im Jahr 2019	33,79 %
im Jahr 2020	5,61 %

Stand: 30.09.2020

Resümee

Bei Vergleichen achten Sie bitte stets auf die Performance mehrerer Jahre (insbesondere schlechte Jahre mit einbeziehen) sowie auf den Durchschnitt von drei oder fünf oder - falls möglich - zehn Jahren. Viele Finanzexperten stellen sich oft nur mit den guten Jahren auf. Und wie Sie in den Einzelfondsvergleichen gesehen haben, sind Crash-Propheten öfter die schlechteren Anlageexperten.

Hinweis: Alle veröffentlichten Angaben dienen ausschließlich Ihrer Information und stellen keine Anlageberatung oder sonstige Empfehlung dar. Langfristige Erfahrungen und Auszeichnungen garantieren keinen Anlageerfolg. Wertpapiere unterliegen marktbedingten Kursschwankungen, die möglicherweise nicht durch das aktive Management des Vermögensverwalters oder des Anlageberaters ausgeglichen werden können. Diese Information kann ein Beratungsgespräch nicht ersetzen. Alle Angaben sind mit Sorgfalt und nach bestem Wissen entsprechend dem Kenntnisstand zum Zeitpunkt der Erstellung gemacht worden. Trotz aller Sorgfalt können sich die Daten inzwischen verändert haben. Weitere Informationen zu Chancen und Risiken finden Sie auf den Webseiten der Gesellschaften, im Verkaufsprospekt und den wesentlichen Anlegerinformationen (KIDs).

Alle Fondsdaten in Teil 2/1.0 beruhen auf der Datenbank von FWW GmbH und hier gilt: Alle Angaben ohne Gewähr.
Quelle: ISS FWW **// www.fww.de/disclaimer**

2.0

So bewerten Sie die unterschiedlichen Anlageklassen

Wer die Wahl hat, hat die Qual. Konkret haben Sie als Anleger die Wahl unter einer Vielzahl von Assetklassen (deutsch: »Anlageklassen«). Welche für Sie geeignet ist, um Ihre Anlageziele möglichst punktgenau zu erreichen, erfahren Sie auf den nachfolgenden Seiten. Als Instrument zur Beurteilung der Anlageklassen wollen wir Ihnen das magische Kreuz vorstellen. Zunächst aber kurz unsere Einschätzung zu den wichtigsten Anlageinstrumenten.

2.1 Anleihen

Anleihen (auch »Bonds«, »Obligationen« oder »festverzinsliche Wertpapiere« genannt) sind an und für sich recht nützlich. Sie bilden gleichsam das Gegengewicht zu einer Aktienanlage, sind also so eine Art Airbag in Ihrem Portfolio. Außerdem dürfen Sie sich über regelmäßige Zinszahlungen freuen, weshalb diese Anlageklasse oft auch als »Fixed Income« bezeichnet wird. Auf Sonderfälle wie *Zerobonds* (Nullzinsanleihen), *Floater* (Anleihen mit variabler Verzinsung, gekoppelt an einen

Referenzzinssatz) oder *Reverse Floater* (umgekehrte *Floater*) wollen wir an dieser Stelle nicht eingehen, weil dies eine wesentlich breitere Behandlung dieses Themas erforderlich machen würde.[73]

Wenn Sie eine Anleihe kaufen, leihen Sie einem Land, einer Kommune, einer internationalen Organisation oder einem Unternehmen Geld. Am Ende der Laufzeit haben Sie Anspruch auf die vollständige Rückzahlung des eingesetzten Geldes. Während der Laufzeit bekommen Sie – wie erwähnt – einen festgeschriebenen Zinssatz ausgezahlt. Da Anleihen meist eine lange Laufzeit aufweisen, besteht ein Zinsänderungsrisiko. Steigen die Zinsen, würde wohl niemand mehr eine Anleihe mit niedrigeren Zinsen kaufen. Daher reagiert die Anleihe über den Kurs. Es gilt die Formel: Steigende Zinsen = fallende Kurse; fallende Zinsen = steigende Kurse.

Darüber hinaus trägt der Anleger das Emittentenrisiko. Sprich: Geht der Emittent (also der Ausgeber der Anleihe) pleite, dann hat der Anleger ein Problem. Als besonders sicher gelten Staatsanleihen – also zum Beispiel Anleihen der Bundesrepublik Deutschland. Doch an diesem Punkt wirkt eine andere Regel aus dem kleinen Einmaleins der Geldanlage: Geringe Risiken = geringe Zinsen; hohe Risiken = hohe Zinsen. Da Bundeswertpapiere als besonders sicher gelten, bekommt der Anleger aktuell einen negativen Zinssatz. Im Sommer 2020 lag die Umlaufrendite für börsennotierte Bundeswertpapiere bei minus 0,49 Prozent. Keine erfreulichen Perspektiven. Um eine nennenswerte Rendite zu erzielen, müssten Sie schon in *High Yield Bonds*, also Hochzinsanleihen, von Unternehmen mit eher mäßiger Bonität investieren. Doch dann gehen Sie ein deutlich höheres Emittentenrisiko ein.

Zur Bekämpfung der Coronapandemie wird sich die Europäische Union als Institution (also nicht die einzelnen Mitgliedsstaaten) gigantisch verschulden. Bis zu 750 Milliarden Euro möchte die EU innerhalb weniger Jahre am Markt mithilfe von EU-Anleihen einsammeln. Diese Bonds gelten als sehr sicher (Triple-A-Rating) und könnten den Bundesanleihen Konkurrenz machen – eventuell mit der Folge steigender Renditen.

Zu beachten ist bei Anleihen darüber hinaus das sogenannte Durationsrisiko. Es besagt schlicht und einfach, dass mit der Laufzeit der Anleihe (»Duration« bedeutet »Dauer«) das Zinsänderungsrisiko sowie das Bonitätsrisiko des Emittenten wächst.

Der Journalist, Autor und Unternehmer Rainer Zitelmann weist im Zusammenhang mit Anleihen auf ein weiteres Problem hin: »Ganz generell sind heute die Anleiherenditen durch das politisch motivierte Programm der Europäischen Zentralbank (EZB) zum Kauf von Staatsanleihen verzerrt und spiegeln das tatsächliche Risiko oft nicht mehr wider.«[74] Nicht nur das. Sollte es zu einer höheren Geldentwertung kommen, stellen Anleihen in Wahrheit sogar ein hohes Risiko dar. Eine Ausnahme sind sogenannte inflationsindexierte Anleihen, also quasi Anleihen mit eingebautem Inflationsschutz.

2.2 Aktien

Mitunter werden Aktien als »alternativlos« für den Vermögensaufbau bezeichnet. Die Autoren dieses Buches haben gewisse Probleme mit dem Adjektiv »alternativlos«. Es gibt nämlich im Leben nur eine Sache, die wirklich »alternativlos« ist: der Tod. Aber es ist sicher korrekt: Gerade in der aktuellen Marktphase mit Null- oder sogar Negativzinsen lassen sich ohne Aktien oder Aktienfonds kaum attraktive Renditen erzielen. Zumal Anleger nicht nur auf Kursgewinne hoffen dürfen, sondern in vielen Fällen auch auf eine attraktive Dividende. Im Dax gehört zum Beispiel die Allianz zu den Dividendenstars. Der Mineralöl- und Erdgaskonzern Shell wiederum zahlte im Jahr 2020 sogar eine zweistellige Dividendenrendite.

Doch für die Aussicht auf Kurssteigerungen und Dividendenzahlungen müssen Sie Risiken akzeptieren. Erstens das Unternehmensrisiko und zweitens das Marktrisiko. Schauen wir auf das erste Halbjahr 2020. Nach einem drastischen Einbruch des Aktienmarktes infolge der Coronapandemie erholten sich die Kurse geradezu atemberaubend schnell. Aber es gab auch Verlierer, die kräftig Federn lassen mussten: Die Aktie der nur dank einer staatlichen Intervention geretteten Lufthansa fiel 2020 von einem 52-Wochen-Hoch bei 17,95 Euro auf ein 52-Wochen-Tief von 7,02 Euro. Noch schlimmer traf es die von einem beispiellosen Bilanzskandal erschütterte Wirecard AG. Die Aktie dieses einst im Dax der 30 großen Standardwerte gelisteten Unternehmens, das am 25. Juni 2020 den Insolvenzantrag stellte, stürzte von einem 52-Wochen-Hoch bei 159,70 Euro auf 1,08 Euro Ende Juni 2020 ab.

Das Einzelrisiko kann man vermeiden, indem man sich keine Aktien von gefährdeten Unternehmen ins Depot holt. Die Papiere von Fluggesellschaften und Banken zum Beispiel galten immer schon als besonders volatil. Aber Wirecard? Ja, es gab kritische Beiträge in der *Financial Times*, und zwar bereits schon Anfang 2019. In vielen deutschsprachigen Medien wurde das Unternehmen zu diesem Zeitpunkt aber noch als ein erfolgreicher Vorreiter auf dem Weg in die angeblich so segensreiche bargeldlose Gesellschaft gefeiert.

Wenn nun aber der komplette Markt kollabiert, wie im Frühjahr 2020 im Zusammenhang mit Covid-19, dann hilft auch die beste Diversifizierung nicht mehr viel. Allenfalls können Sie damit Verluste begrenzen.

Muss man, um sein Aktiendepot zu diversifizieren, nun unbedingt in Aktienfonds investieren und neben den mitunter noch happigen Ausgabeaufschlägen auch noch Managementgebühren berappen? Nein, muss man nicht. Man kann selbstverständlich auch gezielt in Einzelaktien investieren, die einem vielversprechend erscheinen. Doch um mit dieser Strategie eine vernünftige Streuung zu erreichen, müssen Sie schon etwa 30 Einzeltitel erwerben. Das heißt, Sie brauchen eine mittlere fünfstellige Summe. Ansonsten machen ETFs oder Aktienfonds mehr Sinn.

DIE MÄR VON DEN »REICHEN DEUTSCHEN«

Wenn es gilt, den Menschen tüchtig Angst zu machen, sind die Crash-Propheten höchst erfolgreich. Für sie ist das Geschäft lukrativ. Für die verunsicherten deutschen Anleger jedoch hat dieses ewige Crash-Gerede fatale Konsequenzen. Die Aktienquote in Deutschland liegt bei gerade einmal 10 Prozent. Zum Vergleich: In Großbritannien liegt sie bei 23 und in den Niederlanden bei 30 Prozent. Als wesentliche Gründe für die Aktien-Abstinenz werden »Angst vor hohen Verlusten«, »kein Vertrauen in die Aktienmärkte« und »Angst vor einem Crash« genannt.[75]

Die Konsequenz: Die angeblich ach so reichen Deutschen besitzen im Durchschnitt (Median) umgerechnet pro Kopf 35 313 Dollar Vermögen. In Großbritannien ist das Pro-Kopf-Vermögen um 176 Prozent größer. Auch Luxemburger, Dänen, Niederländer, Franzosen, Österreicher und sogar die Italiener sind im Schnitt wohlhabender als die Deutschen.[76]

2.3 Exchange-traded Funds (ETFs)

ETFs sind börsengehandelte Fonds, die einen Index nachbilden – zum Beispiel den Dax, einen Branchenindex oder Rohstoffe, wie etwa Gold.

Es gibt zweierlei Strukturen, nämlich physische und synthetische ETFs. Bei einer sogenannten physischen Replikation investiert der ETF in die jeweiligen Indexbestandteile, also zum Beispiel in die im Dax-30 enthaltenen Standardwerte. In der Folge bildet der ETF die

Wertentwicklung des zugrunde gelegten »Börsen-Barometers« ab. ETFs können natürlich auch in Devisen oder Rohstoffe investiert sein.

Bei ETFs mit synthetischer Replikation kauft der Anleger die im Index enthaltenen Aktien nicht eins zu eins. Er lässt sich stattdessen die Wertentwicklung von einer Bank (meist die Muttergesellschaft des Anbieters) garantieren. Dadurch ergibt sich ein Kontrahentenrisiko für den Anleger. Denn es besteht zumindest das theoretische Risiko, dass der Kontrahent (also die Bank) in einem Pleitefall seinen Verpflichtungen nicht nachkommen kann. Dieses Risiko ist auf 10 Prozent des Fondsvermögens begrenzt. Grundsätzlich lässt sich zusammenfassen: Physische ETFs sind in der Regel teurer, synthetische ETFs hingegen zumindest in Crashzeiten riskanter. Weitere Risiken ergeben sich durch die zugrundegelegten Assets, also Wertpapiere, Rohstoffe und Währungen.

2.4 Fonds

Investmentfonds sind eigentlich eine feine Sache. Sie entscheiden, in welche Assetklasse Sie investieren möchten (also zum Beispiel in Aktien, Immobilien oder Rohstoffe), und überlassen einem erfahrenen Fondsmanagement die Diversifizierung Ihrer Anlage. Sie können einmal einen größeren Betrag einzahlen oder regelmäßig kleinere Raten (Fondssparplan). Entscheiden Sie sich für einen solchen Sparplan, können Sie im Idealfall vom sogenannten *Cost-Average*-Effekt (Durchschnittskosten-Effekt) profitieren. Das heißt, je nachdem, ob die Preise für die Fondsanteile aufgrund der aktuellen Marktlage gestiegen oder gefallen sind, erhalten Sie für Ihre feste Sparrate mal mehr und mal weniger Fondsanteile. Nicht von ungefähr erwähnten wir gerade den »Idealfall«, denn dieser Effekt tritt nur bei relativ volatilen Börsen ein, das heißt, wenn die Kurse zum Beispiel für Aktien schwanken. Zahlen Sie zum Beispiel regelmäßig in einen Aktienfonds ein und erwischen einen an und für sich erfreulichen langfristigen Bullenmarkt (also steigende Kurse), dann steigen auch die Preise für die Fondsanteile kontinuierlich und Sie bekommen für Ihre feste Sparrate immer weniger Anteile. Mit anderen Worten: Der *Cost-Average*-Effekt funktioniert nicht immer zu Ihren Gunsten.

Ein weiterer Vorteil von Fonds besteht darin, dass Sie als Anleger kein Emittentenrisiko tragen. Denn das Fondsvermögen, also das gleichsam in einem virtuellen »Topf« gesammelte Geld der Anleger, stellt ein Sondervermögen dar, das von einer Depotbank verwaltet wird. Sollte die Fondsgesellschaft (im Fachjargon »Kapitalanlagegesellschaft« genannt) pleitegehen, fällt das Fondsvermögen also nicht in die Insolvenzmasse.

Ziel des Fondsmanagements ist es, die zugrundeliegende Benchmark, also zum Beispiel den Dax, zu schlagen. Nun gibt es Fonds, denen das in den vergangenen Jahren recht gut gelungen ist. Sogar in Crashphasen verloren manche Fonds deutlich weniger als die Benchmark. Wer Gebühren sparen möchte und statt in einen Investmentfonds lieber in ETFs investiert, bekommt – wie bereits erwähnt – alles, was in dem betreffenden Index enthalten ist. Blicken wir zum Beispiel zurück ins Corona-Jahr 2020. Wer Anfang 2020 in einen Dax-ETF investierte, hatte eben nicht nur Top-Papiere wie das des Versicherungsriesen Allianz im Portfolio, sondern auch Loser wie Lufthansa und Wirecard. Die eine Gesellschaft wäre ohne Staatshilfe beinahe in die Insolvenz geschlittert, die andere befindet sich nach einem Bilanzskandal mittendrin.

Wahr ist aber auch: Sie wissen nie, wie gut ein gemanagter Aktienfonds performt. Ergebnisse, die in der Vergangenheit erzielt wurden, lassen nicht unbedingt Schlüsse auf die künftige Wertentwicklung zu. Vielleicht hat der so erfolgreiche Fondsmanager mittlerweile bei einer anderen Investmentgesellschaft angeheuert. Und natürlich entstehen Ihnen für Fonds mehr oder minder hohe Kosten. Schon beim Kauf wird ein Ausgabeaufschlag fällig, später folgen laufende Gebühren. Mehr hierzu lesen Sie im Kapitel »Was zahle ich für meine Geldanlage – und wofür?«

Für offene Immobilienfonds gelten zum Teil andere Regeln; deshalb greifen wir dieses Thema etwas ausführlicher im nachfolgenden Kapitel »Sachwerte als sichere Häfen« auf.

An dieser Stelle möchten wir Ihnen noch zwei Varianten von offenen Fonds vorstellen. Zum einen Dachfonds. Deren Manager kaufen wiederum Anteile an anderen Aktien- oder Rentenfonds, den sogenannten Zielfonds. Die Anlage ist damit doppelt diversifiziert, allerdings fallen in der Regel auch doppelte Kosten an. Mischfonds wiederum investieren nicht nur in eine Assetklasse, sondern mindestens in zwei – zum Beispiel in Aktien und Anleihen. Mitunter werden noch weitere Assetklassen beigemischt (zum Beispiel Gold). Das Mischungsverhältnis ist entweder festgeschrieben, oder aber das Management hat eine gewisse Flexibilität, um auf die Entwicklung der Märkte zu reagieren (zum Beispiel durch Reduzierung des Anleiheanteils und Erhöhung der Aktienquote).

Neben den offenen Fonds, auf die sich die oben stehenden Hinweise beziehen, gibt es geschlossene Fonds, die der Finanzierung von größeren Projekten dienen. Im Grunde handelt es sich um eine unternehmerische Beteiligung – mit allen Chancen und Risiken. Sie kennen das Nobelhotel Adlon in Berlin, gleich am Brandenburger Tor? Dieses Projekt wurde damals auch über einen geschlossenen Immobilienfonds finanziert. Solche Fonds sammeln das Geld von risikobewussten Anlegern ein; ist die nötige Investmentsumme erreicht, wird der Fonds geschlossen. Eine Beteiligung an geschlossenen Fonds erfolgt meist unter dem Aspekt der Steueroptimierung.

Nur wenn Sie über ein sehr großes Vermögen und unternehmerisches Know-how verfügen, können *Private-Equity*-Fonds für Sie in Frage kommen. Diese Fonds sammeln Kapital und investieren es in Beteiligungen an Unternehmen. Ziel ist es, diese Beteiligungen später mit größtmöglichem Gewinn wieder zu verkaufen. Die vom Fonds erzielten Gewinne werden dann an die Geldgeber weitergegeben. Auf diesem Markt sind vor allem Versicherungen, Banken und Pensionskassen unterwegs. Privatanleger sind dort selten zu finden.

GUT ZU WISSEN

Die wichtigsten Fonds-Kennzahlen im Überblick

Performance: Darunter versteht man die Wertentwicklung des Fondskurses. Niemand weiß, ob eine ähnliche Performance wie in der Vergangenheit auch künftig erzielt wird. Daher ist die Performance eine Kennzahl von eher beschränkter Aussagekraft.

Alpha: Diese Kennzahl gibt Ihnen Auskunft darüber, wie sich der Fonds im Verhältnis zum entsprechenden Vergleichsmarkt, also der Benchmark, entwickelt hat. Schlägt der Fonds die Benchmark, ist Alpha positiv.

Beta: Zeigt an, wie eng sich der Fondskurs zur Benchmark entwickelt. Liegt der Wert über eins, so ist der Fondswert stärker gestiegen beziehungsweise gefallen als die gewählte Benchmark. Das heißt, Fonds mit großem Beta sind schwankungsintensiv (volatil).

Fondsvolumen: Gesamtsumme des von Kunden in den Fonds investierten Kapitals. Das Fondsvolumen sollte eine erhebliche Größenordnung aufweisen, um eine hinreichende Sicherheit und Handelbarkeit zu garantieren.

2.5 Zertifikate

Mancher Leser ist jetzt vielleicht zusammengezuckt, als er das Stichwort »Zertifikate« las. Sicher erinnern Sie sich noch an die Pleite des US-Investmenthauses Lehman Brothers im September 2008. Damals verloren nicht nur Tausende von Beschäftigten ihre Jobs, sondern auch

Anleger viel Geld. Sie hatten in Zertifikate des zusammengebrochenen Geldhauses investiert. Und damit sind wir gleich beim Thema: Banken verkaufen Ihnen gern Zertifikate, weil sie daran richtig gut verdienen. Unbedarfte Bankkunden glauben bisweilen, es handle sich bei Zertifikaten um »eine Art Aktien«. Und der Begriff »Zertifikat« klingt ja irgendwie auch vertrauensfördernd. Wer einen kostbaren Diamanten kauft, erhält ein Zertifikat. Das ist beruhigend.

Das Zertifikat, das Ihnen Ihre Bank verkauft, ist hingegen nichts anderes als ein Schuldschein. Eine Schuldverschreibung, um es exakt zu formulieren. Sie geben Ihrer Bank Geld – und die Höhe des Rückzahlungsbetrags hängt von der Entwicklung eines Basisprodukts ab. Das können Aktien, Rohstoffe oder Währungen sein. Sie investieren also nicht direkt in diese Anlageklassen, sondern in ein »abgeleitetes« Wertpapier, auch »Derivat« genannt. Als Anleger tragen Sie bei Zertifikaten das Emittentenrisiko. Sprich: Geht die Bank pleite – wie weiland Lehman Brothers –, haben Sie Pech gehabt. Hinzu kommt, dass Zertifikate aufgrund zahlreicher offener oder versteckter Gebühren ziemlich teuer sind (Ausgabeaufschläge, Ordergebühren, Managementgebühren, Innenprovision, mitunter sogar Rücknahmegebühren sowie gegebenenfalls Quantokosten zur Ausschaltung von Währungsrisiken). Der Gebührenfantasie sind kaum Grenzen gesetzt.

Die Vielfalt unterschiedlicher Zertifikate überfordert bisweilen sogar fortgeschrittene Anleger. Die Palette reicht von eher noch konservativen Index-Zertifikaten, zum Beispiel auf den Dax, bis hin zu hochspekulativen Knock-out-Zertifikaten mit der Gefahr des Totalverlustes.

Richtig ist: Erfahrene Investoren, die von einer bestimmten Anlagestrategie überzeugt sind, können diese dank der erwähnten Vielfalt von Zertifikaten recht gut umsetzen. Als Pessimist haben Sie übrigens sogar die Möglichkeit, auch auf fallende Kurse zu wetten. Bestimmte Zertifikate begrenzen zudem die Verlustrisiken. Dafür sind dann allerdings auch die Gewinnchancen limitiert. Kurzum: Es gibt weitaus günstigere und hinsichtlich des Emittentenrisikos auch sicherere Anlageprodukte als Zertifikate, zum Beispiel die erwähnten ETFs oder Fonds.

2.6 Immobilien und Gold

Diese beiden Klassiker unter den Sachwerten behandeln wir im nachfolgenden Kapitel »Sachwerte als sichere Häfen«.

2.7 Das magische Kreuz

Viele von Ihnen haben sicher schon vom »magischen Dreieck« im Zusammenhang mit der Geldanlage gehört. Es steht für die drei wichtigsten Ziele eines Investments. Der Anleger möchte (erstes Ziel) natürlich eine möglichst hohe Rendite erwirtschaften, und das mit geringstmöglichem Risiko (zweites Ziel). Darüber hinaus soll die Anlage liquide sein. Man möchte also schnell wieder an sein Geld kommen, wenn Bedarf besteht (drittes Ziel). Manche sprechen sogar von einem »magischen Viereck«. Das vierte Ziel heißt dann: Steuervorteile.

»Magisch« ist das Ganze, weil man nicht alle Ziele gleichzeitig erreichen kann. Erreicht man eines, entfernt man sich von den anderen. Als Anleger sollte man sich mithin darüber im Klaren sein, wo die individuellen Prioritäten liegen.

Ein Beispiel: Höhere Renditeaussichten bekommen Sie nur, wenn Sie bereit sind, auch gewisse Risiken einzugehen. Und wer sein Geld langfristig anlegt, also auf Liquidität verzichtet, erhält in der Regel ebenfalls eine bessere Rendite als etwa bei einer Anlage auf einem ständig verfügbaren Tagesgeldkonto. Es sei denn, der Markt weist eine sogenannte inverse Zinsstruktur auf, dann gibt's für kurzfristige Einlagen höhere Zinsen als für langfristige Festlegungen.

Aus unserer Sicht müssen zu den drei genannten Zielen noch weitere Qualitätskriterien hinzukommen, um eine Anlageform zu bewerten. Daher sprechen wir vom »magischen Kreuz«. Nehmen wir dessen Eckpunkte ein wenig genauer unter die Lupe.

Ein wichtiges Ziel: Ihre Geldanlage soll Sie vor den Folgen der Inflation schützen. Die Kapitalerträge sollten also mindestens die jährliche Preissteigerung ausgleichen. Auf Dauer ist das natürlich zu wenig, denn Ihr Ziel ist es ja höchstwahrscheinlich, ein Kapitalpolster aufzubauen – sei es, damit Sie sich einen lang gehegten Wunsch erfüllen können, sei es, um ausreichend Geldreserven im Ruhestand zu haben. Das heißt, Ihr Kapital muss sich vermehren; mit reinem Inflationsausgleich ist das natürlich nicht zu erreichen. Achten Sie deshalb immer darauf, welche Rendite nach Abzug der Inflation und gegebenenfalls Steuern übrigbleibt.

Ein weiteres wichtiges Kriterium ist die Flexibilität Ihrer Geldanlage. Das Leben hält immer wieder Überraschungen bereit – erfreuliche und bisweilen leider auch unerfreuliche. Im Augenblick haben Sie vielleicht monatlich 500 Euro frei, um diesen Betrag regelmäßig zum Beispiel in einen Aktienfonds zu investieren. Doch plötzlich kommen andere Verpflichtungen hinzu. Gut, wenn Sie Ihre monatliche Sparrate dann ohne große Umstände anpassen können.

Ein wichtiges Kriterium sind ferner die Kosten. Welche Ausgabeaufschläge, laufende Verwaltungskosten, Depotgebühren, Bearbeitungsgebühren, Kontoführungsgebühren und so weiter fallen an? Die Banken sind sehr kreativ, wenn es gilt, Kosten und »Gebühren« zu erfinden. Zumal dann, wenn mit Zinsen kein Geld mehr zu verdienen ist.

Ihre Geldanlage soll auch transparent sein. Was Sie nicht verstehen oder was Ihnen Berater nicht in ein paar Minuten einfach und nachvollziehbar erklären können, ist meist keine wirklich gute Form der Geldanlage. Je schwieriger und umständlicher das Produkt, desto größer die Wahrscheinlichkeit, dass am Ende nur die Bank verdient. Manche Anlageprodukte werden ganz bewusst kompliziert und komplex ausgestaltet, um künstlichen Beratungsbedarf zu erzeugen. Und dann verkauft Ihnen Ihr Bankberater wahrscheinlich genau das Produkt, für das er eine gute Provision erhält. Achten Sie also auf das Kriterium Verständlichkeit. Ben Tellings, langjähriger Vorstandschef der Direktbank ING sagte mehr als einmal, er hasse »Komplexität« und liebe die Einfachheit. »Einfachheit ist die höchste Stufe der Vollendung«, soll angeblich schon Leonardo da Vinci gesagt haben. Selbst wenn dieses Zitat nicht von ihm stammen sollte, ist es dennoch zeitlos gültig.

Bleibt schließlich noch die Sicherheit: Sie eröffnen ein Konto bei einer ausländischen Bank, weil die noch etwas bessere Zinsen zahlt als die Konkurrenz in Deutschland? In diesem Fall sollten Sie ganz gezielt nachfragen, wie es um die Einlagensicherheit bestellt ist. Konkret: Was passiert, wenn die Bank Pleite macht? Denken Sie immer daran: Keine Bank auf dieser Welt wird Ihnen etwas schenken. Zahlt Ihnen ein Institut höhere Zinsen, braucht es in der Regel Geld – und zwar dringend. Oder es handelt sich um einen Marketinggag, also um einen Lockvogel, der bald wieder davonzieht. Wenn Sie erst einmal ein Festgeld- oder Tagesgeldkonto eröffnet haben, gehen die so attraktiven Zinsen ziemlich schnell in einen steilen Sturzflug über. Das Kalkül der Geldinstitute: Nur wenige Kunden möchten andauernd ihre Bank wechseln.

Sicherheit bedeutet ferner, Produkte mit extrem hoher Volatilität (Schwankungen) zu meiden, wie sie zum Beispiel Bitcoins und andere Kryptos in der Vergangenheit aufwiesen. Auch Produkte mit dem erhöhten Risiko eines Totalverlustes (zum Beispiel sogenannte Futures oder hochriskante Anleihen von Unternehmen mit schlechter Bonität) sollten Sie als Privatanleger meiden. Das ist nur etwas für hartgesottene Zocker. Sie aber wollen Ihr Geld nicht verzocken, sondern mehren.

Resümee

Bewerten Sie eine Anlageform nach den wichtigen Kriterien, welche die Eckpunkte des »magischen Kreuzes« markieren:

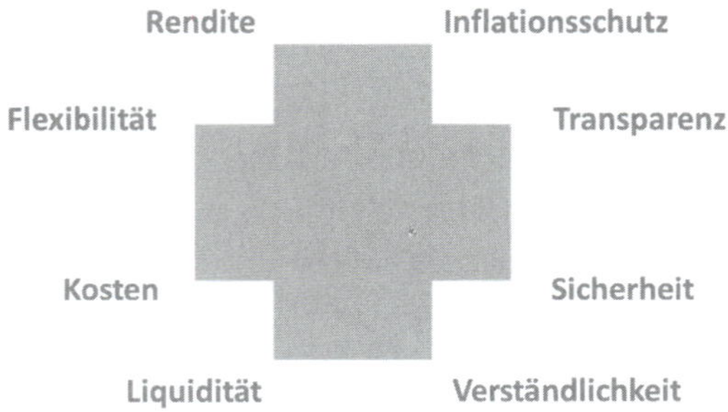

Natürlich müssen Sie sich vorab die Frage stellen, auf welches Kriterium Sie ganz persönlich hohen Wert legen. Soll die Anlage liquide sein, damit Sie bei Bedarf schnell wieder an Ihr Geld kommen? Oder planen Sie eher mittel- bis langfristig, um höhere Renditechancen zu realisieren? Ist Ihnen größtmögliche Sicherheit sehr wichtig, oder sind Sie bereit, überschaubare Risiken einzugehen?

All diese Fragen können nur ganz individuell beantwortet werden, weil Ihre Positionierung innerhalb des »magischen Kreuzes« stark von Ihrer Lebenssituation abhängt: Wie hoch ist Ihr Vermögen beziehungsweise Ihr Einkommen? Leben Sie allein oder haben Sie eine Familie, die versorgt werden muss? Wie ist Ihre steuerliche Belastung? Wie gut sind Sie abgesichert? In welcher Lebensphase befinden Sie sich? Das sind nur einige Fragen, die zur Erstellung eines individuellen Anlageprofils beantwortet werden müssen.

3.0 Sachwerte als sichere Häfen

Natürlich ist auch eine Aktie ein Sachwert, denn Sie erwerben einen kleinen Teil eines Unternehmens. Doch wenn es in schwierigen Zeiten um »sichere Häfen« geht, dann denken Anleger zuerst an Gold (oder andere Edelmetalle) und eben an Betongold, sprich: Immobilien. Beide Anlageformen möchten wir an dieser Stelle etwas ausführlicher behandeln.

3.1 Gold – ein Stabilisator fürs Portfolio

Wird in den Medien über Gold berichtet, so hört und liest man immer wieder stereotype Aussagen. Vom »vermeintlich« sicheren Hafen Gold ist da die Rede. Nun wissen wir nicht, ob das Wort »vermeintlich« – wie so oft – nur falsch verwendet wird oder ob hier zum Ausdruck gebracht werden soll: Gold ist kein sicherer Hafen (dann wäre das Wort »vermeintlich« richtig gewählt, denn es steht für »irrtümlich« und nicht für »wahrscheinlich«). Klar ist: Auch der Goldpreis ist volatil, die Berg- und Talfahrten des Goldpreises können bisweilen schon sehr ausgeprägt sein. Schauen wir uns den Goldpreis im ersten Halbjahr 2020 – also während des Höhepunkts der Coronapandemie – an. Im Februar 2020 war das gelbe Edelmetall an den Finanzmärkten als Krisenwährung gefragt. Der Preis pro Feinunze zog im März bis über

1700 US-Dollar an, das war der höchste Stand seit Dezember 2012. Ab dem 9. März 2020 ging es dann wieder steil bergab, bevor der Goldpreis im Sommer auf über 2000 Dollar pro Feinunze kletterte. »Gold ist und bleibt ein sicherer Hafen – manchmal zeigt sich das eben erst mit ein bisschen Verzögerung«, sagt Frank Schallenberger, Rohstoffexperte der Landesbank Baden-Württemberg (LBBW). Das beweist auch ein Blick auf die unten stehende Tabelle:

Aktien- und Goldrenditen in Finanzkrisen

Finanzkrise	Zeitraum	Rendite Aktienindex MSCI World	Rendite Gold
Schwarzer Montag	August 1987 bis Januar 1988	–24,5 %	–7,9 %
Immobilienkrise in Japan	September 1989 bis August 1990	–36,9 %	–13,4 %
Finanzkrise in Russland	April 1998 bis September 1998	–16,5 %	–12,2 %
Platzen der *New-Economy*-Blase	August 2000 bis März 2003	–53 %	4,1 %
US-Immobilienkrise und weltweite Finanzkrise	Oktober 2007 bis März 2009	–46,1 %	33,8 %
Euro-Krise	Februar 2011 bis November 2011	–17,8 %	28,7 %

Quellen: MSCI, Bundesbank, Finanztip

Die zweite stereotype Aussage: Gold bringt keine Zinsen. Das stimmt. Eine Tages- oder Festgeldanlage aber auch nicht. Das Argument hat also eine nur sehr begrenzte Aussagekraft. Und außerdem wird hier die eigentliche Motivation des Anlegers verkannt: Den meisten Goldanlegern geht es nicht vorrangig darum, kurzfristig hohe Renditen zu erzielen (wenn das gelingt – umso besser). Im Vordergrund steht vielmehr, in eine Anlageklasse zu investieren, die nicht von Papiergeld abhängig ist, sondern sich immer wieder als werthaltiges Investment erwiesen und alle Krisen überstanden hat. Je höher die staatlichen Schuldenberge wachsen, desto attraktiver wird Gold als Stabilisator im Portfolio.

Wir empfehlen, in physisches Gold zu investieren, also in Barren oder Münzen. In diesem Fall können Sie Ihr Gold im wahrsten Sinne des Wortes »begreifen«. Überdies zeigte gerade der Corona-Crash im Frühjahr 2020, wie schnell Papiergold (also Finanzprodukte in Form verschiedener Derivate, die ihre Kursentwicklung direkt vom Goldpreis ableiten) und Minenaktien verkauft wurden. Aber physisches Gold befand sich damals in festen Händen; ja, führende Goldhändler berichteten sogar von einer kolossalen Nachfrage nach Barren und Münzen.

Und das, obgleich die Regierung den von vielen Anlegern geschätzten anonymen Kauf von Gold (oder anderen Edelmetallen) in den vergangenen Jahren immer weiter erschwert hat. Es ist noch nicht allzu lange her, da konnte man ganz legal bis zu einer Obergrenze von unter 15 000 Euro (also ganz genau: 14 999,99 Euro) Goldmünzen und -barren erwerben, ohne sich legitimieren zu müssen. Dann wurde dieser Betrag zunächst auf 10 000 Euro und im Jahr 2020 drastisch auf 2000 Euro reduziert. Man lehnt sich wohl nicht allzu weit aus dem Fenster, wenn man bald eine weitere Reduzierung dieser Obergrenze vorhersagt. Schon heute können Sie nicht einmal mehr eine Unze Gold kaufen, ohne Ihren Personalausweis zücken zu müssen. Allerdings hat diese Entwicklung die Nachfrage nach physischem Gold keineswegs gebremst – im Gegenteil. Außerdem müssen Sie sich spätestens beim Verkauf Ihrer Edelmetalle ohnehin legitimieren.

Die meisten Anleger, die nur für einen kleineren Betrag Gold erstehen möchten, kaufen Anlagemünzen, auch »*Bullion Coins*« genannt, was übersetzt schlicht »Barrenmünzen« heißt. Die meisten dürften Ihnen bekannt sein, allen voran der Krügerrand aus Südafrika, der Maple Leaf aus Kanada, der Känguru und der Lunar aus Australien, der Panda aus China und der American Gold Eagle/American Buffalo aus den USA. Falls Ihnen eine Ein-Unze-Münze zu teuer ist, können Sie auch eine halbe oder eine viertel Unze erstehen. Sogar noch geringere Gewichte sind bei Goldmünzen möglich. Unsere Empfehlung: Wenn Sie Ihre Goldmünzen unter Anlagegesichtspunkten erwerben, entscheiden Sie sich für Ein-Unze-Münzen. Denn je geringer das Gewicht der Münze, desto stärker fällt die Händlermarge in Relation zum Goldwert ins Gewicht. Die Marge steht für den Unterschied zwischen Einkaufs- und Verkaufspreis. Es macht daher durchaus Sinn, größere Münzen zu kaufen, sofern Sie eine entsprechende Summe investieren möchten.

Anders sieht es aus, wenn Sie Monat für Monat in physisches Gold investieren möchten, sozusagen eine Art Goldsparplan. Nur wenige Glückliche sind in der Lage, einmal im Monat eine ganze Unze des gelben Edelmetalls zu erwerben. In diesem Fall können Sie sukzessive Halbe- oder Viertel-Unze-Münzen kaufen, um sich im Laufe der Jahre einen kleinen, aber feinen Goldschatz aufzubauen.

Sollten Sie jedoch planen, einen größeren Betrag in physisches Gold zu investieren, empfehlen wir Ihnen den Kauf von Goldbarren. Die Palette reicht von Ein-Gramm-Barren, die Sie mitunter vielleicht geschenkt bekommen, wenn Sie irgendein Wirtschaftsmagazin abonnieren, bis hin zu stattlichen Barren von 12,5 Kilogramm Gewicht, von denen einer bereits ausreicht, um sich von seinem Gegenwert eine tolle Eigentumswohnung in guter Lage kaufen zu können. Grundsätzlich gilt aber auch in diesem Fall die Empfehlung: Kaufen Sie lieber größere Goldbarren (es müssen ja nicht gleich 12,5 Kilogramm sein ...) als mehrere kleine. Denn relativ gesehen sind kleine und kleinste Barren etwas teurer als große.

Doch keine Regel ohne Ausnahme: Ein paar Barren von mittlerem Gewicht (50 oder 100 Gramm) sollten Sie schon in Ihrem physischen Golddepot haben. Denn wenn Sie aus irgendwelchen Gründen Bargeld benötigen, müssen Sie nicht gleich einen 250-Gramm-Barren veräußern. Wenn Sie ein paar Münzen von einer oder einer halben Unze im Depot haben, können Sie den Goldverkauf in etwa Ihrem Liquiditätsbedarf anpassen.

Größere Goldbarren, etwa ab 250 Gramm aufwärts, kommen in der Regel in gegossener Form auf den Markt. Bei diesem Verfahren wird das Goldgranulat entweder in einem Tiegel eingeschmolzen und dann unter Zugabe einer Schutzgasflamme in die Barrenform gegossen. Oder aber das Granulat wird direkt in die Barrenform eingefüllt und dann in dieser verflüssigt. Beim Erkalten des Barrens entstehen die typischen Erstarrungslinien, die jeden Gussbarren zu einem Unikat und daher bei Goldfans zu etwas ganz Besonderem machen. Geprägte Goldbarren werden aus einem Goldblech herausgestanzt. Dieses Verfahren ist heute bei kleineren bis mittelgroßen Barren (meist bis 100 Gramm) üblich. Die fertig geprägten Barren werden zum Schluss je nach Hersteller oder Kundenvorgabe in Folie verschweißt oder in einer sogenannten Blisterbox (Sichtverpackung) eingesiegelt.

Ein Kinebarren (oder Kinebar) verfügt über eine Sicherheitstechnologie in Form eines Kinegramms, wie es zum Beispiel auch für Banknoten und Reisepässe verwendet wird. Das Kinegramm befindet sich auf der Rückseite des Barrens. Argor-Heraeus stellt Kinebarren bereits seit 1994 her. Die Namensrechte für »Kinebar« liegen bei der Schweizer Großbank UBS. Besonders beliebt sind die Kinebarren der Münze Österreich. Deren Kinegramm besteht aus einem Lippizaner. Je nach Betrachtungswinkel verändert sich die Position, Pferd und Reiter scheinen zu springen.

CombiBars oder Tafelbarren sehen tatsächlich so aus wie eine Tafel Schokolade. Sie bestehen aus einem Verbund von Ein-Gramm-Barren, die mithilfe von Sollbruchstellen voneinander getrennt werden können. Sie haben also die Möglichkeit, genau so viele kleine Goldbarren herauszubrechen und zu verkaufen, wie Sie brauchen, um einen bestimmten Verkaufserlös zu erzielen. Manche Anleger schwören auch auf Silber, Platin und Palladium. Ihr Argument: Diese Edelmetalle werden verbraucht (von der Industrie), Gold hingegen wird gehortet. Das ist zwar richtig, doch birgt dies natürlich auch ein Risiko. Bei einer weltweiten Wirtschaftsflaute (etwa als Folge einer neuerlichen Pandemie) geht die Nachfrage nach diesen Edelmetallen zurück. Und außerdem: Ihr Gold kaufen Sie in der EU mehrwertsteuerfrei, für die »weißen Edelmetalle« müssen Sie Mehrwertsteuer zahlen. Dennoch: Silber ist sozusagen das »Kleingeld« eines Edelmetallportfolios und gehört ganz einfach dazu. Palladium und Platin sehen wir eher als »On-Top-Investments«, wenn Sie Ihr Gold- und Silberdepot aufgebaut haben.

Resümee

Wenn Sie in Gold (oder auch in Silber) investieren möchten, so gilt es aus unserer Sicht zwischen zwei Investmentansätzen zu unterscheiden:

1. Sie investieren einen Anteil von 10 bis 20 Prozent in physisches Gold oder Silber – wobei der höhere Anteil für einen vorsichtigen, eher konservativen Anleger infrage kommt. Sollte sich die von Ihnen gewählte »Goldquote« in Relation zu Ihrem Gesamtvermögen einmal ändern, kaufen Sie nach beziehungsweise verkaufen den überschüssigen Anteil (natürlich nur, wenn sich der Goldpreis dann nicht auf Talfahrt befindet; in diesem Fall warten Sie lieber ein paar Monate oder Jahre ab).

2. Sie sehen Edelmetalle als handelbare Assetklasse auf Zeit und investieren hier antizyklisch. Das heißt, Sie steigen ein, wenn Gold in den Medien wieder mal »schlechtgeschrieben« wird und keiner das gelbe Edelmetall mag. Und Sie verkaufen, wenn plötzlich alle wieder zu Goldfans werden und darauf schwören.

3.2 Exkurs: Diamanten

Häufig werden wir gefragt, was wir von Diamanten als Geldanlage halten. Ganz ehrlich: nicht viel. Es sei denn, Sie sind sehr vermögend, denn ein nennenswertes Diamanten-Investment setzt den Einsatz von mindestens 50 000 Euro voraus. Und wenn Sie jetzt berücksichtigen, dass Sie höchstens 5 bis 10 Prozent Ihres liquiden Gesamtvermögens in Diamanten investieren sollten, dann können Sie leicht ausrechnen, von welchem Vermögensvolumen wir hier reden.

Doch Sie brauchen nicht nur viel Geld, sondern auch sehr viel Expertise für den Diamantenkauf. Das fängt schon mit der Frage an, welche Zertifikate von welchen gemmologischen Instituten international anerkannt werden, denn dies ist die Voraussetzung, um beim Verkauf von Diamanten einen angemessenen Preis zu erzielen. Als führende internationale Institute gelten HRD in Belgien sowie IGI und GIA in den USA. Hochkarätige Steine, die sich als Kapitalanlage eignen, sollten jedoch immer über ein GIA-Zertifikat verfügen.

Wenn Sie sich schon einmal mit Diamanten näher beschäftigt haben – sei es als alternative Geldanlage, sei es vor dem Kauf von Diamantschmuck –, dann haben Sie höchstwahrscheinlich von den berühmten 4 C gehört, die über den Wert eines Diamanten entscheiden. Diese 4 C stehen für »Carat«, »Colour«, »Cut« und »Clarity«, also Karatzahl, Farbe, Schliff und Reinheit. Weniger bekannt ist, dass es weitere qualitätsentscheidende Parameter zur Beurteilung des Wertes eines Diamanten gibt. Dazu gehören die Schliffausführung, die erwähnten Zertifikate sowie der Nachweis, dass es sich nicht um Blut- oder Konfliktdiamanten handelt.

Bedenken sollten Sie ferner den »Autohaus-Effekt«: Wenn Sie sich ein neues Fahrzeug kaufen und vom Hof des Händlers fahren, hat Ihr neuer Stolz schon viel an Wert eingebüßt, nämlich die nicht unerhebliche Händlerprovision. Gleiches gilt auch für Diamanten. Viele Händler und Zwischenhändler verdienen daran. Wenn Sie heute um zehn Uhr einen Diamanten kaufen und ihn um elf Uhr wieder verkaufen, haben

Sie mindestens 40 bis 50 Prozent verloren. Allerdings gibt es mittlerweile auch viele seriöse Händler im Internet mit deutlich geringeren Spannen. Nur müssen Sie sich dann wirklich zutrauen, die Spreu vom Weizen zu trennen.

Kurzum: Wenn Sie sich am faszinierenden Feuer facettenreicher Diamanten und Farbedelsteine erfreuen, dann kaufen Sie Schmuck und machen sich selbst oder Ihrer Partnerin damit eine Freude. Diamanten als Kapitalanlage sind allenfalls für sehr wohlhabende Zeitgenossen geeignet.

3.3 Immobilien – Sachwert mit Nutzwert

Kommen wir nun zum sogenannten »Betongold«, sprich: Immobilien. Wenn Sie sich ungeachtet deutlich gestiegener Preise für den Kauf eines Hauses oder einer Eigentumswohnung entscheiden, dann stehen Sie zunächst vor einer Grundsatzentscheidung: Möchten Sie selbst in das Objekt einziehen (Immobilie zur Eigennutzung) oder beabsichtigen Sie, das Objekt zu vermieten (Immobilie als Kapitalanlage)? Eine Empfehlung gleich vorab: Wenn Sie selbst noch zur Miete wohnen, macht es in der Regel wenig Sinn, eine Immobilie als Kapitalanlage zu erstehen. Zunächst sollten Sie in die eigenen vier Wände investieren, um mietfrei zu wohnen, was sich vor allem im Ruhestand als großer Vorteil erweist. Allerdings: »Kostenlos« werden Sie auch dann nicht wohnen, wenn das Objekt entschuldet ist. Denn die Immobilie altert zusammen mit ihren Eigentümern. Und die dann anfallenden Reparatur- und Modernisierungskosten sollten nicht unterschätzt werden.

Dennoch: Es gibt eine Reihe von guten Gründen, Wohneigentum zu erwerben. Da wäre zunächst eine ganz einfache wirtschaftliche Überlegung: Sie stehen vor der Entscheidung, ob Sie ein Leben lang Miete zahlen oder nicht doch lieber sukzessive Eigentum aufbauen wollen. Wir denken, das ist eine rhetorische Frage. Denn natürlich ist es sinnvoller, die eigene Immobilie zu entschulden, als Monat für Monat Miete zu überweisen. Während der Tilgungsphase Ihres Immobiliendarlehens erweist sich Ihre Immobilie als bestes »Sparschwein«. Monat für Monat gehört Ihnen ein Stück mehr Ihres Hauses oder Ihrer Wohnung.

Der zweite Grund ist das anhaltend niedrige Zinsniveau. Noch nie war Baugeld so günstig. Sie können Ihre Immobilie zu überschaubaren Konditionen finanzieren und hierfür eine langfristige Zinsbindung wählen. Der dritte Grund: Traditionelle Spareinlagen verzeichnen so gut wie keine Rendite mehr, manche Institute verlangen sogar Negativzinsen. Gleichzeitig verlieren Ihre Ersparnisse aber immer mehr an Wert, selbst bei einer moderaten Inflationsrate. Wohin also mit dem Geld? Immobilien stellen – sofern die Rahmenbedingungen stimmen, auf die wir noch eingehen werden – eine gute und inflationsgeschützte Alternative dar. In manchen Fällen kommt (mindestens) ein vierter Grund hinzu: Der Immobilienkäufer möchte der nachfolgenden Generation etwas hinterlassen. Die Kinder oder Enkel sollen mit dem Haus oder der Eigentumswohnung einen soliden und schuldenfreien Sachwert erben.

Keine Frage, das alles sind gute Gründe, sich für Immobilien zu entscheiden. Doch kommen wir nun zu den erwähnten Rahmenbedingungen, die stimmen sollten. Natürlich erscheint es sinnvoller, Eigentum abzubezahlen, als monatlich Miete zu überweisen. Allerdings nur, wenn die Wahrscheinlichkeit groß ist, dass Sie viele Jahre an Ihrem jetzigen Standort leben und arbeiten werden. Haben Sie oder Ihr Partner/Ihre Partnerin einen Beruf, der ständige Umzüge, möglicherweise sogar ins Ausland, erforderlich macht, dann sollten Sie sich zumindest im Moment noch nicht mit einer Immobilie an einen bestimmten Standort binden. Natürlich können Sie zum Beispiel eine Eigentumswohnung jederzeit vermieten oder verkaufen, wenn Sie sich in einer weit entfernten Stadt oder im Ausland niederlassen möchten. Doch das ist naturgemäß mit einigem Aufwand verbunden. Und ob Sie mit einer vermieteten Immobilie wirklich glücklich werden, hängt davon ab, welcher Mieter in ihre Wohnung einzieht. Sie müssen ja nicht gleich an Mietnomaden oder »Messies« geraten, die Ihre Wohnung oder Ihr Haus in einen Abfallcontainer verwandeln. Es ist der Qualität einer

Immobilie grundsätzlich nicht zuträglich, wenn sie jeweils nur für zwei, drei Jahre vermietet wird. Eine starke Mieterfluktuation erfordert meist einen erhöhten Reparatur- und Sanierungsaufwand, sonst kann Ihr Objekt deutlich an Wert einbüßen.

3.4 Alternative offene Immobilienfonds

Wie wäre es, wenn Sie in ein schickes Fünf-Sterne-Hotel in bester Lage investierten? Oder in ein architektonisches Highlight im Bankenviertel von Frankfurt? Vielleicht auch in ein luxuriöses Einkaufszentrum, in dem von Designermode über Delikatessen bis hin zu wertvollen Uhren alles angeboten wird, was edel und teuer ist? Klingt sicher nicht schlecht. Der Nachteil ist nur: Mit Ihren Rücklagen auf schlecht verzinsten Sparkonten, für die Sie nach Alternativen suchen, dürften Sie sich ein solches Investment vermutlich kaum leisten können. Aber Sie müssen ja nicht gleich das gesamte Objekt kaufen. Mithilfe von offenen Immobilienfonds (OIFs) können Sie selbst mit geringen Summen an den Renditechancen solcher Immobilien teilhaben. Zum Beispiel, indem Sie einen Sparplan einrichten und monatlich 50 Euro oder mehr in einen solchen Fonds investieren. Alternativ dazu können Sie natürlich einmalig einen größeren Betrag einzahlen oder aber beide Formen kombinieren.

Offene Immobilienfonds sind *Open-End*-Fonds. Das heißt, das Geld der Anleger fließt nicht nur in *ein* bestimmtes Projekt, wie bei geschlossenen Immobilienfonds. OIFs sind vielmehr für Einlagen immer »geöffnet«. Sie funktionieren wie Aktienfonds. Das Geld der Anleger fließt in einen Topf. Das Fondsmanagement der Kapitalverwaltungsgesellschaft (KVG) kauft mit diesem Kapital aber eben keine Aktien, sondern vor allem Gewerbeimmobilien (Bürogebäude, Hotels, Einkaufszentren und so weiter), teilweise sogar Wohnimmobilien. Die Anleger erhalten Anteile am Fondsvermögen und somit indirekt auch an den Objekten entsprechend der Höhe ihrer Einlagen. Die Rendite für die Anleger setzt sich zum einen aus den anteiligen Mieterträgen für die im

Bestand des Fonds befindlichen Objekte zusammen, zum anderen aus den Gewinnen bei einem späteren Verkauf der Immobilie.

Wer gut streut, rutscht nicht aus. Diese Empfehlung für sicherheitsbewusste Anleger gilt auch für offene Immobilienfonds. Mit einer möglichst breit gestreuten Geldanlage lassen sich Risiken reduzieren. Das heißt in unserem Fall: Der Fonds muss mehrere Objekte in seinem Portfolio haben. Darüber hinaus ist eine Mindestkapitalreserve vorgeschrieben, damit der Fonds auf Wunsch seiner Anleger Anteile zum Rücknahmekurs zurückkaufen kann. Im Einzelnen gelten folgende Vorschriften für das Fondsmanagement:

- Es muss eine Liquiditätsreserve von mindestens 5 bis maximal 49 Prozent des Fondsvermögens vorhalten. Diese Reserve sollte möglichst gering sein, denn mit Liquidität lassen sich in Niedrigzinsphasen keine nennenswerten Erträge erwirtschaften. Das heißt: Bei hohen Barreserven fällt Ihre Rendite geringer aus als bei einer hohen Investitionsquote.
- Der Fonds muss mindestens zehn verschiedene Immobilien in seinem Portfolio aufweisen.
- Keine Liegenschaft darf zu mehr als 15 Prozent des Fondsvermögens erworben werden.
- Maximal 20 Prozent des Fondsvermögens dürfen in Grundstücke im Zustand der Bebauung investiert sein.
- Höchstens 30 Prozent des Fondsvermögens dürfen in Immobilien außerhalb des Euro-Raums fließen, um Wechselkursrisiken auszuschließen, sofern der Fonds diese Risiken nicht absichert.

Seit Beginn der Niedrigzinsphase fließen jährlich zweistellige Milliardensummen in offene Immobilienfonds. So sehr boomt die Branche, dass die Fondsmanager mittlerweile ein ausgesprochenes Luxusproblem haben: Sie tun sich zunehmend schwer, mit dem ihnen anvertrauten Geld attraktive Immobilien zu akzeptablen Preisen und in guten bis sehr guten Lagen zu kaufen. Offene Immobilienfonds sind vor allem in unruhigen Börsenzeiten und in Perioden sehr niedriger Zinsen gefragt. Also genau das Richtige, wenn die Bank keine Zinsen mehr zahlt, mag da mancher denken. Ja, aber das ist eben nur die halbe Wahrheit. Tatsächlich gilt es, auch Risiken zu beachten.

Für Sie als Anleger kommen offene Immobilienfonds infrage, wenn Sie eine etwas bessere Rendite als mit Sparprodukten erzielen möchten, ohne aber die erhöhten Risiken einer Aktienanlage einzugehen. Das Rendite-Risiko-Verhältnis spiegelt sich denn auch in der zu erwartenden Rendite wider. Sie liegt meist irgendwo in der Mitte zwischen den durchschnittlichen Renditen von Sparprodukten und Aktien oder Aktienfonds. In den vergangenen Jahren erzielten gut gemanagte offene Immobilienfonds eine Wertentwicklung von im Durchschnitt über zwei Prozent pro Jahr.

Ob künftig ähnliche Renditen erwirtschaftet werden können, erscheint zumindest fraglich. Infolge der Corona-Krise könnte mittel- bis längerfristig die Nachfrage nach Büroflächen zurückgehen (verstärkter Einsatz von Homeoffice). Und auch Hotelimmobilien dürften an den Folgen der Pandemie leiden (weniger Geschäftsreisen, mehr Videokonferenzen und so weiter). Vielleicht erinnern Sie sich an die Zeit nach der Jahrtausendwende. Es waren keine guten Jahre für Anleger. Fast schon legendär ist der Seufzer eines Börsianers, der damals genervt lamentierte, die Crashs an den Börsen kämen fast schon häufiger als die Londoner U-Bahnen. Viele von Aktien und Aktienfonds enttäuschte Anleger investierten daraufhin ihr Geld in Beton-Gold, zumal es ja nicht gleich ein Haus oder eine Eigentumswohnung sein muss.

So viel Geld floss den Immobilienfonds damals zu, dass einige buchstäblich »wegen Reichtums geschlossen« wurden. In der Branche nennt man dies »*Cash Stop*«. Das heißt, der Fonds nimmt vorübergehend keine neuen Anlegergelder mehr an. Ein *Cash Stop* gilt so lange, bis das Fondsmanagement wieder interessante Objekte gefunden hat, in die es das Geld seiner Kunden investieren will.

Ab dem Jahr 2004 wurden mehrere offene Immobilienfonds Opfer ihres eigenen Erfolgs. Angesichts anhaltend hoher Geldzuflüsse suchten die Fondsmanager händeringend nach entsprechenden Objekten – und waren schließlich bereit, dafür auch hohe Preise zu zahlen. Dadurch geriet das Geschäftsmodell dieser Fonds allmählich in eine existenzbedrohende Krise. Die Aussicht nämlich, dass die Objekte in einigen Jahren mit Gewinn würden veräußert werden können, sank angesichts hoher Einstandspreise allmählich gegen null. Hinzu kamen kritische Berichte von Ratingagenturen und Medien. Massenweise gaben Anleger daraufhin ihre Anteilsscheine zurück; mit der Konsequenz, dass die Barreserven dahinschmolzen wie Schnee in der Sonne und mehrere Fonds für Monate oder Jahre geschlossen werden mussten. Kein Wunder also, dass damals mancher schon das Totenglöckchen für diese Form der Kapitalanlage läutete.

Zu den Risiken, die Sie kennen sollten, gehört also, dass offene Immobilienfonds geschlossen werden müssen, wenn die Illiquidität droht. Zur vorübergehenden Schließung ist die Kapitalverwaltungsgesellschaft verpflichtet, sobald die Liquiditätsreserven auf unter 5 Prozent des Fondsvermögens fallen. Zum Beispiel, weil viele Anleger ihre Fondsanteile zurückgeben. Das Ganze erinnert dann ein wenig an einen Banken-Run, wenn Kunden vor ihrem in Schieflage geratenen Kreditinstitut Schlange stehen, um ihr Geld abzuheben und somit zu retten, was noch zu retten ist. Irgendwann geht der Bank dann das Geld aus. Gerät ein offener Immobilienfonds in die Illiquidität, dann muss das Fondsmanagement Immobilien aus dem Fondsbestand verkaufen. Wer aber unter Druck verkaufen muss, befindet sich niemals in einer komfortablen Lage. Meist erzielt man dabei keine wirklich guten Preise. Im Klartext: Im *Worst Case* einer Fondsschließung können Sie für längere Zeit nicht an Ihr Geld und Sie müssen überdies mit Verlusten wegen schlechter Verkaufserlöse rechnen.

Seit Banken nur noch Mini- oder Nullzinsen gewähren und obendrein sogar Strafzinsen drohen, feiern die offenen Immobilienfonds ein fulminantes Comeback – wie Phönix aus der Asche. Hinzu kommt, dass der Gesetzgeber aus der damaligen Krise Konsequenzen gezogen hat. Seit 2013 gelten folgende Halte- und Rückgabepflichten:

- Sie müssen Anteile an offenen Immobilienfonds mindestens zwei Jahre halten.
- Die Rückgabe von Fondsanteilen muss mit einer Frist von zwölf Monaten angekündigt werden.
- Für Fondsanteile, die vor dem 22. Juli 2013 gekauft wurden, gilt eine Sonderregelung: Diese Anteile können Sie bis zu einem Freibetrag von halbjährlich 30 000 Euro verkaufen – unabhängig von den neuen Haltefristen.
- Geht einem Fonds trotz dieser Haltefristen die Liquidität aus, kann er bis zu 36 Monate geschlossen werden.

Unabhängig von der Haltefrist können Sie Ihre Fondsanteile jedoch an der Börse verkaufen. Dort erhalten Sie freilich nicht den von der Fondsgesellschaft aufgerufenen Rücknahmepreis, vielmehr richtet sich der Kurs – wie bei einer Aktie – nach Angebot und Nachfrage.

Kommen wir schließlich zur spannenden Frage, was einen guten offenen Immobilienfonds auszeichnet. So wie es Aktienfonds mit guter und eher schwacher Performance gibt, machen auch offene Immobilienfonds Anleger mal mehr, mal weniger glücklich. Ob top oder flop, darüber entscheiden vor allem die folgenden Qualitätskriterien:

- Ein möglichst hoher Anteil des Fondsvermögens sollte in Immobilien investiert sein (keine hohen Barreserven, die letztlich die Rendite verwässern).
- Das Fondsmanagement soll in neue oder sanierte Qualitätsimmobilien in guter bis sehr guter Lage investieren, nach Möglichkeit in internationalen Metropolen.
- Erworbene Immobilien sollten keine Leerstände aufweisen (denn dies bedeutet Mietausfälle).
- Zahlungskräftige Mieter.
- Langfristige Mietverträge.

Werden Objekte außerhalb des Euro-Raums gekauft, so sollte das Währungsrisiko abgesichert sein. Das kann auch dadurch geschehen, dass die Fondsgesellschaft den Kauf einer Immobilie teilweise in der betreffenden Landeswährung finanziert.

Beim Kauf eines offenen Immobilienfonds verlangen die Banken meist ein Agio von 5 Prozent auf den Anlagebetrag, was bei einer zu erwartenden Rendite von 2 Prozent bedeutet, dass der Anleger in den ersten zweieinhalb Jahren gar keine Rendite erzielt. In den Folgejahren wird es also sehr lange dauern, bis im Schnitt die »2« steht.

Kaufen oder verkaufen? Nicht immer sollte man der Herde folgen.

4.0

Antizyklisches Investieren – nicht immer der Herde nach

Die Konnotation des Begriffs »Crash« ist eine ausgesprochen negative. Deshalb verwenden die Crash-Propheten dieses Wort auch mit besonderer Vorliebe. »Crash« – das assoziiert Absturz, Pleite, im schlimmsten Fall den Ruin. Dieser Begriff hat in der Tat etwas höchst Bedrohliches. Vor allem dann, wenn es um Geld geht. Ein Computer-Crash mag zwar ebenfalls höchst unerfreulich und ärgerlich sein, aber ein Börsencrash macht Aktienanleger – zumindest vorübergehend – deutlich ärmer, auch wenn die Verluste erst dann eintreten, wenn man just in diesem Moment seine Wertpapiere verkauft.

Als die Idee zu diesem Buch entstand, berichteten die Medien erstmals von einem aggressiven Virus aus China, das zu einer globalen Gefahr werden könnte. Noch gab es in Deutschland offiziell keinen einzigen Corona-Fall. Das änderte sich innerhalb von wenigen Wochen schlagartig. In Italien und Spanien spitzte sich die Situation dramatisch zu, in den dortigen Krankenhäusern gab es plötzlich nicht genug Intensivbetten und Beatmungsgeräte, um schwerkranke Menschen zu behandeln. In Deutschland und den meisten anderen Staaten reagierten die Regierungen mit einem noch nie da gewesenen Lockdown. Die Länder wurden weitgehend stillgelegt, in vielen Betrieben herrschte nachgerade gespenstische Ruhe, die Belegschaft wurde in Kurzarbeit geschickt. Und an der deutschen Börse herrschte fast schon Endzeitstimmung. In nur 28 Tagen büßte der Dax fast 40 Prozent seines Wertes ein. Das war der schnellste Absturz des Aktienmarktes, den man in Deutschland je erlebt hatte.

Im März 2020 fiel das deutsche Börsenbarometer auf unter 8500 Punkte. Wow, da braucht man schon starke Nerven, um nach diesem Kurssturz beherzt zuzugreifen, zumal auch die Medien nicht gerade Zuversicht verbreiteten. Freilich gab es Ausnahmen. Der heute in Uruguay lebende frühere deutsche Finanzjournalist Christian Wolf etwa berichtete im März von einer starken Unterstützung des Dax bei 8000 Punkten. Der März 2020 bescherte den Anlegern Qualitätsaktien zu Schlussverkaufspreisen. »Coole Anleger ignorierten die notorischen Schwarzmaler und Untergangspropheten, die gar nicht anders können, als jede günstige Einstiegsmöglichkeit zu verpassen«, schrieb Wolf.[77] Und er gab gleich einen konkreten Tipp: Viele Ölaktien wiesen nach dem damaligen Absturz hohe Dividendenrenditen auf, beispielsweise die BP-Aktie mit sage und schreibe 11,6 Prozent.

Jeder Crash bietet für nervenstarke und langfristig orientierte Anleger eben auch Superchancen. Wie an anderer Stelle bereits ausgeführt, kehren die Börsenindizes nach jedem Crash nicht nur wieder zum Ausgangspunkt zurück, sie erreichen danach sogar neue Höchststände. Das dauert mitunter ein paar Jahre, mitunter geht es aber auch viel schneller. Als sich die Autoren dieses Buches im August 2020 auf der Zielgeraden zur Fertigstellung dieses Titels befanden, notierte der Dax zeitweise bereits wieder bei über 13 000 Zählern und der US-amerikanische S&P-500-Index erreichte sogar ein neues Allzeithoch. Und nicht wenige ärgerten sich: »Ach, hätte ich doch im März zugegriffen … Damals, als keiner Aktien kaufen wollte.« Genau das ist der Punkt. Wenn niemand mehr Aktien kaufen möchte und die Medien mehrheitlich negativ berichten – genau dann sollten Sie zugreifen. »Antizyklisches Investieren« nennt man das.

Das Gegenteil ist zyklisches Investieren. Bildhaft ausgedrückt: Sie rennen immer der Herde nach. Als antizyklischer Investor schwimmen

Sie hingegen gegen den Strom. Zyklisches Verhalten folgt der sogenannten »Schwarmintelligenz«. Dieser Begriff wird allgemein definiert als die Fähigkeit eines Kollektivs zu sinnvoll erscheinendem Verhalten. Wenn plötzlich Millionen Anleger rund um die Welt panisch Aktien verkaufen, entsteht bei vielen Menschen der Eindruck, so viele Anleger könnten nicht irren, also verkaufe ich meine Aktien ebenfalls, um zu retten, was noch zu retten ist. Die Geschichte ist reich an Beispielen dafür, dass auch die angebliche Schwarmintelligenz voll daneben liegen kann.

Vermutlich haben Sie schon von Carl Celian Icahn gehört. Der US-amerikanische Milliardär und Großinvestor gehört zu den reichsten Männern der Welt. Vorübergehend war er Sonderberater des Weißen Hauses. Er soll einmal sein Erfolgsgeheimnis als Investor ganz einfach auf den Punkt gebracht haben: »Du musst Aktien kaufen, wenn sie keiner haben möchte. Das ist das wahre Geheimnis.«[78]

Für den einen führt antizyklisches Investieren also zu großem Vermögen, für den anderen direkt ins Gefängnis. Erinnern Sie sich noch an Nick Leeson, den ehemaligen Trader der traditionsreichen britischen Barings Bank, die er mit seinen Handelsstrategien ruinierte? Auch er handelte letztlich antizyklisch. Er war der festen Überzeugung, dass die japanischen Aktien im Kurs steigen würden. Indes, sie fielen weiter – und das Unglück nahm seinen Lauf.

Es macht eben einen entscheidenden Unterschied, ob Sie gierig und in großem Umfang, wie dies nur institutionelle Anleger können, antizyklisch investieren, oder als Privatanleger in kleinen Schritten. Langfristige Erfahrungen zeigen jedenfalls, dass antizyklisches Anlegen, bisweilen als »*Contrarian Strategy*« bezeichnet, tendenziell eine höhere Rendite erwirtschaftet als zyklisches Investieren. Als Contrarian werden Sie aber nur erfolgreich sein, wenn

- Sie über gute Nerven verfügen und auch dann noch bei Ihrer Einschätzung bleiben, wenn die große Mehrheit anderer Meinung ist;

- Sie über ein gutes Marktverständnis verfügen, um rechtzeitig Chancen und Risiken zu erkennen;
- Sie einen langfristigen Anlagehorizont haben (nach einem Crash kann es – wie in der Corona-Krise – wieder sehr schnell aufwärts gehen, es kann aber auch viele Jahre dauern), wir empfehlen einen Anlagehorizont von 10 bis 15 Jahren;
- Sie extreme Schwankungen aushalten.

Aber wann lohnt sich eigentlich der Einstieg für einen Contrarian? Wenn der Markt um 10 oder 15 Prozent gefallen ist? Das wäre viel zu wenig. Der Markt, für den Sie sich interessieren, sollte richtig im Keller sein. So tief gefallen, dass sich kaum noch Anleger dafür interessieren. Wir empfehlen, erst bei Kurseinbrüchen zwischen 40 und 50 Prozent aktiv zu werden. Sie erinnern sich: Zu Beginn der Corona-Krise büßte der Dax in nur 28 Tagen fast 40 Prozent ein. Bei den anderen führenden Börsenindizes sah es nicht besser aus.

Allerdings empfehlen wir Ihnen, als Contrarian nicht auf einen breiten Markt zu schauen, sondern auf bestimmte Branchen. Wir wollen das anhand einiger Fonds darstellen. Dabei geht es um volatile Märkte wie Technologie, Biotechnologie und Erdöl.

Zunächst der Global Technology Fund A von Fidelity Funds, ein Produkt, das schon vergleichsweise lange am Markt ist und das Auf und Nieder dieser Branche daher gut widerspiegelt. Ende der 1990er Jahre sowie nach 2000 war dieser Fonds geradezu eine Renditerakete. Jeder wollte an den Chancen, welche die neuen Technologien bargen, verdienen. Danach freilich ging es kräftig nach unten. In dieser Situation muss sich der Contrarian fragen, ob er an diese Branche noch glaubt. Geht er davon aus, dass sich der Markt irgendwann einmal erholt und es zu deutlichen Gewinnen kommt? Im Fall dieses Technologie-Fonds hat es sich gelohnt, nach dem Absturz einzusteigen, obgleich man schon ein paar Jahre Geduld mitbringen musste. Denn ab dem Jahr 2010 ging es mit diesem Fonds wieder stark nach oben. Wer antizyklisch investiert hatte, durfte sich über eine hervorragende Rendite freuen.

Das zweite Beispiel: der Biotechnology C Fund von Candriam Equities L. Auch dieser Fonds legte nach dem Jahr 2000 kräftig zu, doch dann kam es zum Absturz und es begann eine lange Durststrecke bis etwa 2010, ehe es wieder deutlich nach oben ging. Es war also ausreichend Zeit, als antizyklischer Investor zu sehr günstigen Preisen einzusteigen, wenn man von den Chancen der Biotechnologie überzeugt war (wenn nicht, dann sollte man grundsätzlich die Finger von solchen Aktien und Fonds lassen). Es muss an dieser Stelle sicher nicht betont werden, dass gerade die Coronapandemie gezeigt hat, wie wichtig künftig die Biotechnologie sein wird. Als Contrarian müssen Sie also immer an das Zukunftspotenzial der betreffenden Branche glauben, bevor Sie investieren.

Kommen wir zum dritten Beispiel, dem BlackRock World Energy Fund A2 EUR, der beinahe komplett in Aktien von Erdöl- und Erdgasunternehmen investiert, darunter (Stand: Mitte 2020) unter anderem Chevron, BP und Total. Ungeachtet des Klimawandels und der daraus resultierenden Forderungen nach dem verstärkten Einsatz von Erneuerbaren Energien sowie Elektromobilität bleibt Erdöl wohl noch auf längere Zeit einer der wichtigsten Rohstoffe der Welt. Gleichwohl erwies sich der Preis für Erdöl in den vergangenen Jahren als volatil. Zuletzt brach der Ölpreis im Zusammenhang mit der Coronapandemie ein. Allerdings wirken sich auch geopolitische Entwicklungen im Nahen und Mittleren Osten sehr stark auf den Ölpreis aus.

Nehmen wir nun den erwähnten BlackRock World Energy Fund unter die Lupe: Im Januar 2003 konnten Sie einen Anteil an diesem Fonds noch für 6,53 Euro erwerben: Im Mai 2008 kostete er 22,56 Euro. Dazwischen bewegte sich der Preis in einer Bandbreite zwischen etwa 12,50 Euro und 20,50 Euro. Unsere Empfehlung war, im unteren Drittel dieser Bandbreite zu investieren und im oberen Drittel Anteile zu verkaufen. Wer sich die Kursverläufe ansieht, der stellt sehr schnell fest, dass es bei einem Abwärtstrend richtig schnell nach unten ging. Andererseits erholte sich der Kurs ebenso schnell wieder.

Wir empfehlen daher bei antizyklischen Investments grundsätzlich, mit regelmäßigen kleineren Beträgen wieder einzusteigen (zum Beispiel mit monatlichen Raten). Verfahren Sie – sofern es Ihnen möglich ist – nach dem Zwölf-plus-eins-Prinzip. Das heißt, Sie investieren pro Monat einen überschaubaren Betrag von ein paar Hundert Euro und einmal im Jahr einen größeren Betrag, sagen wir 1000 oder 2000 Euro. Und investieren Sie nicht zuletzt Geduld. Es kann sein – wie nach der Corona-Krise –, dass sich die Kurse nach der bekannten V-Formation (in kurzer Zeit stark abwärts, anschließend ebenso rasant wieder aufwärts) relativ schnell erholen, es kann aber auch sein, dass Sie einige Jahre auf Ihren Gewinn warten müssen.

Resümee

Für einen antizyklischen Investor wird ein Einstieg erst interessant, wenn ein bestimmter Markt um mindestens 40 bis 50 Prozent gefallen ist. Außerdem sollten Sie der Überzeugung sein, dass der Markt beziehungsweise die Branche Zukunftspotenzial hat und sich wieder erholen wird. Wie lange es dauert, bis sich gefallene Märkte wieder erholen, lässt sich nicht abschätzen. Es kann entweder sehr schnell gehen oder aber Jahre erfordern. Seien Sie also auf keinen Fall ungeduldig, wenn sich die Kurse in zwei oder drei Jahren noch nicht wie von Ihnen erhofft entwickelt haben. Statt einmal eine größere Summe zu investieren, kaufen Sie Aktien oder Fondsanteile lieber regelmäßig – zum Beispiel monatlich – zu kleineren Beträgen. Wenn es Ihre Vermögenslage gestattet und Sie vom Potenzial des Marktes überzeugt sind, können Sie darüber hinaus einmal im Jahr eine größere Summe investieren.

5.0

Was zahle ich für meine Geldanlage – und wofür?

Man bekommt im Leben bekanntlich nichts geschenkt. Nicht einmal eine Rendite für sein sauer verdientes Geld. Denn das, was so gut wie nichts kostet (Tagesgeld- oder Festgeldkonten), bringt bei dem aktuellen Zinsniveau keine Rendite, nach Abzug der Teuerungsrate sogar einen Verlust. Und das, was eine interessante Rendite verspricht, kostet Geld. Und zwar nicht zu knapp. Wenn Sie sich für einen aktiven Fonds entscheiden, zahlen Sie Ausgabeaufschläge. Trotz der Konkurrenz durch Direktbanken, die deutlich günstiger sind, werden bei manchen Geldinstituten oder Vermittlern immer noch 5 Prozent der investierten Summe als Ausgabeaufschlag fällig. Wenn Sie also 10 000 Euro anlegen, sind Sie gleich um 500 Euro »ärmer«. Sie müssen mit Ihrem Fonds zunächst einmal 500 Euro nach Steuern verdienen, um wieder am Ausgangspunkt Ihres Investments anzugelangen.

In der Regel werden Sie hören, als eine Art Gegenleistung für den hohen Ausgabeaufschlag erhielten Sie eine »individuelle Beratung«. Das ist allerdings ein Scheinargument. Denn der Ausgabeaufschlag ist keine Beratungs- oder Servicegebühr, sondern schlicht eine Provision für das Geldinstitut, das Ihnen den Fonds verkauft. Und weil der angebliche »Berater« auch kein wirklich unabhängiger Berater, sondern nichts anderes als ein von der Bank angestellter Verkäufer ist, wird er

Ihnen in den meisten Fällen natürlich die »Hausprodukte« aufschwatzen, also Fonds der zur jeweiligen Banken- oder Sparkassengruppe gehörenden Kapitalanlagegesellschaften.

Wenn Sie auf diese Art der Pseudo-Beratung verzichten und Ihre Fondsanteile zum Beispiel bei einer Direktbank oder einem anderen günstigen Finanzdienstleister kaufen, sparen Sie bares Geld. Die Ausgabeaufschläge liegen bei Direktbanken im Schnitt zwischen 2 und 3 Prozent. Mitunter verzichten die Geldinstitute ganz auf Ausgabeaufschläge. Das ist allerdings meist kein wirklich altruistisches Verhalten, sondern ein Marketinggag. Der Fondsverkäufer profitiert dann an anderer Stelle, zum Beispiel durch eine höhere Bestandsprovision (dazu gleich mehr).

Doch bei den Ausgabeaufschlägen für aktive Fonds bleibt es nicht, denn die fließen ja dem Verkäufer und nicht dem Produktgeber, also der Fondsgesellschaft, zu. Zusätzlich muss der Anleger mit Verwaltungs- und Managementkosten zwischen 1,5 und 2,5 Prozent pro Jahr rechnen. Bei Depotumschichtungen innerhalb des Fondsanbieters fallen Transaktionskosten an, außerdem Gebühren für die Depotbank, bei der das Sondervermögen des Fonds hinterlegt ist. Mitunter wird sogar eine erfolgsabhängige Vergütung – im Fachjargon »Performance Fee« genannt – fällig. Schließlich wäre da noch die erwähnte Bestandsprovision. Diese wird gezahlt, solange der Anleger die Fondsanteile bei der jeweiligen Bank im Depot behält. Die Bestandsprovision ist Teil der erwähnten Verwaltungs- und Managementkosten und trägt somit ebenfalls dazu bei, die Rendite des Fonds zu schmälern.

Während der Ausgabeaufschlag dem Anleger schon wegen seiner Höhe sofort ins Auge sticht, werden die Verwaltungs- und Managementgebühren sowie die sonstigen Vergütungen oft unterschätzt. Grund: Der Anleger wird nicht direkt mit diesen Gebühren belastet (es wird ihm also »nichts abgebucht«), sondern sie werden dem Fondsvermögen entnommen, was die Rendite für jeden Kunden reduziert. Deshalb sollte der Anleger auf die Managementgebühren ebenso achten wie auf den Ausgabeaufschlag.

Die Vielzahl der Kosten und Gebühren für ein Fondsinvestment waren für manche Anleger lange Zeit ein Buch mit sieben Siegeln. Die europäische Finanzmarktrichtlinie MiFID II schrieb nun erstmals für 2018 mehr Transparenz bei den Kosten im Wertpapiergeschäft vor. Die Kunden sollen wissen, wie viel und wofür sie bezahlen. Das Magazin *Finanztest* wollte wissen, ob dieses Ziel erreicht wird, und hat im Sommer 2019 seine Leserinnen und Leser gebeten, der Redaktion ihre Übersichten über die Kosten für ihr Wertpapierdepot zuzusenden. Rund 230 Anleger haben geantwortet. Eine der Erkenntnisse der *Finanztest*-Redaktion: »Viele Leser wussten zwar grob, was ihre Fonds kosten, doch es ist noch einmal ein Unterschied zwischen einer Prozentangabe und konkreten Beträgen in Euro und Cent. Je nach Depotgröße können durchaus vierstellige Summen zusammenkommen, Anlass für manchen, sein Depot auszumisten.«[79]

Die von den Banken mittlerweile gesetzlich verpflichtend (*ex post*) angefertigten Kostenübersichten unterscheiden:

- Produktkosten und
- Dienstleistungskosten.

Die **Produktkosten** beinhalten die Verwaltungs- und Managementgebühren, die **Dienstleistungskosten** die Vergütung für Beratung oder Vermittlung (Ausgabeaufschlag, Bestandsprovision), Kosten für den Fondskauf (Börsenspesen, Handelsgebühren), Depotkosten und gegebenenfalls Fremdwährungskosten.

5.1 Wie aussagekräftig ist die *Total Expense Ratio* (TER)?

Die Kennzahl zum Vergleich der Gebühren von Fondsgesellschaften ist die sogenannte *Total Expense Ratio* (TER). Diese Gesamtkostenquote wurde 1993 eingeführt und muss seit 2004 von allen in Deutschland zugelassenen Investmentfonds angegeben werden. Die TER wird anhand einer relativ einfachen Formel errechnet. Hierfür werden die Gesamtkosten in Relation zum durchschnittlichen Fondsvolumen gesetzt.

Die Höhe der TER ist auch abhängig vom Fondstyp. Nach Berechnungen des Bundesverbands Investment und Asset Management (BVI) liegt die TER bei Aktienfonds im Schnitt bei 1,6 Prozent, bei Rentenfonds bei 0,9 Prozent und bei offenen Immobilienfonds bei 0,7 Prozent.

Grundsätzlich sollten Sie also auf eine möglichst geringe TER achten, wenn Sie Investmentfonds vergleichen. Aber auch hier gilt: Der billigste Fonds ist nicht unbedingt der beste. Es liegt auf der Hand, dass erfahrene und erfolgreiche Fondsmanager höhere Bezüge erhalten als Kollegen, die sich in der Branche noch keinen Namen gemacht haben. Die TER der von erfolgreichen »alten Hasen« gemanagten Fonds dürfte also etwas höher sein als andere. Dafür haben Sie allerdings auch die Aussicht auf eine bessere Rendite. Eine Garantie ist das freilich nicht. Denn der gefeierte Top-Fondsmanager von heute erzielt morgen möglicherweise nur noch eine mittelmäßige Performance.

Was bleibt Ihnen als Alternative, wenn Sie nicht für Ihr Investment tief in die Tasche greifen wollen, noch bevor sie auch nur einen Euro Rendite bekommen haben? Sie können sich natürlich für ETFs entscheiden, die wir Ihnen an anderer Stelle schon vorgestellt haben. Es handelt sich um ein passives Investment, das heißt, die Wertentwicklung ihrer Geldanlage ist von einem Index abhängig. Es gibt keinen Fondsmanager, der versucht, durch *Stockpicking* – also die Auswahl vielversprechender Aktien – eine bessere Performance zu erzielen als der Index. Oder Sie entscheiden sich sowohl für ein aktives als auch für ein passives Investment. Dazu gleich mehr im nächsten Kapitel.

Eine weitere Alternative besteht darin, Ihr Geld nicht für hohe Ausgabeaufschläge auszugeben, wovon Sie letztlich nichts haben (darüber freut sich nur Ihre Bank), sondern es in eine unabhängige und individuelle Beratung zu investieren. Sie zahlen an den Berater dann ein Honorar oder eine Servicegebühr, dafür stellt er Ihr maßgeschneidertes Depot auf der Basis von entsprechenden Fonds zusammen. Achten Sie darauf, dass Sie keine Ausgabeaufschläge zahlen müssen. Auch dann nicht, wenn später Teile des angelegten Geldes in andere Fonds transferiert werden. Letztlich handelt es sich um eine günstige Form der Vermögensverwaltung, die auch schon für kleinere und mittlere Anlagesummen geeignet erscheint.

Resümee

Mit dem Ausgabeaufschlag für ein Fondsinvestment ist es nicht getan. Wer Fondsanteile kauft, muss mit einer Reihe von weiteren Kosten rechnen. Dabei gilt es, Produktkosten und Dienstleistungskosten zu unterscheiden. Mit der Finanzmarktrichtlinie MiFID II soll dem Anleger mehr Transparenz über die tatsächlichen Kosten seiner Anlage verschafft werden. Direktbanken bieten eine breite Palette an Investmentfonds zu deutlich reduzierten Ausgabeaufschlägen an. Statt Ausgabeaufschläge für eine Pseudo-Beratung an eine Bank zu zahlen, macht es meist mehr Sinn, einen unabhängigen Berater zu konsultieren, der nicht provisionsgetrieben ist und individuelle Anlagestrategien entwickelt. Für deren Umsetzung wird meist eine Servicegebühr oder Ähnliches berechnet, dafür spart man dann aber die Ausgabeaufschläge – auch bei späteren Umschichtungen im Depot.

6.0

Die API-Formel

Das Akronym »API« steht für »*Aktiv/passiv-Investment*«. Aber um Missverständnisse von vornherein zu vermeiden: Natürlich gibt es kein »passives Investieren«. Sie als Anleger müssen schließlich aktiv werden und eine Antwort auf die Frage finden: Wohin mit meinem Geld? Viele tun sich mit dieser Antwort schwer, was folgende unglaubliche Zahl beweist: Die Deutschen bunkerten im Jahr 2020 rund eine Billion Euro unverzinst auf Girokonten.[80] Das heißt, viele Bankkunden lassen sich von Inflation und eventuellen Strafzinsen schleichend enteignen – und wiegen sich sogar in Sicherheit, weil sie glauben, mit ihrem Geld keine Risiken einzugehen, obwohl es, gemessen an der Kaufkraft, Jahr für Jahr weniger wird. Und dann gibt es da noch einige Zeitgenossen, die viel Bargeld zu Hause aufbewahren. Fette Beute für Einbrecher, die auch die anscheinend raffiniertesten Verstecke finden. Diese beiden besonders krassen Beispiele machen deutlich, dass Sie sich *aktiv* um Ihre Rücklagen und Ihr Vermögen für den Ruhestand kümmern müssen.

Wer an der Kursentwicklung an den Märkten besonders günstig partizipieren möchte, investiert in die erwähnten börsengehandelten Indexfonds (*Exchange-traded funds*, ETFs). Diese computergesteuerten Fonds bilden eins zu eins einen bestimmten Index ab, zum Beispiel den Dax, den MSCI Word oder den FTSE All World. Sie können mithilfe von ETFs natürlich auch in andere Märkte investieren, zum Beispiel in Anleihen, Gold und Rohöl.

Diese ETFs sind nicht nur transparent, sondern sie weisen auch geringere Gebühren auf als Fonds, die von einem Management verwaltet werden. Der Kostenvorteil für den Anleger liegt pro Jahr etwa zwischen 1,0 und 1,5 Prozent.[81] Wer sich hingegen für Fonds entscheidet, legt Wert auf eine aktive Verwaltung seines investierten Vermögens. Nicht zuletzt wegen der Kostenvorteile haben ETFs in den vergangenen Jahren in der Anlegergunst stark zugelegt. Anfang 2020 gab es rund 1700 börsengehandelte Indexfonds am deutschen Markt. Und ihre Zahl nimmt täglich zu.

»ETFs gehören zu den am schnellsten wachsenden Anlageprodukten weltweit. Innerhalb von 15 Jahren hat sich das in ETFs investierte Gesamtvermögen verzwanzigfacht und betrug Ende 2018 über 3,7 Billionen Dollar«, erläutert der Kapitalmarktexperte Luca J. Liebi in einem Magazinbeitrag.[82] Getrieben sei der Trend von einer steigenden Nachfrage nach passiven Anlagen gepaart mit hoher Liquidität und niedrigen Transaktionskosten. Das seien die Hauptvorteile von ETFs im Vergleich zu traditionellen Fonds.

ETFs, so scheint es, bieten dem Anleger ein kostengünstiges, transparentes und »pflegeleichtes« Instrument, um von den Renditechancen diverser weltweiter Märkte zu profitieren. Aber natürlich sollte man auch die Nachteile und Risiken von ETFs nicht aus den Augen verlieren. Zitieren wir hierzu eine neutrale Institution, die Bundesanstalt für Finanzdienstleistungsaufsicht (BaFin).

Sie geht unter anderem auf das Marktpreisrisiko ein: »Der Wert eines ETFs hängt direkt davon ab, wie sich der Index entwickelt, der dem ETF als Basiswert dient. Der nachgebildete Index wiederum wird maßgeblich davon beeinflusst, wie sich die jeweiligen Anlagegegenstände entwickeln, die er zusammenfasst. Aktienmärkte beispielsweise können enorm schwanken, und diese Schwankungen vollzieht der jeweilige Index entsprechend mit. Bleiben Sie sich immer dessen bewusst, dass auch ETFs mit Risiken verbunden sind.« Ferner schreiben die BaFin-Experten: »Bei einem passiven Management des ETFs ist der Verwalter strikt daran gebunden, den jeweiligen Index nachzubilden, zum Beispiel den Dax. Er kann somit nicht aktiv reagieren, wenn sich der Markt verändert. Das bedeutet, dass er auch nicht versuchen kann, eventuellen Risiken durch bestimmte Anlageentscheidungen entgegenzuwirken.«[83]

Anders und zugegeben etwas zugespitzt ausgedrückt: Wenn Sie sich für ETFs entscheiden, sind Sie auf Gedeih und Verderb dem Markt ausgeliefert, während die Manager eines Fonds gezielt *Stockpicking* anwenden, also vielversprechende Aktien kaufen und Underperformer verkaufen. Ziel des Fondsmanagements muss es mithin sein, den zugrundeliegenden Index, also die Benchmark, zu übertreffen (die sogenannte *Outperformance*). Im Grunde geht es also um die simple Frage, ob der Mensch (Fondsmanager) oder der Markt (ETFs) erfolgreicher für Ihr Geld arbeitet. Doch so simpel diese Frage auch anmuten mag, so schwierig ist die Antwort. In den vergangenen Jahren wurden zahlreiche Untersuchungen veröffentlicht, die zu unterschiedlichen Ergebnissen kamen. Den kleinsten gemeinsamen Nenner der meisten Untersuchungen kann man wie folgt zusammenfassen: Auf der einen Seite ist es für Fondsmanager in den meisten Fällen äußerst schwierig, ein deutlich besseres Ergebnis zu erzielen als der Markt. Auf der anderen Seite investiert ein ETF sozusagen automatisch prozyklisch. Bekanntlich gelangen nur Aktien von führenden Unternehmen in einen Index. Deren Gewichtung erhöht sich dann bei einem Kursanstieg. Wenn Sie sich also für einen Aktien-ETF entscheiden, investieren Sie in Titel, die in der Vergangenheit gut gelaufen sind. Dies ist allerdings keine Garantie für die Zukunft. Vielleicht kommt es ja an der Börse auch zu einer Branchenrotation, und mit einem Mal sind Aktien von Unternehmen gefragt, die bisher eher als »Langweiler« galten und eine mäßige bis schlechte Performance aufwiesen. Selbst wenn Sie mit einem ETF in den so oft empfohlenen MSCI World Index investieren, sind Sie indirekt vor allem an US-amerikanischen Unternehmen beteiligt. Von einer wirklich globalen Anlage kann angesichts dieses US-Übergewichts keine Rede sein. Zudem ist keineswegs ausgeschlossen, dass Sie mit ETFs in eine

Preisblase geraten, eben wegen des erwähnten prozyklischen Automatismus dieses Anlageinstruments.

Ein erfahrener Fondsmanager hingegen kann gegensteuern. Sie erinnern sich sicher an die spektakuläre Hausse nach dem eingangs erwähnten Corona-Crash im Frühjahr 2020. Nicht nur, dass sich die wichtigsten Aktienmärkte sehr schnell wieder erholten, viele Marktindizes erreichten bereits im September 2020 sogar neue Höchststände. In den auf den Corona-Crash folgenden fünf Monaten legte der US-amerikanische S&P-500-Index um 35 Prozent zu – der stärkste Anstieg dieses Indexes seit 1938.

Besonders stark performten in diesen Monaten die Technologieaktien, was sich vor allem an der US-Technologiebörse Nasdaq zeigte. Zwischen Januar und Anfang September 2020 legte sie trotz des zwischenzeitlichen Corona-Schocks um rund 24 Prozent zu. Das freut die einen, den anderen gibt es zu denken. Sie fürchten eine Blasenbildung und in der Folge eine kräftige Korrektur, die anderen erwarten in solchen Phasen eine Rotation aus den heißgelaufenen Technologieaktien in bis dahin weniger beachtete Titel. An den Aktienmärkten unterscheidet man stark zwischen Wachstumstiteln, stabilen Unternehmen und zyklischen Industrieunternehmen. Eine rechtzeitige Rotation aus dem einen in den anderen Bereich kann ein ETF natürlich nicht leisten, wohl aber ein Fondsmanager.

Zurück zur Frage: Was ist für Anleger nun empfehlenswerter – passiv gemanagte ETFs oder aktiv gemanagte Fonds? Nüchtern betrachtet, muss man wohl feststellen, dass man diese Frage seriös kaum beantworten kann. Beide Formen des Investments bergen Vor- und Nachteile. Sehr vorsichtig lässt sich aber postulieren: In schlechten Marktphasen profitiert der Anleger meist eher von traditionellen Fonds wegen ihres proaktiven Managements. Was freilich einen erfahrenen und erfolgreichen Fondsmanager voraussetzt. In einer Hausse hingegen, wenn man nur wenig falsch machen kann, ist es wegen der geringeren Kosten oft vorteilhafter, in ETFs zu investieren.

Resümee

Die API-Formel verbindet beide Ansätze: aktiv und passiv investieren. Wir empfehlen Ihnen, einen Teil Ihres Geldes in aktive Fonds zu investieren, deren Manager außergewöhnliche Leistungen in ihrer Kategorie erreicht haben, oder aber wenn Sie der Meinung sind, dass nur ein aktiver Manager in der Lage ist, für Sie die »Apple-Aktie« von morgen zu finden. Den anderen Teil Ihres Geldes legen Sie in ein Depot aus unterschiedlichen ETFs an. Dabei sollten Sie aber darauf achten, dass Sie in verschiedene Anlageklassen streuen (Aktien, Rohstoffe, Renten, Immobilien und so weiter). Die API-Formel verfolgt somit den Ansatz, das Beste aus zwei Welten in einer Gesamtvermögensstrategie zu verfolgen.

7.0

Short-Strategien – wenn Verluste Spaß machen

Eigentlich müsste niemand den von den Untergangspropheten vorhergesagten Crash fürchten, denn es gibt mehrere Möglichkeiten, sich gegen fallende Kurse abzusichern. Die einfachste und für Privatanleger wohl auch empfehlenswerteste Methode ist es, beim Kauf von Aktien eine sogenannte *Stop-Loss-Order* zu erteilen. Damit legen Sie einen Kurs unterhalb der aktuellen Notierung fest, bei dem ein Verkaufsauftrag für die betreffende Aktie in Ihrem Depot ausgelöst werden soll. Auf diese Weise sichern Sie bis dahin realisierte Gewinne und begrenzen Verluste. Ob der Verkaufsauftrag allerdings wirklich zu diesem Limitpreis ausgeführt wird, ist nicht garantiert. Es handelt sich nämlich um eine »Bestens-Order«, das heißt, das Wertpapier wird zum bestmöglichen Preis verkauft. Und der kann durchaus auch etwas unter Ihrer *Stop-Loss-Order* liegen.

Doch kommen wir nun zu den klassischen *Short*-Strategien, mit deren Hilfe Sie sogar an einem Crash verdienen können. Die bekannteste, für Privatanleger aber kaum infrage kommende Methode sind die Leerverkäufe. Einfach erklärt: Ein Investor geht davon aus, dass der Kurs einer bestimmten Aktie in nächster Zeit fallen wird. Nehmen wir an, der Kurs des betreffenden Wertpapiers liegt aktuell bei 100 Euro. Der Investor verfügt aber über diese Aktien nicht, daher leiht er sie sich zum Beispiel von einem Fonds und verkauft sie anschließend zum aktuellen Preis von 100 Euro pro Aktie. Nun tritt ein, womit der Anleger gerechnet hat – die betreffende Aktie fällt um 20 Prozent. Daraufhin kauft der Investor die Wertpapiere zu dem günstigen Preis von 80 Euro und gibt sie an den Fonds zurück. Er hat also einen Gewinn von 20 Euro erzielt (100 Euro pro Aktie beim Leerverkauf erhalten, 80 Euro beim anschließenden Rückkauf gezahlt). Als Entschädigung für die Ausleihe erhält der Fonds eine Gebühr.

Wie gesagt, zumindest in Europa sind Leerverkäufe bei Privatanlegern unüblich. Sie bleiben in der Regel institutionellen Anlegern vorbehalten. Sieht man von den an anderer Stelle bereits erwähnten Zertifikaten einmal ab, so haben Sie vor allem zwei Möglichkeiten, um Ihr Depot bis zu einem gewissen Grad abzusichern, als da wären:

1. inverse oder Short-ETFs,
2. Optionen/Optionsscheine.

Das Absichern von Positionen in Ihrem Portfolio gegen Kurseinbußen bezeichnet man im Fachjargon als »Hedging«. Je nachdem, wie weitgehend Sie Ihre Anlage absichern, ergibt sich daraus eine *Hedge*-Quote. Eine *Hedge*-Quote von 65 Prozent würde also bedeuten, dass Sie rund zwei Drittel Ihres Investments gegen die Folgen eines Crashs geschützt haben. So mancher mag sich nun fragen, ob es nicht besser wäre, auf Nummer sicher zu gehen und 100 Prozent abzusichern. Hier gilt es zu bedenken, dass *Hedging*-Geschäfte recht teuer sind und Sie mit einer solchen Vollkasko-Strategie viel Kapital binden.

Nicht alle, die »*short* gehen«, machen dies, um ihre Geldanlage gegen Kurseinbrüche zumindest zum Teil abzusichern. Vielfach werden *Short*-Geschäfte auch einfach aus Spekulationsgründen abgeschlossen. Man geht von einem baldigen Crash aus und möchte an ihm verdienen. Nehmen wir die erwähnten Instrumente etwas genauer unter die Lupe.

7.1 Die »umgekehrten« ETFs

Inverse oder *Short*-ETFs funktionieren im Grunde wie die in diesem Buch mehrfach vorgestellten normalen ETFs, nur eben umgekehrt. Steigt der dem ETF zugrundeliegende Aktienindex um 5 Prozent, dann legt der »normale« ETF um 5 Prozent zu. Der inverse oder *Short*-ETF hingegen würde in diesem Fall 5 Prozent verlieren. Wenn Sie also der Überzeugung sind, dass die Crash-Propheten am Ende recht behalten und zum Beispiel der Dax sehr bald abstürzt, dann machen *Short*-ETFs Sinn, weil Sie in diesem Fall am Crash verdienen würden. Tritt allerdings die gegenteilige Entwicklung ein und der Dax steigt weiter, so fahren Sie mit Ihren *Short*-ETFs Verluste ein. Abraten möchten wir Ihnen von gehebelten *Short*-ETFs, weil in diesem Fall zwar die eventuellen Gewinne höher ausfallen, Sie aber auch mit entsprechend höheren Verlusten rechnen müssen, wenn es anders kommt als von Ihnen und den Crashgurus vorhergesagt.

So überzeugend die Funktionsweise von inversen ETFs zunächst auch klingen mag, so eignet sich diese *Short*-Strategie nur kurzfristig. Je länger Sie einen *Short*-ETF-Anteil halten und je volatiler der zugrunde liegende Index ist, desto stärker macht sich die sogenannte Pfadabhängigkeit des Produkts bemerkbar. Einfach ausgedrückt: Der Index und der Wert des ETF-Anteils entwickeln sich nicht so gleichmäßig wie erwartet.

Das folgende Beispiel spiegelt eines der entscheidenden Risiken von inversen ETFs wider. Ausgangspunkt ist ein Aktienindex mit einem aktuellen Stand von 7.500 Zählern. Der Anleger geht von einer bevorstehenden Korrektur oder sogar von einem Crash aus. Er kauft also 100 *Short*-ETF-Anteile im Wert von jeweils 100 Euro. Gehen wir zunächst vom Idealfall aus: Am nächsten Tag fällt der Index um 10 Prozent auf 6.750 Zähler. Gleichzeitig steigt der Wert des *Short*-ETF-Anteils um 10 Prozent, also auf 110 Euro. Der Anleger hat 100 dieser Anteile gekauft, sein Gewinn beträgt mithin 1000 Euro (100 mal 10 Euro).

In der Realität jedoch werden die Märkte schwanken. Unterstellen wir wiederum einen Indexstand von 7.500 Zählern. Am ersten Tag verliert er 4 Prozent. Der *Short*-ETF legt daraufhin um 4 Prozent auf 104 Euro zu. Der Anleger behält seine ETF-Anteile, weil er von einem weiteren Rückgang ausgeht. Stattdessen aber legt der Index am Tag darauf um 5,56 Prozent zu. Nun liegt der Index sogar um 1,33 Prozent über dem Ausgangspunkt von 7.500 Zählern. Man sollte also davon ausgehen, dass der Wert des *Short*-ETF-Anteils entsprechend um 1,33 Prozent fällt. Tatsächlich geht er aber um 1,78 Prozent zurück. Das liegt an der höheren Basis (104 Euro statt dem Ausgangspunkt 100 Euro), von der die Indexentwicklung berechnet wird. Plötzlich wäre Ihr ETF-Anteil nur noch 98,22 Euro wert.

Dieser Betrag mag im ersten Moment noch marginal erscheinen. Längerfristig und bei starker Volatilität hingegen kann die Wertentwicklung des ETF-Anteils deutlich von der des Indexes abweichen. Bedenken sollten Sie ferner, dass *Short*-ETFs in der Regel höhere Gebühren aufweisen als ihre »normalen« Pendants. Außerdem gibt es die ETFs für Shorties nur mit synthetischer, nicht aber mit physischer Replikation. Das heißt, die Anpassung an den zugrundeliegenden Index erfolgt nicht über den Verkauf der im Index enthaltenen Aktien, sondern über SWAPS, also Tauschgeschäfte zwischen Vertragspartnern.

7.2 Optionen/Optionsscheine

Die Begriffe »Optionen« und »Optionsscheine« werden oft synonym verwendet, sodass die häufig zu hörende Frage angebracht erscheint, ob da überhaupt ein Unterschied besteht. Ja, es gibt sogar eine Reihe von Unterschieden. Optionsscheine werden von Banken oder Wertpapierhäusern ausgegeben. Insofern handelt es sich um Schuldverschreibungen des jeweiligen Instituts. Sie tragen als Anleger somit das Emittentenrisiko, ähnlich wie bei den erwähnten Zertifikaten. Geht die emittierende Bank pleite, schauen Sie, salopp formuliert, in die Röhre. Optionen hingegen werden offiziell an den Terminbörsen gehandelt. Emittent ist der Verkäufer (Stillhalter). Da die Liquidität des Stillhalters und des Besitzers der Option von der Börse – zum Beispiel der Eurex – durch entsprechende Sicherheitseinlagen (*Margin*) garantiert wird, besteht kein Emittentenrisiko. Optionen und Futures, auf die wir später noch zu sprechen kommen, sind eher Instrumente für Profis. Für Privatanleger kommen – wenn überhaupt – Optionsscheine in Betracht. Doch auch diese bergen ein beträchtliches Risiko und setzen beim Anleger viel Know-how voraus.

Sowohl Optionen als auch Optionsscheine werden auf unterschiedliche Produkte, die sogenannten *Underlyings* (siehe Abschnitt 7.3 »Mini-Lexikon Optionen/Optionsscheine«), gehandelt. Das können zum Beispiel Aktien, Rohstoffe oder Währungen sein. Optionen und Optionsscheine haben eine bestimmte Restlaufzeit und einen Verfallstermin. Sie können sowohl *Put-* als auch *Call*-Optionen beziehungsweise entsprechende Optionsscheine erwerben. Gehen Sie von steigenden Preisen für das betreffende Underlying aus, kaufen Sie *Call*-Optionen/Optionsscheine, glauben Sie den Crash-Gurus und rechnen also mit fallenden Preisen, erstehen Sie *Put*-Optionen/Optionsscheine.

Vereinfacht ausgedrückt handelt es sich bei beiden Produkten um Finanzwetten. Dank der Hebelwirkung können Sie im günstigsten Fall mit einem wesentlich geringeren Kapitaleinsatz als beim Kauf des betreffenden Basiswerts (*Underlying*) von steigenden Kursen profitieren. Allerdings ist auch das Verlustrisiko entsprechend höher.

Mit einem *Call*-Optionsschein erwerben Sie das Recht, den Basiswert in der Zukunft zu einem festgelegten Ausübungspreis zu kaufen. Mit einem *Put*-Optionsschein haben Sie das Recht, den betreffenden Basiswert in der Zukunft zu einem fixierten Preis zu verkaufen.

Doch grau ist bekanntlich alle Theorie, daher an dieser Stelle zwei einfache Beispiele.

Sie kaufen eine *Call*-Option mit der XY-Aktie als Basiswert (aktueller Kurs: 100 Euro). Der Preis (Prämie) der Option liegt bei 10 Euro, der Ausübungspreis bei 105 Euro. Bis zum Zeitpunkt des Kaufs steigt die Aktie auf 120 Euro. Dieser Kurs liegt um 15 Euro über dem Ausübungspreis. Sie dürfen sich die Hände reiben, denn obwohl Sie 10

Euro für die Option zahlen mussten, haben Sie 5 Euro (also 50 Prozent Ihres Einsatzes von 10 Euro) verdient. Statt seinerzeit eine XY-Aktie zu 100 Euro zu erstehen, hätten Sie zum selben Preis zehn Optionen zum Preis von jeweils 10 Euro kaufen können. Ihr Gewinn würde jetzt 50 Euro (zehn Mal 5 Euro) ausmachen. Mit einer Einzelaktie hätten Sie nur 20 Euro verdient.

Genau umgekehrt funktioniert die *Put*-Option. Unterstellen wir einfachheitshalber ähnliche Rahmenbedingungen, allerdings liegt der Ausübungspreis bei 95 Euro. Zum Zeitpunkt des Verkaufs liegt die XY-Aktie bei 80 Euro. Ihr Gewinn beträgt 5 Euro (15 Euro minus Preis der *Put*-Option).

Nun kann es natürlich passieren, dass im Fall der *Put*-Option der Kurs der XY-Aktie über dem Ausübungspreis und bei einer *Call*-Option unter dem Ausübungspreis liegt. In diesen Fällen ist es günstiger, das Papier direkt zu kaufen oder zu verkaufen. Sie verzichten also auf die Ausübung Ihrer Option – und verlieren somit die Optionsprämie.

7.3 Mini-Lexikon: Optionen/Optionsscheine

Wer sich mit Optionen, Optionsscheinen und anderen Derivaten beschäftigt, stößt zunächst einmal auf eine Fülle von Fachbegriffen, die einen in diesem Bereich noch unerfahrenen Privatanleger eher verwirren als aufklären. Wir haben die wichtigsten Begriffe im Folgenden zusammengestellt und kurz erklärt.

»Am Geld«
Bei *Call*- und *Put*-Optionen: Basispreis entspricht Preis des Basiswerts.

»Aus dem Geld«
Bei *Call*-Optionen: Basispreis liegt über dem aktuellen Preis; bei *Put*-Optionen: Basispreis liegt unter dem aktuellen Preis.

Basispreis oder Strike
Kurs, zu dem der Basiswert (Aktie, Rohstoff, Währung oder Ähnliches) ge- oder verkauft wird.

Basiswert (Underlyings)
Finanzprodukt, das einem Optionsschein oder einer Option zugrunde liegt.

Call
Kaufoption.

Eurex
Steht für »European Exchange«. Weltweit führende Terminbörse für Finanzderivate (Optionen und Futures). Die Eurex ging aus dem Zusammenschluss der Deutschen Terminbörse (DTB) und der schweizerischen SOFFEX hervor.

Fälligkeit
Termin, an dem ein Optionsschein ausläuft (→ Laufzeit/Restlaufzeit).

Hebel (Leverage)
Gibt an, wie stark sich Kursänderungen des Basiswertes auf den Wert des Optionsscheins/der Option auswirken.

»Im Geld«
Bei *Call*-Optionen: Basispreis liegt unter dem aktuellen Preis; bei *Put*-Optionen: Basispreis liegt über dem aktuellen Preis.

Innerer Wert
Differenz zwischen dem aktuellen Kurs des Basiswertes und dem Basispreis.

Laufzeit/Restlaufzeit

Optionsscheine/Optionen weisen eine Laufzeit auf. Darunter versteht man den Zeitraum zwischen Emissionstag und Fälligkeit. Bis zum Ende der Laufzeit kann der Inhaber eines Optionsscheins/einer Option die Option ausüben oder verfallen lassen.

Optionsprämie

Betrag, den der Optionskäufer für das Optionsrecht an den Optionsverkäufer zahlen muss.

Optionsscheinpreis

Kaufpreis eines Optionsscheins. Während der Laufzeit setzt sich der Optionspreis aus dem inneren Wert und dem Zeitwert (der Zeitprämie) zusammen. Am Fälligkeitstag besteht er nur noch aus seinem inneren Wert.

Prämie

Preis des Optionsscheins.

Put

Verkaufsoption.

Spread

Spanne zwischen Kauf- und Verkaufskurs von Optionen.

Stillhalter

Bezeichnung für den Verkäufer von Optionen.

Zeitwert

Ein Optionsschein weist neben dem inneren Wert auch einen Zeitwert auf, da die meisten Optionsscheine an einem bestimmten Datum fällig werden. Berechnen kann man diesen Zeitwert, indem man den inneren Wert des Optionsscheins vom aktuellen Preis der Option subtrahiert.

Generell wird der Zeitwert immer geringer, je näher der Optionsschein an sein Laufzeitende kommt.

7.4 Futures

Sind Optionsscheine nur für Anleger geeignet, die sich an den Terminmärkten sehr gut auskennen, so sind Futures wegen ihres hohen Risikos eines Totalverlustes eigentlich nur etwas für institutionelle Profis. Wir erwähnen diese Derivate daher an dieser Stelle nur kurz aus Gründen der Vollständigkeit. Im Grunde funktionieren Futures ähnlich wie Optionen. Allerdings verpflichten sich Käufer beziehungsweise Verkäufer, den Basiswert zum festgelegten Preis am Ende der Laufzeit zu kaufen beziehungsweise zu verkaufen. Die Marktteilnehmer haben also keine Wahl, sondern eine Verpflichtung. Das kann mit exorbitanten Verlusten einhergehen.

Resümee

Es gibt eine Vielzahl von Shortstrategien, mit deren Hilfe Sie spekulativ auf fallende Kurse setzen oder Ihr Depot absichern können. All diese Strategien sind komplex und nur für erfahrene Anleger geeignet. Wer sich nicht mit Termingeschäften auskennt, sollte davon die Finger lassen und stattdessen mit Stop-Loss-Orders allzu schmerzliche Abstürze im Fall eines Crashs verhindern.

TEIL 3

WAS SAGT DIE BRANCHE ZU DEN CRASH-PROPHEZEIUNGEN?

1.0

Einführung zu Teil 3

Während der Arbeit an diesem Buch hatten die beiden Autoren die Idee, sich an führende Finanzexperten zu wenden und diese mit der Frage zu konfrontieren: »Wie sehen Sie Crash-Propheten beziehungsweise was halten Sie von Market-Timing und Untergangsprognosen?«. Aus der Idee, einige Gastbeiträge zu veröffentlichen, wurde dieser dritte Teil des Buches. Auf den folgenden Seiten lassen die beiden Autoren erfahrene Vertreter der Finanzbranche selbst sprechen. Erfahren Sie aus erster Hand, was Experten zum Markt und zum Thema Anlegen zu sagen haben. Und vor allem: Welche Anleitungen geben sie Ihnen für schwierige Marktlagen?

2.0

Was wirklich wichtig ist: Auf Kurs bleiben

Ein Gastbeitrag von Markus Weis,
stellvertretender Leiter Deutschland & Österreich,
Vanguard

Man sagt ja, dass es zwei Arten von Menschen gibt, den Typus »Glas halbvoll« und den Typus »Glas halbleer«. Mitunter lässt sich ein solches Bildnis auch auf die Finanzwelt übertragen: der »normale« Investor und der »Crash-Prophet«. Verständlich, werden Sie jetzt sicher denken, gerade im Hinblick auf das Jahr 2020, das sicherlich in die Geschichte eingeht als das Jahr der Corona-Krise. Denn ja, dies sind nach wie vor beispiellose und besorgniserregende Zeiten. Kann man es einem Anleger denn in dieser Zeit verdenken, ein Crash-Prophet zu sein? Denn gerade bei aller Unsicherheit in Bezug auf unser tägliches Leben sind Anleger verständlicherweise auch besorgt über das, was sie an den Märkten und in ihren Portfolios sehen.

Das Geheimnis: einen diversifizierten, kostengünstigen und langfristigen Investitionsansatz haben!

Die vergangenen Monate waren schwierig, und die kommenden Monate werden für uns alle, als Verbraucher, als Investoren und als Menschen, die mit dieser Pandemie zu kämpfen haben, weiterhin schwierige Zeiten sein. In meinen mehr als 20 Jahren in diesem Geschäft habe ich die Kristallkugel noch nicht gefunden, mit der jeder von uns die Zukunft vorhersagen kann, aber meine Erfahrung hat mich gelehrt, an die langfristige Entwicklungskraft der globalen Märkte und Volkswirtschaften zu glauben, denn es ist unsere Aufgabe, Perspektive und Sicherheit zu bieten und ihnen zu raten, ihrem Kurs treu zu bleiben. Märkte, wie wir sie momentan beobachten können, vergleichen altgediente Vanguard-Mitarbeiter in den USA oft mit »Vanguard-Wetter«. Ich nehme diesen Begriff heute ebenfalls auf, denn Vanguard-Wetter scheint der ultimative Test – und ein Argument dafür zu sein, einen diversifizierten, kostengünstigen und langfristigen Investitionsansatz zu haben!

Ein Beispiel: Vanguard wurde im Zuge des Bärenmarktes von 1973 bis 1974 gegründet. In den letzten Jahren haben wir mehrere Anfälle von echtem »Vanguard-Wetter« erlebt – vom Black Monday 1987 über das Platzen der Dotcom-Blase im Jahr 2000 bis zu der globalen Finanzkrise im Jahr 2008. Wir haben diese Stürme gemeinsam mit unseren Investoren überstanden und werden auch weiterhin Investoren durch die aktuellen und zukünftigen Herausforderungen führen. In Zeiten wie diesen müssen wir uns daran erinnern, dass dies die Natur der Märkte ist. Die Märkte sind zyklisch und Rückschläge und Volatilität sind unvermeidlich. Doch genau diese Volatilität, wie wir sie nun in der Corona-Zeit beobachten konnten, darf den Anleger nicht aus der Ruhe bringen – ganz im Gegenteil, gerade jetzt muss besonnen gehandelt werden, nämlich am besten gar nicht.

Wie haben sich unsere Investoren in der Krise verhalten?

Zu Hochzeiten der Corona-Krise im Februar und März haben mehr als neun von zehn privaten US-Investoren von Vanguard nicht als Reaktion auf den Marktrückgang gehandelt. Natürlich war die Transaktionsaktivität etwas erhöht, aber unsere Untersuchungen haben gezeigt, dass Anleger langfristig denken. Von den Haushalten, die Handel trieben, tätigte die Hälfte nur eine einzige Transaktion, und die Mehrheit (sieben von zehn) investierte Geld in Aktien. Das ist immens wichtig! Wie immer halten wir an den Anlageprinzipien von Vanguard fest: langfristig orientiert, breit diversifiziert, kostengünstig und transparent. Anleger, die ihren wohlüberlegten, langfristigen Finanzplan aufgeben, werden die Erholung verpassen und könnten sich selbst dauerhaften finanziellen Schaden zufügen. Daher muss ich hier einfach unseren Firmengründer Jack Bogle zitieren, der immer zu sagen pflegte: »Stay the course – bleiben Sie auf Kurs«.

Die wahren Helden der Krise

Eingangs sprach ich von den Menschentypen – Optimist und Pessimist oder Typus halbvoll und halbleer. Ganz normale Anleger oder Crash-Propheten. Meine Meinung dazu: Lasst die Crash-Propheten reden, lasst sie erzählen, dass ETFs angeblich Hexenwerk sind und Indexfonds die Welt zum Einsturz bringen. Denn: Gerade in den letzten Wochen und Monaten hat sich eindeutig gezeigt, wer die wahren Helden der Krise waren: Produktseitig waren es ETFs, wichtiger aber noch, es waren die Anleger, die ruhig und besonnen geblieben sind und weiterhin so agieren. Die erwähnte Kristallkugel, die nicht einmal Propheten haben, brauchen wir also nicht, solange der ganz normale Anleger sich auch in Krisenzeiten breit diversifiziert, kostengünstig und langfristig orientiert aufstellt.

3.0

Horrorszenarien und Untergangsorakel

Angst und Gier sind keine guten Ratgeber

Drama um jeden Preis: »Blutbad«, »Sensenmann«, »Inflations-Tsunami« … je dramatischer, desto besser, denn damit steigt die Aufmerksamkeit für die Crash-Propheten. Aber in der Vermögensanlage ist es selten angeraten, sich von Angst oder von Gier leiten zu lassen. Stattdessen empfiehlt es sich, die Situation kühl zu analysieren und seine Schlüsse daraus zu ziehen. In jeder Marktphase.

Die alte Medienweisheit »Only bad news are good news« (»Nur schlechte Nachrichten sind gute Nachrichten«) ist für einige prominente Gesichter im Finanzmarkt-Geschehen zur Maxime geworden. Ja, sogar zum Geschäftsmodell. Die Rede ist von den sogenannten »Crash-Propheten«. Sie umweht ein Hauch von Kassandra, auf die in Troja niemand hörte, sie haben Hunderttausende Abonnenten auf YouTube, sie halten sich hartnäckig in den Bestsellerlisten und geistern immer wieder durch die Medienlandschaft. Was sie eint: das unbedingte Streben nach Aufmerksamkeit. Auch dann, wenn die eigenen Aussagen kaum durch Fakten zu belegen sind. Aber Untergangsszenarien verkaufen sich eben gut. Dieses Phänomen wurde bereits ausführlich wissenschaftlich untersucht und ist dadurch begründet, dass schlechte Nachrichten bei Menschen evolutionär bedingt mehr Emotionen freisetzen.

Aufmerksamkeit um jeden Preis

Deshalb setzen die Orakel auf Drama. Je dramatischer die Wortwahl, desto besser. Begriffe wie »Blutbad«, »Sensenmann«, »Insolvenz-Tsunami« und Schlimmeres sind keine Seltenheit. Aber was genau prophezeien diese vermeintlichen Hellseher? Eine elementare Vorhersage ist die einer massiven Inflation, ja sogar Hyperinflation, die unweigerlich zum Crash führen wird. Diese Prophezeiung ist nichts Neues. Schon nach der Finanzkrise 2008 wurde sie gebetsmühlenartig wiederholt. Nur der Zeitpunkt verschob sich immer weiter nach hinten. Und auch jetzt deuten die Zeichen darauf hin, dass das Jüngste Gericht der Weltwirtschaft wohl vertagt werden muss.

Keine Panik

Denn ganz so einfach ist das mit der Inflation nicht. Grundsätzlich hängt sie stark davon ab, welcher Warenkorb gemessen wird. Also eine bestimmte Zusammenstellung von Gütern und Dienstleistungen, die eine Volkswirtschaft anbietet. In der Regel ist aber die Rede von der Geldinflation, die in Deutschland über den Verbraucherpreisindex gemessen wird. Sie steigt wiederum nicht an, wenn ausreichend Produktionskapazitäten verfügbar sind und Unternehmen im globalen Wettbewerb die Preise drücken.

Und die Schulden?

Was aber, wenn die großen Volkswirtschaften ihre Anleihenschulden umfassend zurückzahlen würden? In der Tat könnte das eine Finanzkrise auslösen. Aber wie wahrscheinlich wäre dieses Szenario? Schon die historische Betrachtung spricht zum einen dagegen: Selbst im Boom nach den beiden Weltkriegen gab es keine Schuldentilgung. Zum anderen haben die Notenbanken wohl einen neuen Weg gefunden, um das Schuldenproblem anzugehen. Entweder erklären sie die von ihnen aufgekauften Staatsanleihen für wertlos oder als Titel ohne Zins und mit unbegrenzter Laufzeit. Ersteres wäre faktisch eine Schuldenstreichung, also schwierig. Ein Verschieben des Problems in die Zukunft, also unendliche oder sehr lange Laufzeiten der Anleihen bei Niedrigstzins, ist daher erheblich wahrscheinlicher. Also ist das eingangs skizzierte Szenario zu pessimistisch. Und unrealistisch zudem. Denn woher sollten die Mittel kommen, das Gros der Schulden zu tilgen?

Erprobte Methode

Bereits während der Griechenland-Krise wurden griechische Schulden ähnlich gehandhabt. Mehrere europäische Länder hatten in den vergangenen Jahren bereits mit der Ausgabe 100-jähriger Anleihen sehr gute Emissionserfolge. Die Kurse dieser Anleihen notieren heute weit über dem Ausgabepreis. Solange die Notenbanken die Zinsen immer tiefer schrauben, sind institutionelle Anleger wie etwa Versicherungen geradezu gezwungen, solche Anleihen zu kaufen. Obwohl sie für einen konservativen Privatanleger eigentlich undenkbar ertragsarm und trotzdem risikoreich erscheinen. Auch die Amerikaner steuern längere Laufzeiten an. Bisher wurden höchstens 30-jährige Anleihen ausgegeben, die Ausgabe von 50-jährigen Titeln ist jedoch geplant.

Aktien im Fokus

Doch was bedeutet das alles für den Anleger? Aktien erscheinen zurzeit aussichtsreich: Aus dem Blickwinkel der Markttechnik stehen genügend große und liquide Anleger an der Seitenlinie, bereit zum Kauf von Aktien. Aus dem Blickwinkel der Bewertung dürften Aktien wohl die einzige Anlageklasse mit vernünftigen Rendite- beziehungsweise Dividendenaussichten sein. Und an den Börsen wird die Zukunft gehandelt: Trotz der aktuell desolaten Wirtschaftssituation in vielen Ländern könnten sich die Wirtschaftsaussichten durch die historisch einmaligen Stimulierungsmaßnahmen von Regierungen und Notenbanken ganz wesentlich bessern.

Wenn die Inflation doch kommt?

Selbst wenn, beziehungsweise gerade wenn die Inflationsraten entgegen unserer heutigen Prognose irgendwann doch stärker steigen sollten, wären Beteiligungen an Unternehmen mit starker Marktposition ein guter Schutz. Warum? Weil Unternehmen mit gefragten Produkten und wenig Konkurrenz ihre Preise anheben können und dies in Zeiten steigender Inflation auch gerne tun. Aktien sollten daher in keinem Depot fehlen, auch wenn die Crash-Propheten etwas anderes empfehlen. Diese verdienen mit der Angst gerne gutes Geld. Im Englischen gibt es dafür sogar einen Fachbegriff: »German Angst«. Als Vermögensverwalter erachten wir es dagegen als wichtige Aufgabe, unsere Kunden auch in schwierigen Zeiten zu begleiten und ihnen zu helfen, gute Investments durchzuhalten. In Phasen von Börsenrückgängen sehen sich düstere Orakel schnell bestätigt. Auf lange Sicht ist es jedoch entscheidend, sich weder von Angst noch von Gier leiten zu lassen, sondern die Märkte in jeder Phase kühl zu analysieren. Und mit Blick auf die Untergangsszenarien zu bedenken, dass auch eine defekte Uhr zweimal am Tag richtig geht.

Auszug aus dem DJE Marktbericht vom 13.Juli 2020. Die DJE Kapital AG (DJE) aus München hat 45 Jahre Erfahrung in der Vermögensverwaltung und ist heute einer der führenden bankenunabhängigen Finanzdienstleister im deutschsprachigen Europa.

4.0

Konjunkturzyklus – ewige Wiederkehr[84]

Marktwirtschaften sind geprägt durch Konjunkturzyklen, die immer wieder durchlaufen werden. Zurückgehend auf den einflussreichen Nationalökonomen Joseph Schumpeter, werden seit Beginn des 20. Jahrhunderts vier Konjunkturphasen unterschieden. Rezession ist eine davon.

Die wirtschaftliche Entwicklung vollzieht sich nicht geradlinig. Die meisten Ökonomen gehen heute von einer immer wieder durchlaufenen Abfolge von Phasen aus. Deshalb sprechen sie von einem »Konjunkturzyklus«.

Die vier Konjunkturphasen

Die vier Phasen des Konjunkturzyklus lassen sich kurz so charakterisieren:

- Der **Aufschwung** (Erholung oder Expansionsphase) ist durch verbesserte Kapazitätsauslastung, steigende private Investitionen und Beschäftigung, zunehmendes Volkseinkommen und erhöhten privaten Konsum gekennzeichnet.

- Dem folgt der **Boom** (Hochkonjunktur), hier sind die Produktionsfaktoren mehr als im Trend üblich ausgelastet.
- Nach Erreichen des oberen Wendepunkts geht die Entwicklung in eine **Rezession** (Abschwung) über, gekennzeichnet durch einen Rückgang der privaten Investitionen, höhere Arbeitslosigkeit und einen stagnierenden Konsum. Gewinne und Beschäftigung sinken, Unternehmen geraten in Schwierigkeiten.
- Die Phase vor dem unteren Wendepunkt ist die **Depression** (Krise), unter anderem gekennzeichnet durch hohe Arbeitslosigkeit, geringe Kapazitätsauslastung und geringe Investitionen.[85] Im Schema des Konjunkturzyklus markiert die Depression den Wendepunkt nach oben.

Wirklich krisenhafte Entwicklungen, die viele landläufig mit dem Begriff der Depression verbinden (zum Beispiel die Große Depression vor dem Zweiten Weltkrieg im Nachgang zum Börsencrash 1929) sind historisch die große Ausnahme.

Definition von Rezession – ein uneinheitliches Bild

Es gibt unterschiedliche Definitionen dessen, was die jeweiligen Phasen ausmacht – je nach der zugrunde gelegten Theorie, den verfügbaren Indikatoren und den für die einzelnen Volkswirtschaften maßgeblichen Gremien. Beispiel Rezession: Während hierzulande zwei aufeinanderfolgende Quartale mit gleichbleibendem oder fallendem BIP als definierendes Merkmal einer Rezession gelten, sieht es in den USA anders aus. Dort hat das Nationale Statistikbüro zum Beispiel eine Rezession definiert als »deutlicher Rückgang der wirtschaftlichen Aktivität in vielen Bereichen, der mehr als ein paar Monate andauert, in der Regel erkennbar im realen BIP, Realeinkommen, in Arbeitslosenzahlen,

Industrieproduktion und Einzelhandelsumsätzen«.[86] Unabhängig von der exakten Definition des Begriffs »Rezession« ist seine Bedeutung für Anleger. Da die Entwicklung von Aktienkursen durch die Gewinnentwicklung der Unternehmen mitbestimmt wird und Unternehmensentwicklung zum Teil stark konjunkturabhängig ist, besteht ein Zusammenhang. Im Detail ist dieser für Anleger durchaus überraschend.

Variationen des Konjunkturzyklus

Klar sollte sein: Rezession ist Teil des wiederkehrenden Zyklus der wirtschaftlichen Entwicklung. Rezession im Sinne der Ökonomen ist damit nicht das, was im Bewusstsein vieler damit verbunden wird: die Große Depression der 1920er Jahre. Der Konjunkturzyklus ist allerdings eine Abstraktion. Die Realität sieht längst nicht so gleichmäßig aus, wie das Schema es vermuten lassen könnte. Die Abgrenzung und Länge der Konjunkturphasen oder die Tiefe der Einschnitte können variieren. So können etwa Rezessions- und Depressionsphasen dann länger und tiefer ausgeprägt sein, wenn sich konjunktureller Abschwung mit strukturellen Problemen überlagert. Andererseits können Erholungsphasen steiler und kürzer verlaufen, wenn ein externer Faktor maßgeblich zur vorherigen Verlangsamung der Wirtschaft beigetragen hat (wie ein Naturereignis oder ein epidemisches Geschehen) und dieser wieder entfällt.

Der Beitrag stammt aus dem MyFFB-Fondsgespräche Magazin der FIL Fondsbank GmbH, eine spezialisierte deutsche Fondsbank, die sich allein auf Dienstleistungen rund um Anleger und ihre Vermögensziele konzentriert.

5.0

Die Wirtschaft in Bewegung

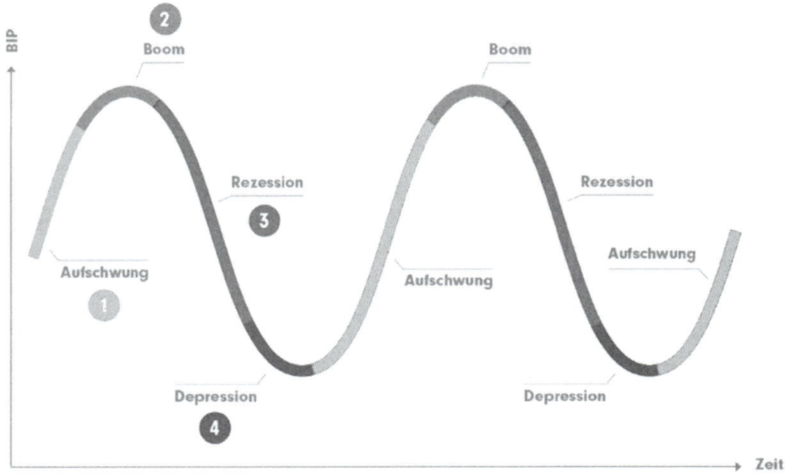

Wir erkennen hier sehr gut die Veränderungen im Wirtschaftszyklus. Die vier Phasen: Aufschwung, Boom, Rezession und Depression wechseln sich von Zeit zu Zeit immer wieder ab.

Schwankungen an den Märkten sorgen für Emotionen

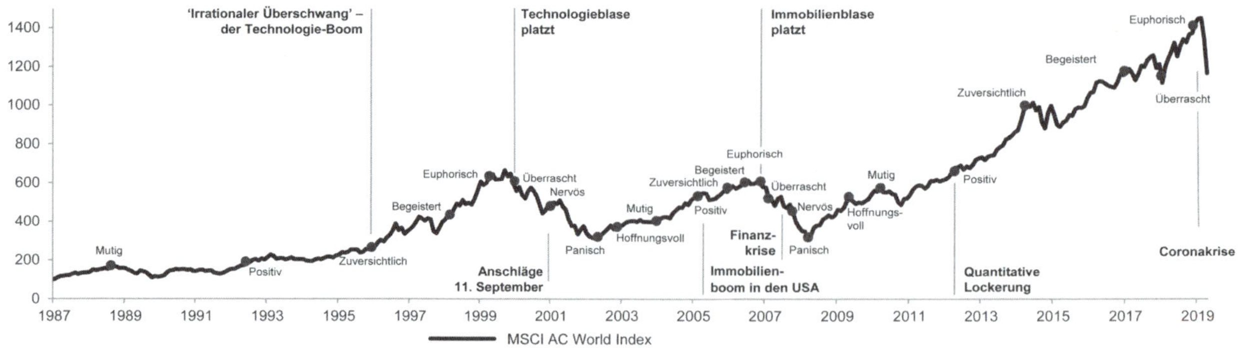

Auch in dem vergangenen Jahr gab es viele Rückschläge an den Börsen, dennoch ist ein klarer langfristiger positiver Trend zu erkennen. Besonders die schlechten Phasen waren auf gute Möglichkeiten zu Investieren.

Die beiden Grafiken auf dieser Doppelseite wurden uns von der Fondsgesellschaft Fidelity International zur Verfügung gestellt. Seit über 50 Jahren betreut Fidelity seinen Kunden bei der Geldanlage.

6.0

Market-Timing lohnt sich nicht

Was passiert mit einem Depot, wenn man die besten Anlagetage verpasst? Diese Tage mit außergewöhnlichen Kurssprüngen nach oben kommen meist am Ende eines Crashs, wenn sich am Markt die Erkenntnis durchsetzt: Ganz so schlimm wird es dann doch nicht werden.

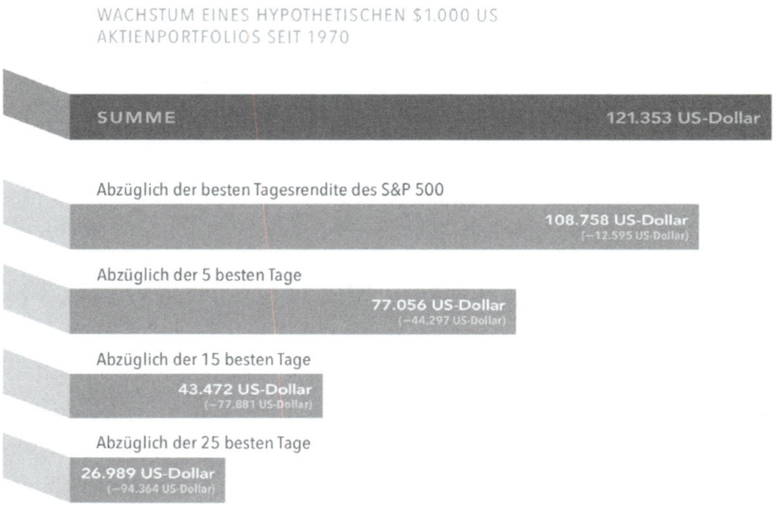

Markt-Timing lohnt sich meist nicht

Berechnung auf Grundlage der Gesamtrendite des S&P 500 vom 1. Januar 1970 bis zum 17. März 2020

Quelle: *dimensional.com*

Die Berechnungen wurden uns von Dimensional zur Verfügung gestellt. Das global tätige Unternehmen befasst sich seither mit der Umsetzung von wissenschaftlichen Forschungsergebnissen in praktische Anlagelösungen.

7.0

BVI – Bundesverband Investment und Asset Management e.V.

Der BVI (Fondsverband – bvi.de) vertritt er die Interessen von Fondsgesellschaften und Assetmanagern, Versicherungen, Altersvorsorgeeinrichtungen, Banken, Kirchen und Stiftungen.

Mit der Rubrik »Finanzwissen für alle« gibt der BVI wertvolle Tipps zur Anlage in Fonds. Wir empfehlen hier zwei im Jahr 2020 erschienene, interessante Artikel:

- Börsenkrisen: Warum Anleger davor keine Angst haben sollten
- Mit Sparplänen der Krise trotzen

Tipp: Beide Artikel beschreiben unser Ansicht nach sehr gut, wie es sich mit Krisen verhält und welche Handlungsempfehlungen hier sinnvoll sind.

8.0

Konjunktur und Börse: Herrchen und Hund

Nach dem sogenannten Corona-Crash im März, bei dem die Aktienmärkte weltweit Verluste von durchschnittlich fast 40 Prozent erlitten, ging es an den Börsen deutlich aufwärts. Der größere Teil der Kursverluste ist schon aufgeholt, obwohl die Infektions- und Todesopferzahlen weltweit noch immer steigen. Wie ist es daher um die Weltwirtschaft und die Börsen bestellt? Laufen sie möglicherweise auseinander?

Zu diesem Thema gibt es einen Vergleich des 1999 verstorbenen Börsenexperten André Kostolany. Er verglich den Zusammenhang zwischen Wirtschaft und Börse mit einem Hund, der mit seinem Herrchen Gassi geht. Der Mensch ist dabei die Wirtschaft und der Hund der Aktienindex. Der Mensch geht zwar mal schneller und mal langsamer, im Großen und Ganzen aber doch vergleichsweise gleichmäßig spazieren. Allenfalls bleibt er mal kurz stehen, noch seltener läuft er ein paar Schritte zurück. Der Hund dagegen hat einen größeren Bewegungsdrang. Wenn er glaubt zu wissen, wo es lang geht, hastet er dem Herrchen gerne voraus. Manchmal bleibt er auch zurück, manchmal wittert er etwas Interessantes und läuft in eine andere Richtung. Insbesondere wenn er unsicher ist, wie es weitergeht, sucht er die Nähe zu seinem Herrchen und läuft neben ihm her. Am Ende kommen Hund und Herrchen natürlich beide am gleichen Ziel an. Dabei ist der Hund durch sein Hin und Her ein Mehrfaches der Strecke gelaufen, die der Mensch zurückgelegt hat.

Übertragen auf Wirtschaft und Aktienkurse bedeutet das folgendes:

Der Wirtschaft wächst zwar mal schneller und mal langsamer, in der Gesamtschau aber doch vergleichsweise stetig. Allenfalls gibt es Phasen schwacher Konjunktur. In einer Rezession geht das Sozialprodukt auch schon mal zurück. Die Börse versucht, diese vorauszusehen. Sie hat gleichsam einen größeren Bewegungsdrang. Wenn die Aktienanleger zu wissen glauben, wo es lang geht, laufen sie der realen Wirtschaft gerne voraus. Manchmal folgt die Börse der Wirtschaft nicht sofort oder wittert etwas, stellt Spekulationen an, was dazu führt, dass die Börse in eine andere Richtung läuft. Aber insbesondere, wenn die Börse unsicher ist, wie es weitergeht, läuft sie zurück und sucht die Nähe zu den greifbaren Fakten. Dann laufen Wirtschaft und Börse parallel, bis die Börse wieder optimistisch vorausläuft oder Gründe hat, zurückzubleiben. Letztendlich koppelt sich die Börse aber nicht von der realen Wirtschaft ab.

Übertragen auf die vergangenen Monate ergibt sich folgendes Bild: Als der Spaziergänger (Realwirtschaft) Anfang März erkannte, dass er aufgrund nicht klar erkennbarer Hindernisse (Pandemie) ein Stück des Weges zurückgehen muss (Rezession), bedeutete das für den schon voraus gelaufenen Hund (Börse), schnell und weit zurücklaufen zu müssen (Crash). Seit Ende März glaubt der Hund zu wissen, welchen Weg sein Herrchen eingeschlagen hat (allmähliche Erholung der Weltwirtschaft) und läuft deshalb wieder voraus. Inzwischen bleibt der Hund ab und zu stehen, um sich zu vergewissern, dass der Mensch noch auf dem eingeschlagenen Weg ist.

Das Szenario, mit dem die Marktteilnehmer mehrheitlich rechnen, ist das einer Konjunkturerholung im zweiten Halbjahr, die sich im kommenden Jahr fortsetzt. 2021 soll die Wirtschaftsleistung deutlich über dem von der Pandemie gezeichneten Jahr 2020 liegen, auch wenn vielleicht noch nicht das Niveau des Rekordjahres 2019 übertroffen wird. Pessimistische Einschätzungen, die Vergleiche mit der Weltwirtschaftskrise nach 1929 ziehen, sind seltener zu hören. Staaten und Notenbanken machen mit ihren Hilfspaketen auf Rekordniveau das Gegenteil von damals. Auch die Ausgangslage, die Ursachen und der Verlauf der Krise waren ganz anders.

So nimmt die Zahl derer weiter zu, die eine sogenannte U-förmige Erholung der Weltwirtschaft erwarten. Das „U" steht dabei mit seiner Form für die Erwartung, dass auf den plötzlichen Rückgang zunächst ein Tal folgt, bevor es wieder aufwärts geht. Demnach dürfte die Schwäche der Wirtschaft das ganze Jahr 2020 prägen. Weil es im zweiten Halbjahr noch keine Rückkehr zu den „Vor-Corona-Verhältnissen" gibt, dürfte die Gesamtleistung der Weltwirtschaft in diesem Jahr schließlich unter dem Strich rund drei Prozent unter der des Rekordjahres 2019 liegen. In vielen Volkswirtschaften wird der Rückgang mehr als drei Prozent betragen. Stabilisierend wirkt die Wirtschaft Chinas, deren Gesamtleistung in diesem Jahr nicht viel anders als 2019 ausfallen dürfte.

Einige Optimisten sehen noch Chancen dafür, dass das zweite Halbjahr von einer dynamischen Erholung gekennzeichnet ist, sodass das Gesamtjahr 2020 gegenüber 2019 kaum einen Rückgang zeigt. Ein richtiger Wirtschaftsaufschwung würde die Börsen sogar positiv überraschen. Gerade die Aktien von konjunkturabhängigen Branchen sind noch deutlich billiger als vor der Pandemie. Sie haben im Falle eines Aufschwungs noch viel Aufholpotenzial.

Den obigen Beitrag hat die Finanzstrategie Sommese GmbH & Co. KG am 2. Juli 2020 seinen Mandanten zur Verfügung gestellt und er wurde von dem Kapitalmarktexperten Dirk Arning Vorstand von Drescher & Cie AG Gesellschaft für Wirtschafts- und Finanzinformationen mbH, Postfach 2165, 53744 Sankt Augustin geschrieben.

9.0

Der Einbruch und die Erholung

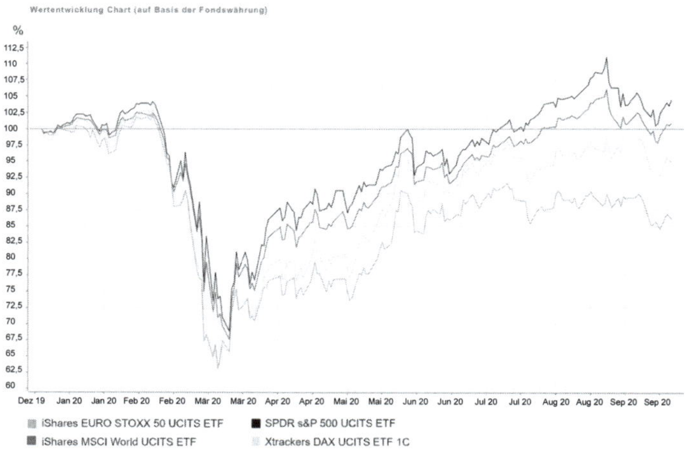

Quelle: ISS FWW // www.fww.de/disclaimer

Zum Ende von Teil 3 haben wir noch einen Vergleich mehrerer bekannter Indizes – mittel investierbarer ETFs – zum 30. September 2020 beigefügt. Der S&P 500 sowie der MSCI World konnten alle Verluste aus März und April ausgleichen und notieren leicht im Plus. Während der DAX und der EURO STOXX 50 noch in der Verlustzone sind.

Stammdaten

Wertpapier	ISIN	WKN	Fondsvol. (Mio. EUR)
iShares MSCI World UCITS ETF (Dist)	IE00B0M62Q58	A0HGV0	4.084,57
Xtrackers DAX UCITS ETF 1C	LU0274211480	DBX1DA	3.542,58
iShares EURO STOXX 50 UCITS ETF (Dist)	IE0008471009	935927	3.925,63
SPDR S&P 500 UCITS ETF	IE00B6YX5C33	A1JULM	4.030,97

Schwerpunkt

Wertpapier	Schwerpunkt	Region
iShares MSCI World UCITS ETF (Dist)	Aktienfonds All Cap	Welt
Xtrackers DAX UCITS ETF 1C	Aktienfonds Large Cap	Deutschland
iShares EURO STOXX 50 UCITS ETF (Dist)	Aktienfonds Large Cap	Euroland
SPDR S&P 500 UCITS ETF	Aktienfonds Large Cap	USA

Resüme

Wirtschaft ist Menschenwerk. Da liegt es nahe, dass unser Leben und die Wirtschaft viele Parallelen aufweisen. Wir alle kennen das – es gibt im beruflichen und privaten Leben immer mal ein Auf und Ab. Auf Dauer eitel Sonnenschein wäre wünschenswert, ist aber unrealistisch. Nicht anders verhalten sich die Wirtschaft und die mit ihr einhergehende Börse. Schwankungen gehören schon immer zum Börsengeschehen. Und ja: Der nächste Crash wird kommen. Er wird ebenso sicher kommen, wie das nächste Weihnachtsfest. Es gibt nur einen Unterschied: Wir wissen, dass Weihnachten am 24. Dezember beginnt. Aber wir wissen nicht, wann es zur nächsten kräftigen Korrektur an den Finanzmärkten kommt.

Wir wissen aber eines – und das ist sehr beruhigend: mittel- bis längerfristig wird sich die Börse immer erholen und schließlich besser dastehen als vor der Korrektur. Warum? Ganz einfach – weil auch die Wirtschaft immer wächst, wenngleich nicht in allen Branchen gleichzeitig. Die vergangenen Monate haben diese Branchenrotation eindrucksvoll aufgezeigt. So setzt Corona der Tourismusindustrie, der Veranstaltungs- und Hotelbranche massiv zu.

Auf der anderen Seite kann die Gesundheits- und Pharmabranche uns wohl bald mit einem neuen Impfstoff und heilenden Medikamenten helfen.

Natürlich gibt es – wie in den meisten Krisen – auch direkte Gewinner, so konnten Technologieaktien wie beispielsweise Facebook, Amazon, Netflix oder Google ihre Geschäftsmodelle massiv ausbauen. Und dann wären da noch die Krisenprofiteure, an die kaum jemand denkt. Gestatten Sie, dass wir dieses Resümee mit einem Beispiel beenden, das nur wenige auf dem Schirm haben. Alle Welt sprach in den vergangenen Monaten von Masken. Aber kaum jemand von einem scheinbar so profanen Produkt wie Einmalhandschuhen. Wussten Sie, dass eine Pflegekraft im Schnitt etwa 30 Paar dieser Handschuhe am Tag verbraucht? Tendenz in Pandemiezeiten: deutlich steigend. Ärzte-Fachzeitungen berichteten in jüngster Vergangenheit immer wieder über Lieferengpässe bei Einmalhandschuhen.

Und nun gleich zur nächsten Frage: An was denken Sie, wenn Sie den Markennamen Semperit hören? Wahrscheinlich an Autoreifen. Tatsächlich war das börsennotierte österreichische Unternehmen bis vor ein paar Jahren ein führender Hersteller von Reifen. Mittlerweile produziert der österreichische Konzern aber weltweit jeden zweiten Handlauf für Rolltreppen. Doch nicht nur das. In der Sparte Sempermed stellt das Unternehmen Einmalhandschuhe her. Die Nachfrage hat sich seit Ausbruch der Pandemie vervierfacht. Was das für den Börsenkurs bedeutet, müssen wir an dieser Stelle sicher nicht ausführen. Die Wirtschaft schreibt eben die spannendsten Geschichten.

WICHTIGER HINWEIS

Alle im dritten Teil des vorliegenden Buches veröffentlichten Angaben dienen ausschließlich Ihrer Information und stellen keine Anlageberatung oder sonstige Empfehlung dar. Langfristige Erfahrungen und Auszeichnungen garantieren keinen Anlageerfolg. Wertpapiere unterliegen marktbedingten Kursschwankungen, die möglicherweise nicht durch das aktive Management des Vermögensverwalters oder des Anlageberaters ausgeglichen werden können. Diese Information kann ein Beratungsgespräch nicht ersetzen. Alle Angaben sind mit Sorgfalt und nach bestem Wissen entsprechend dem Kenntnisstand zum Zeitpunkt der Erstellung gemacht worden. Trotz aller Sorgfalt können sich die Daten inzwischen verändert haben.

Schlusswort

Warum haben wir dieses Buch geschrieben? Auch wir hätten mit selektivem Tunnelblick all die negativen Daten und Entwicklungen der weltweiten Volkswirtschaften herausfiltern und uns in den Chor der Crash-Propheten einreihen können. Es wäre ein Leichtes gewesen, unsere Leser mit Fake News zu verunsichern und zu unsinnigen Investments zu animieren. Wir haben es nicht getan, weil wir – wie in den vorangegangenen Kapiteln dargelegt – der festen Überzeugung sind, dass Angst immer ein schlechter Ratgeber ist. In allen Lebenslagen, vor allem aber, wenn es um Ihr Geld geht. Geld, das Sie vermutlich sauer verdient haben und das Sie mit bestmöglicher Rendite anlegen möchten, um davon im Ruhestand leben zu können. Unser Ziel war es, diese streckenweise schon hysterische Züge annehmende Crash-Diskussion zu versachlichen. Nein, die Crash-Propheten liegen keineswegs mit all ihren Analysen daneben. Und manche Warnungen sind durchaus berechtigt; man denke nur an die sprunghaft gestiegenen Staatsschulden. Aber die absolute Einseitigkeit der Interpretationen, die Fokussierung auf den Crash, die perfide Art, den Menschen Angst und Schrecken einzujagen, nur um am Ende daran zu verdienen, all das lässt an der Seriosität manches Crash-Propheten zweifeln.

Frage an Radio Eriwan: Kann man Geschäfte mit der Angst machen? Antwort: Im Prinzip ja, wenn man Angst hat um sein Geschäft. Wer manche düstere Crash-Prophezeiung liest, fühlt sich an diesen alten Witz erinnert.

Es ist sehr wahrscheinlich, dass in den nächsten Jahren weitere Crash-Bücher erscheinen werden und nicht nur auf YouTube das Ende unserer Volkswirtschaft oder gar das Ende des Abendlandes beschworen wird. Egal, ob die Konjunktur nun gut läuft (»Eine Hyperinflation wird kommen und unsere Ersparnisse auffressen«), ob die Konjunktur abschmiert (»Jetzt kommt der finale Crash – wir werden alles verlieren«), ob Sozialisten regieren (»Die Sozis werden uns enteignen«) oder ob Neoliberale Oberwasser haben (»Wir werden von geheimen, höchst einflussreichen Logen regiert«).

Wir sind sicher: Wer sein Geld intelligent anlegt und breit streut, wer sich von all den Crash-Propheten nicht kopfscheu machen lässt, der wird erfolgreich sein und das Beste aus seinem Geld machen.

Dabei wünschen wir Ihnen eine glückliche Hand. Und vor allem: Bleiben Sie cool.

Antonio Sommese & Michael Brückner

Danksagung von Antonio Sommese

In den vergangenen Jahren und insbesondere während der Corona-Zeit haben wir sicherlich alle erkannt, wie wichtig die Familie und Freunde sind. Daher möchte ich meiner Frau Antje, den Kindern Victoria, Lena und Nathalie für ihre Geduld und Fürsorge im Hinblick auf meine Arbeit danken. Meinem ganzen Team und besonders Patrik, dem besten »Büro-Nachbarn« danke ich für ihr Vertrauen und Geduld mit mir. Auch wenn Jörg schon lange von uns gegangen ist, prägt er mich bis heute, und ich bin ihm unendlich dankbar für seine Freundschaft und Weisheit.

Mein besonderer Dank gilt natürlich auch meinem Mitautor Michael Brückner, welcher immer bereit ist, meine Buchideen mitzutragen.

Auf den Punkt gebracht

Kleiner »Digestif« für alle, die nicht nur schwarzsehen

Eine Reise von tausend Meilen
beginnt mit einem einzigen Schritt.

Lao-Tse

Du musst nur ein paar Sachen im Leben richtig machen,
wenn du sonst darauf verzichtest, allzu viel falsch zu machen.

Warren Buffett

Das Schwierigste ist die Entscheidung,
der Rest ist reine Beharrlichkeit.

Amelia Earhart

Man kann jung sein ohne Geld,
aber man kann nicht alt sein ohne Geld.

Tennessee Williams

Glück und Zufriedenheit ist nichts, was einem zufällt.
Es entsteht aus deinen eigenen Handlungen.

Dalai Lama XIV

Risiko entsteht daraus, dass man nicht weiß, was man tut.

Albert Einstein

Regel Nummer eins: Verliere niemals Geld.
Regel Nummer zwei: Niemals Regel Nummer eins vergessen.

Warren Buffett

Man muss die Spielregeln lernen
und dann besser spielen als alle anderen.

Albert Einstein

Der Aktienmarkt ist wie ein Umzugsunternehmen,
wo das Geld von den Aktiven an
die Geduldigen weitergereicht wird.

Warren Buffett

Wenn Sie vorbereitet sind und wissen,
was damit verbunden ist, ist es kein Risiko.
Sie müssen nur herausfinden, wie Sie dahin kommen.
Es gibt immer einen Weg.

Mark Cuban

Quellen zum Text von Bettina Böhm

Baloun, Michael (2019): »Happy birthday, ›Wall Street‹! Die besten Zitate von Gordon Gekko«, Institutional Money.com, https://www.institutional-money.com/news/vermischtes/headline/happy-birthday-wall-street-die-besten-zitate-von-gordon-gekko-153007/, aufgerufen am 07.08.2020.

Böhm, Bettina (2010): Psychophysiologische Korrelate des Wohlbefindens, Wissenschaftliche Arbeit zur Erlangung des Grades einer Diplompsychologin im Fachbereich Psychologie der Universität Trier.

Csíkszentmihályi, Mihály (1997): Kreativität. Wie Sie das Unmögliche schaffen und Ihre Grenzen überwinden, Stuttgart: Klett-Cotta.

Csíkszentmihályi, Mihály & Jackson, Susan A. (2000): Flow im Sport, München: BLV Verlagsgesellschaft.

Csíkszentmihályi, Mihály (2005): Flow: Das Geheimnis des Glücks, Stuttgart: Klett-Cotta.

Deutscher Verband für Neuro-Linguistisches Programmieren e. V.: »Die Vorannahmen des NLP«, https://www.dvnlp.de/was-ist-nlp/nlp-vorannahmen/, aufgerufen am 20.08.2020.

Elsner, Dirk (2008): »Für unser Hirn gilt: Geld = Sex = Drogen = Gier«, Blick Log, http://www.blicklog.com/2008/12/02/fur-unser-hirn-gilt-geld-sex-drogen-gier/, aufgerufen am 11.08.2020.

Fromm, Erich (1976): Haben oder Sein, München: dtv.

Grimms Märchen: »Von dem Fischer und seiner Frau«, https://www.grimmstories.com/de/grimm_maerchen/von_dem_fischer_un_seiner_frau, aufgerufen am 14.08.2020.

Hellhammer, Dirk H. & Hellhammer, Juliane (Hrsg.) (2008): Stress: The Brain-Body Connection, Basel: Karger.

HRR-Strafrecht.de: »Rechtsprechung: Die vollständige strafrechtliche Rechtsprechung des Bundesgerichtshofs (BGH) und ausgewählte Urteile und Beschlüsse unter anderem des Bundesverfassungsgerichts (BVerfG), des Europäischen Gerichtshofs für Menschenrechte (EGMR) und weiterer Gerichte«, https://www.hrr-strafrecht.de/hrr/db/abfrage.php?Button=Suchen&leitsatz=nein&sortieren=relevanz&sortrichtung=ab&volltext=mordmerkmale&sz=1, aufgerufen am 20.08.2020.

Hundertwasser, Friedrich: https://www.zitate.eu/autor/friedensreich-hundertwasser-zitate, aufgerufen am 18.08.2020.

Institut für Kriminologie und Wirtschaftsstrafrecht, Rechtswissenschaftliche Fakultät der Universität Freiburg, https://strafrecht-online.org/problemfelder/bt/211/habgier-schulden/, aufgerufen am 20.08.2020.

Kahneman, Daniel & Deaton, Angus (2010): »High income improves evaluation of life but not emotional well-being«, Proceedings of the National Academy of Sciences, 21. September 2010, 107 (38), 16489-16493, https://www.pnas.org/content/107/38/16489, aufgerufen am 12.08.2020.

Klatt, Manfred (20002): »Was ist eine Todsünde?«, http://www.efg-hohenstaufenstr.de/downloads/bibel/todsuenden.html, aufgerufen am 19.08.2020.

Klein, Chris (2011): »Mahatma Gandhi: ›Die Sieben Todsünden der modernen Welt‹« https://www.schiebener.net/wordpress/die-sieben-todsunden-der-modernen-welt-von-mahatma-gandhi/, aufgerufen am 10.08.2020.

Klein, Stefan (2002): Die Glücksformel. Oder wie die guten Gefühle entstehen, Reinbek: Rowohlt.

Lembke. Judith (2009): »Der Insiderhandel Ivans des Schrecklichen«, Frankfurter Allgemeine, https://www.faz.net/aktuell/finanzen/fonds-mehr/2.1870/serie-finanzskandale-18-ivan-boesky-der-insiderhandel-ivans-des-schrecklichen-1803353.html, aufgerufen am 12.08.2020.

Levy, Adam (2006): »Mapping the trader's brain«, https://stanford.edu/group/spanlab/Press/bk0206press.html, aufgerufen am 22.08.2020.

Poeteus, http://www.poeteus.de/zitat/Die-Welt-hat-genug-f%C3%BCr-jedermanns-Bed%C3%BCrfnisse-aber-nicht-f%C3%BCr-jedermanns-Gier/101, aufgerufen am 20.08.2020.

Rasch, Björn; Friese, Malte; Hofmann, Wilhelm & Naumann, Ewald (2006): Quantitative Methoden, Band 2: Einführung in die Statistik, Heidelberg: Springer.

Roth, Gerhard (2014): »Was passiert im Gehirn, wenn wir glücklich sind?«, dasgehirn.info, https://www.dasgehirn.info/aktuell/frage-an-das-gehirn/was-passiert-im-gehirn-wenn-wir-gluecklich-sind, aufgerufen am 08.08.2020.

Rüegg, Johann Caspar (2006): Gehirn, Psyche und Körper: Neurobiologie von Psychosomatik und Psychotherapie, Stuttgart: Schattauer.

Schandry, Rainer (1988): Lehrbuch der Psychophysiologie. Körperliche Indikatoren psychischen Geschehens, München: Psychologie Verlags Union.

Tax, Daniela: »Interpretation; Der Fischer und seine Frau«, http://www.erzaehlkarawane-ammersee.de/geschichtenundinterpretationen/bruedergrimm/fischer_und_frau/fischer_und_frau_interpretation.php?&width=1093&height=615, aufgerufen am 12.08.2020.

Thompson, Richard F. (2001): Das Gehirn. Von der Nervenzelle zur Verhaltenssteuerung, Heidelberg: Spektrum.

Yoga Vidya: »Habgier«, https://wiki.yoga-vidya.de/Habgier, aufgerufen am 07.08.2020.

Wikipedia: »Habgier«, https://de.wikipedia.org/wiki/Habgier, aufgerufen am 18.08.2020.

Wikiquote: »Ivan Boesky«, https://en.wikiquote.org/wiki/Ivan_Boesky, aufgerufen am 14.08.2020.

Anmerkungen

1 Zitiert nach: Grundlehner, Werner (2019): »Das Geschäft mit der Angst vor dem Kurssturz«, *Neue Zürcher Zeitung Online*, https://www.nzz.ch/finanzen/crash-propheten-das-geschaeft-mit-der-angst-vor-dem-kurssturz-ld.1526695.

2 Ebd.

3 Böhm, Bettina (2020): »Wi(e)der die Angst – und ihre Instumentalisierung«, *Kopp exklusiv* 21-2020.

4 Bode, Sabine (2016): *Kriegsspuren – die deutsche Krankheit German Angst*, Stuttgart: Klett-Cotta, Seite 34.

5 https://www.dw.com/de/epigenetik-wenn-wir-traumata-vererben/a-50547821

6 a.a.O.

7 https://podcasts.apple.com/de/podcast/041-wie-quantifiziere-ich-meine-%C3%A4ngste-interview-mit/id1477621431?i=1000473226218

8 Petersdorff, Winand von (2008): »Eine Blumenzwiebel für 87 000 Euro«, *FAZ*, 18.03.2008, Seite 21.

9 Quelle: Bundeszentrale für politische Bildung (2009): »80 Jahre Schwarzer Freitag«, http://www.bpb.de/politik/hintergrund-aktuell/69271/80-jahre-schwazer-freitag-23-20-2009.

10 Zitiert nach: »Der Schwarze Montag«, *Der Spiegel* 44/1979, Seite 111ff.

11 www.tagesschau.de/ausland/coronavirus-chronologie-101.html

12 nzz.ch/wirtschaft/corona-absturz-ausgebuegelt-an-den-boersen-regieren-wieder-bullen-ld.1572181

13 Quelle: Bölke, Peter (1984): »›Hier kommt der schlimme Finsterling‹«, *Der Spiegel* 34/1984, Seite 46 ff., https://www.spiegel.de/spiegel/print/d-13509071.html.

14 Martin, Paul C. (1983): *Wann kommt der Staatsbankrott*, München: Langen-Müller, Seite 223.

15 Quelle: Bölke, Peter (1984): »›Hier kommt der schlimme Finsterling‹«, *Der Spiegel* 34/1984, Seite 46, https://www.spiegel.de/spiegel/print/d-13509071.html.

16 Marten, Johannes (2020): »Er war ein Meister der Sprache«, *Bild*, 08.04.2020, https://www.bild.de/politik/inland/politik-inland/dr-paul-c-martin-ist-tot-er-war-ein-meister-der-sprache-69931270.bild.html.

17 Zitiert nach: Bölke, Peter (1984): »›Hier kommt der schlimme Finsterling‹«, *Der Spiegel* 34/1984, Seite 47, https://www.spiegel.de/spiegel/print/d-13509071.html.

18 https://www.youtube.com/watch?v=-k1AwljsWgo

19 Mattheis, Philipp (2020): »Die Stunde des Crash-Propheten«, *Capital*, 11.04.2020, https://www.capital.de/geld-versicherungen/die-stunde-des-crash-propheten.

20 Bandulet, Bruno; Boehringer, Peter; Faber, Marc; Schulte, Thorsten & Speck, Dimitri (2014): *Insiderwissen Gold*, Rottenburg: Kopp, Seite 95.

21 Zitiert nach: Doll, Frank (2017): »›Warum sollte ich es bereuen, historische Fakten zu nennen?‹«, Interview mit Marc Faber, *Wirtschaftswoche*, 22.10.2017, https://www.wiwo.de/finanzen/geldanlage/marc-faber-warum-sollte-ich-es-bereuen-historische-fakten-zu-nennen/20486508.html.

22 Ebenda.

23 Mattheis, Philipp (2020): »Die Stunde des Crash-Propheten«, *Capital*, 11.04.2020, https://www.capital.de/geld-versicherungen/die-stunde-des-crash-propheten?article_onepage=true.

24 Hennig, Frank (2020): »Claudia Kemfert, Chefideologin der Energiewende«, *Tichys Einblick*, 22.01.2020, https://www.tichyseinblick.de/kolumnen/lichtblicke-kolumnen/claudia-kemfert-chefideologin-der-energiewende/.

25 Narat, Ingo (2016): »Ein Professor kämpft mit der Börse«, *Handelsblatt*, 06.06.2016, https://www.handelsblatt.com/finanzen/anlagestrategie/fonds-etf/max-otte-als-fondsmanager-ein-professor-kaempft-mit-der-boerse/13694842.html?ticket=ST-424623-2aR5YNQbZkwcecZGrnrs-ap2.

26 Datenlieferant: *Comdirect Informer*, abgerufen am 01.05.2020.

27 Klemm, Thomas (2020): »Die Promi-Fonds im Crash-Test«, *Frankfurter Allgemeine Online*, 08.04.2020, https://www.faz.net/aktuell/finanzen/

finanzmarkt/fuenf-promi-fonds-wie-stark-hat-sie-der-corona-crash-getroffen-16712161.html.

28 Quelle: Gersemann, Olaf (2019): »Börsenprofessor Max Otte gibt Professorenjob auf«, *Welt Online*,23.08.2019, https://www.welt.de/wirtschaft/article199026827/Crash-Prophet-Boersenprofessor-Max-Otte-gibt-Professorenjob-auf.html.

29 Siehe: https://erasmus-stiftung.de/kuratorium/.

30 Quelle: Lücker, Markus (2019): »CDU soll Max Otte nach Lübcke-Tweet ausschließen«, *Der Tagesspiegel* Online, 20.06.2019, https://www.tagesspiegel.de/politik/forderung-der-werteunion-cdu-soll-max-otte-nach-luebcke-tweet-ausschliessen/24477236.html.

31 Videointerview der *Jungen Freiheit* mit Markus Krall, https://jungefreiheit.de/wirtschaft/2020/der-corona-crash-hat-die-bundesregierung-versagt/.

32 Krall, Markus (2020): *Die Bürgerliche Revolution*, Stuttgart: Langen-Müller, Seite 239 ff.

33 vgl. Krall (2020), a.a.O. Seite 233f.

34 Giersch, Thorsten (2009): »Der Crashkurs des ›Mister Dax‹«, *Handelsblatt* online, 17.01.2009, https://www.handelsblatt.com/finanzen/maerkte/boerse-inside/buchrezension-der-crashkurs-des-mister-dax/3090622-all.html?ticket=ST-3134904-FdyuhYSygAmw1un9v0gY-ap1.

35 Petersdorff, Winand von (2013): »Dirk Müllers tolldreiste Krisenthesen«, In: *Frankfurter Allgemeine Sonntagszeitung,* 16.06.2013, Seite 31.

36 Ortner, Christian (2018): »Fifty Shades of Crash«, *Wiener Zeitung* online, 18.09.2018, https://www.wienerzeitung.at/nachrichten/kultur/literatur/990090-Fifty-Shades-of-Crash.html.

37 Müller, Leon (2020): »Dirk Müller: Der Poser«, *Der Aktionär* online, 02.06.2020, https://www.deraktionaer.de/artikel/kolumnen/dirk-mueller-der-poser-20202027.html.

38 Ebenda.

39 https://www.morningstar.de/de/funds/snapshot/snapshot.aspx?id=F00000VHES

40 Bauer, Isabella-Alessa (2020): »Kasse machen mit Crash-Angst? Frank Thelen fordert Dirk Müller heraus«, *Focus Money Online*, 15.05.2020, https://www.focus.de/finanzen/boerse/schlagabtausch-auf-linkedin-frank-thelen-fordert-dirk-mueller-heraus-mr-dax-reagiert-besonnen-auf-massive-kritik-des-investors_id_11989498.html.

41 Neumann, Markus (2020): »Die Thesen der Crash-Propheten Weik und Friedrich im Check«, *Focus Money Online*, 10.01.2020, https://www.focus.de/finanzen/boerse/vorhersagen-der-krisen-autoren-crash-propheten-weik-und-friedrich-im-check-fehlprognosen-pflastern-ihren-weg_id_11536634.html.

42 Ebenda.

43 Friedrich, Marc & Weik, Matthias (2012): *Der größte Raubzug der Geschichte*, Marburg: Tectum 2012, Seite 188.

44 Friedrich, Marc & Weik, Matthias (2019): *Der größte Crash aller Zeiten*, Köln: Eichborn 2019, Seite 307.

45 Vergin, Julia (2020): »Corona: Woran erkenne ich Verschwörungstheorien?«, *DW* online, 16.05.2020, https://www.dw.com/de/corona-woran-erkenne-ich-verschw%C3%B6rungstheorien/a-53434879.

46 Muth, Max (2018): »Warum Verschwörungstheorien nicht tot zu kriegen sind«, Bundeszentrale für politische Bildung, 06.06.2018, https://www.bpb.de/lernen/projekte/270406/warum-verschwörungstheorien-nicht-tot-zu-kriegen-sind.

47 Ein Annuitätendarlehen ist ein Tilgungsdarlehen mit konstanten Rückzahlungsbeträgen.

48 Flossbach, Bert & Vorndran, Philipp (2012): *Die Schuldenlawine*, 3. Auflage, München: Finanzbuch Verlag 2012, Seite 163 f.

49 *Börse am Sonntag* (2019): »250 Billionen Dollar! Globale Schuldenlast auf Rekordniveau«, *Börse am Sonntag*, 21.11.2019, www.boerse-am-sonntag.de/aktien/markt-im-fokus/artikel/250-billionen-schulden-weltweit-auf-rekordniveau.html.

50 Guggenbühl, Hanspeter (2020): »Verschulde dich immer – und vor allem in der Not«, *Infosperber*, 22.05.2020, https://www.infosperber.ch/Artikel/Wirtschaft/Corona-Epidemie-lasst-die-Staatsschulden-explodieren.

51 Hohenadl, A. & Platt, C. (2020): »Schulden gegen den wirtschaftlichen Einbruch: Welche Folgen zu erwarten sind, wie Anleger reagieren sollten«, *Börse Online*, 06.05.2020, https://www.boerse-online.de/nachrichten/aktien/schulden-gegen-den-wirtschaftlichen-einbruch-welche-folgen-zu-erwarten-sind-wie-anleger-reagieren-sollten-1029121420.

52 Fuster, Thomas (2020): »Nach dem Lockdown: Wirtschaftliches Vertrauen kann man nicht kaufen«, *Neue Zürcher Zeitung* online, 29.05.2020, https://www.nzz.ch/meinung/lockerungspolitik-wirtschaftliches-vertrauen-ist-nicht-kaeuflich-ld.1558080.

53 Flossbach & Vorndran (2012), a.a.O.

54 Stepek, John (2020): »It may not look like it right now, but inflation ist coming our way. Here's how to invest«, *MoneyWeek*, 12. Juni 2020, Issue 1003, Seite 20 ff.«

55 Ebenda.

56 Quelle: *Handelsblatt*, 11. Juli 2019.

57 Adenauer, Konrad (1956): Rede auf dem 6. CDU-Bundesparteitag in Stuttgart, Protokoll, Seite 24, https://www.kas.de/c/document_library/get_file?uuid=61594871-7ef7-6a42-c344-1573a02dd715&groupId=252038.

58 www.forbes.com/profile/ray-dalio/.

59 Wikipedia: »Ray Dalio«, https://de.wikipedia.org/wiki/Ray_Dalio.

60 Landgraf, Robert (2019): »Star-Investor Ray Dalio warnt vor einer Revolution«, *Handelsblatt* online, 05.04.2019, https://www.handelsblatt.com/finanzen/banken-versicherungen/kapitalismus-kritik-star-investor-ray-dalio-warnt-vor-einer-revolution/24188040.htm.

61 Bonnet, Pierre (2020): »Ray Dalio zur Krise: ›Wir befinden uns jetzt in einer wunderbaren Revolution‹«, *finanzen.net*, 04.05.2020, https://www.finanzen.net/nachricht/aktien/neustart-nach-corona-ray-dalio-zur-krise-34-wir-befinden-uns-jetzt-in-einer-wunderbaren-revolution-34-8819605.

62 Robbins, Tony (2015): *Money. Die 7 einfachen Schritte zur finanziellen Freiheit*, 6. Auflage 2019, München: Finanzbuchverlag, Seite 403.

63 Ebd.

64 ntv (2020): »Norwegens Ölfonds fährt heftige Verluste ein«, *ntv online*, 18.08.2020, https://www.n-tv.de/wirtschaft/Norwegens-Olfonds-faehrt-heftige-Verluste-ein-article21979342.html.

65 Robbins (2015), a.a.O., Seite 424.

66 *Statista*: »Definition Korrelation«, https://de.statista.com/statistik/lexikon/definition/77/korrelation/.

67 Robbins (2015), a.a.O., Seite 405f.

68 Börse Stuttgart: »7 Börsenweisheiten von Warren Buffett«, https://www.boerse-stuttgart.de/de-de/nachrichten/blog/2020/q1/boersenweisheiten-warren-buffett.

69 https://money.cnn.com/data/fear-and-greed/

70 Brückner, Michael & Reinert, Ralf (2007): *Auf den Punkt gebracht*, Renningen: expert, Seite 60.

71 Zitelmann, Rainer (2019): *Reich werden und bleiben*, 5. Auflage, München: FinanzBuch Verlag, Seite 199.

72 https://www.cio.de/a/die-6-megatrends-der-zukunft,3260700,2

73 Mehr zu diesem Themengebiet erfahren Sie im Buch *Alles, was Sie über Anleihen wissen müssen* von Peter Thilo Hasler, ebenfalls erschienen bei FBV.

74 Zitelmann, Rainer (2019), a.a.O., Seite 173.

75 *Kryptoszene.de* 8-2080 auf der Datenbasis der Frankfurt School of Finance.

76 *Kryptoszene.de* 8-2020 auf der Datenbasis von Credit Suisse.

77 Wolf, Christian (2020): »Börsenbeben: Kaufen, wenn die Virus-Panik grassiert?«, *Kopp exklusiv* 12/20, Seite 7f.

78 Schwarzer, Jessica (2017): »Das wahre Geheimnis des Aktienerfolges«, *WirtschaftsWoche* online, 31.10.2017, https://www.wiwo.de/finanzen/boerse/boersenweisheit-zum-antizyklischen-anlegen-das-wahre-geheimnis-des-aktienerfolges/20523940.html.

79 »Wofür zahle ich das alles?«, *Finanztest* 2/2020, Seite 34f.

80 Siedenbiedel, Christian (2020): »Eine Billion zinslos auf Girokonten«, *Frankfurter Allgemeine* online, 23.07.2020, https://www.faz.net/aktuell/finanzen/meine-finanzen/sparen-und-geld-anlegen/eine-billion-zinslos-auf-girokonten-16872167.html.

81 Geißler, Max (2020): »ETFs versus aktive Fonds: Wer hat die Nase vorn?«, *biallo.de*, 14.02.2020, https://www.biallo.de/aktienfonds/news/etfs-versus-aktive-fonds/.

82 Liebi, Luca J. (2020): »The effect of ETFs on financial markets: a literature review«, *Financial Markets and Portfolio Management,* 2/2020, Seite 165–178.

83 BaFin (2016): »Exchange Traded Funds (ETF) auf einen Blick«, 25.01.2016, https://www.bafin.de/DE/Verbraucher/Finanzwissen/WA/ETF/ETF_node.html.

84 Quelle: https://www.ffb.de/myffb-fondsgespraeche/anlagethemen-die-bewegen/rezession-als-teil-des-konjunkturzyklus.html

85 *Gablers Wirtschaftslexikon* online, November 2019.

86 National Bureau of Economic Research/USA, Januar 2008.

ERFOLGREICH
ANLEGEN LERNEN!
Wie Sie in jeder Lebenslage und in jeder Situation sicher und eigenständig anlegen, lernen Sie von Antonio Sommese!
Gemeinsam mit der kurs plus GmbH zeigt Ihnen der Finanzexperte praxiserprobte und leicht verständliche Strategien für Ihr Depot!
Vermögensaufbau Masterkurs
100% Wissen aus der Praxis, wie Sie in Zeiten von Nullzins und Krisen Ihr Geld sicher und profitabel anlegen.
Webinarangebote:
- Kaufen oder Verkaufen - Was ist zu tun?
- Mit Sicherheit mehr Rendite
Alle Angebote finden Sie unter:
www.kursplus.de/antonio-sommese
kurs
www.kursplus.de